Hagler Christina
Dr.-Schnittmann-Ring 4a
93333 Neustadt/Donau
Ortsteil Hausen

Pressather Str. 120
92637 Weiden i. d. Opf

Theodor Thesing

Heilerziehungspflege

Ein Lehrbuch zur Berufskunde

LAMBERTUS

Theodor Thesing

Heilerziehungspflege

Ein Lehrbuch zur Berufskunde

Lambertus

Die Deutsche Bibliothek – CIP-Einheitsaufnahme

Thesing, Theodor:
Heilerziehungspflege : ein Lehrbuch zur Berufskunde /
Theodor Thesing. – 6., neubearbeitete und ergänzte
Auflage – Freiburg im Breisgau :
Lambertus, 1998

ISBN 3 - 7841 - 1273 - 0

6., neubearbeitete und ergänzte Auflage 2000

Umschlaggestaltung: Christa Berger, Solingen
Herstellung: Druckerei Franz X. Stückle, Ettenheim
ISBN 3 - 7841 - 1273 - 0

Inhalt

Einleitung

„Heilerziehungspfleger sind sozialpädagogisch und pflegerisch ausgebildete Fachkräfte. Sie arbeiten in allen Einrichtungen und Diensten der Behindertenhilfe. Die Angebote der Heilerziehungspflege richten sich an Menschen aller Altersstufen mit Behinderungen geistiger, körperlicher und/oder seelischer Art. Professionelle Heilerziehungspflege geht davon aus, daß viele Menschen mit Behinderung besonders ausgebildeter Fachleute bedürfen, die ihnen Schutz und Sicherheit, Lebensbegleitung und Beratung sowie Pflege und Förderung geben. Ziel aller Angebote ist ein Beitrag zur Selbstbestimmung, insbesondere zur Wahrnehmung der im Grundgesetz verbürgten Grundrechte, zur Entfaltung ihrer Fähigkeiten sowie zur Führung eines sinnerfüllten Lebens." (Blätter zur Berufskunde: Heilerziehungspfleger/Heilerziehungspflegerin; Heilerzieher/Heilerzieherin; Bundesanstalt für Arbeit, Bonn 1996, S. 6)

Menschen mit Behinderungen werden zu Hause, in Einrichtungen der Frühförderung, in Tagesstätten, Berufsbildungswerken, Werkstätten für Behinderte und in vielfältigen Formen des Wohnens, wie z.B. Wohnheimen, Betreuten Wohngemeinschaften, Betreutes Einzelwohnen gefördert und begleitet. Familienentlastende Hilfen und Beratungsstellen ergänzen das Angebot.

Die Ausbildung zum Heilerziehungspfleger und zum Heilerziehungshelfer geschieht in der Bundesrepublik Deutschland an Fachschulen, Fachakademien und Berufsfachschulen. Alle Bundesländer haben eigene Ausbildungsordnungen erlassen, die Grundlage für staatliche Prüfungen und staatliche Anerkennungen bilden. Eine Rahmenvereinbarung für alle Bundesländer wird angestrebt.

Das vorliegende Lehrbuch zum Fach Berufskunde will Heilerziehungspflegern und Heilerziehungshelfern während ihrer Ausbildung in relevantes berufliches Grundwissen (Berufsbild, Institutionen, Anstellungsträger, Rechte und Pflichten als Arbeitnehmer, Berufsethik, Psychohygiene, Fortbildung) einführen. Da bisher kein Lehrbuch für das Fach Berufskunde vorlag, dies aber von Studierenden, Dozenten und Schulleitern immer wieder verlangt wurde, schließt es eine Lücke in der Ausbildungsliteratur für Fachschulen.

Es bietet aber auch vielfältige Informationen für andere sozialpädagogische (Erzieher, Sozialpädagogen, Heilpädagogen, Dipl.-Pädago-

gen) und sozialpflegerische (Altenpfleger, Familienpflegerinnen) Berufsgruppen, die in Einrichtungen der Behindertenhilfe tätig sind und mit Heilerziehungspflegern und Heilerziehungshelfern kooperieren.
Das vorliegende Lehrbuch vermittelt für jedes Schwerpunktthema ein Basiswissen und ermöglicht durch das Aufzeigen weiterführender Literatur selbständige Vertiefung und Eigenstudium. Übungsfragen am Ende eines jeden Themenbereiches sollen die Bearbeitung der Lerninhalte erleichtern.
Es ist dem Verfasser bewusst, dass der überwiegende Teil der Heilerziehungspfleger und Heilerziehungshelfer Frauen sind, so dass es angebracht wäre, von Heilerziehungspflegerinnen/Heilerziehungspflegern zu sprechen, analog dazu von Heilerziehungshelferinnen/Heilerziehungshelfern. Um eine bessere Lesbarkeit der Texte zu gewährleisten, wurde auf diese Schreibweise verzichtet und entweder „HeilerziehungspflegerInnen“ verwendet oder die männliche Form der Bezeichnung belassen.

I. Das Fach Berufskunde in der Ausbildung von HeilerziehungspflegerInnen und HeilerziehungshelferInnen

Die Behindertenhilfe in der Bundesrepublik Deutschland hat in den letzten vierzig Jahren eine rasche Entwicklung und Differenzierung durchgemacht. Vielfältige Formen der Hilfe wurden erprobt und geschaffen, beginnend mit der Frühförderung für behinderte Kinder, den Sonderkindergärten und Sonderschulen, Tagesbildungsstätten, Berufsbildungswerken, Werkstätten für Behinderte bis hin zu den Erwachsenenbildungsstätten für Menschen mit Behinderungen.
Die Lebenswelten der Menschen mit Behinderungen haben sich gewandelt und damit ihre Wohnstätten. Behinderte Menschen leben heute in Dorfsiedlungen, Wohnheimen, Betreuten Wohngruppen und Wohngemeinschaften und erproben das Leben in einer eigenen Wohnung mit Hilfe eines Betreuers oder in einer ambulant betreuten Wohnform.
Diese Ausweitung der Hilfen in ihrer Qualität und Intensität machte die Berufe des Heilerziehungspflegers und Heilerziehungshelfers notwendig. Diese noch sehr jungen Berufe – sie werden verstärkt erst seit den 60er Jahren ausgebildet – haben diese Entwicklung mitgetragen, oft ist diese erst durch sie und ihre spezifische Ausbildung möglich geworden. HeilerziehungspflegerInnen und HeilerziehungshelferInnen haben sich profiliert. Sie sind aus den Einrichtungen heute nicht mehr wegzudenken und sind in vielen großen und kleineren Einrichtungen sogar zur stärksten Fachgruppe geworden.
Welche Aufgabe hat nun in diesem Zusammenhang eine *Berufskunde? Welche Inhalte muss ein Fach* Berufskunde vermitteln, damit ein Absolvent ausreichende Kenntnisse für die Ausübung seines Berufes hat?
Der Beruf des Heilerziehungspflegers ist ein typischer *Mischberuf*, d. h. er beinhaltet verschiedene Elemente anderer Berufe, etwa des Pflegers, der Krankenschwester oder des Erziehers. Er benötigt aber auch geriatrisches und gerontologisches Wissen im Umgang mit alten

Menschen. Er muss über gute medizinische Kenntnisse verfügen, um die Gesundheit behinderter Menschen schützen und fördern zu können. Er muss aber auch Prozesse sozialer Integration begleiten können, wie es z. B. in stadtteilbezogener Gemeinwesenarbeit durch Sozialarbeiter geschieht.
Aufgabe der Ausbildung ist es, die fachlichen Entwicklungen der Praxis aufzunehmen, zu reflektieren und im Unterricht umzusetzen. Sie muss sich den aktuellen Fragen des Berufsfeldes stellen (z. B. die immer wieder aufflammende Diskussion über das Lebensrecht der Menschen mit Behinderungen) und Antworten entwickeln (z. B. eine Berufsethik), damit sich der in Ausbildung befindliche Heilerziehungspfleger oder Heilerziehungshelfer in seinen Beruf einarbeiten kann und lernt, fachgemäß und verantwortungsvoll seine Aufgaben zu erfüllen.
Eine Berufskunde kann nicht die vielfältigen wissenschaftlichen und praxisbezogenen Grundlagen in einer Praxistheorie der Heilerziehungspflege verbinden und vereinen. Sie muss aber die Lerninhalte vermitteln, die zu einer Auseinandersetzung mit der Berufsrolle führen und das Spezifische des Berufes herausarbeiten.

Leitziele des Fachs Berufskunde

Das Fach Berufskunde kann in diesen Ausbildungen folgende Leitziele verfolgen:
Der Studierende soll sich über das *Berufsbild* des staatlich anerkannten Heilerziehungspflegers bzw. Heilerziehungshelfers informieren. Als Orientierung dient das durch die Bundesanstalt für Arbeit veröffentlichte Berufsbild, das einen Konsens der Ausbildungsstätten für Heilerziehungspflege und des Berufsverbandes darstellt. Der Studierende soll dieses Berufsbild als offen und in Entwicklung befindlich erfahren.
Im Rahmen einer *Institutionenkunde* soll der Studierende einen Überblick über die in der Bundesrepublik Deutschland zur Verfügung stehenden Bildungs-, Wohn-, Förderungs- und Rehabilitationseinrichtungen für Menschen mit Behinderung erhalten, damit er die notwendigen Hilfen erkennen, einbeziehen und einleiten kann.
Der Studierende soll *ausreichende arbeitsrechtliche Kenntnisse über seine Rechte und Pflichten als Arbeitnehmer* erlangen, um sich erfolgreich bewerben, seine Interessen als Arbeitnehmer wahrnehmen und

als verantwortlicher Mitarbeiter handeln zu können. Der Studierende soll einen Überblick über die öffentlichen, freien und privaten Träger erhalten, ihre unterschiedlichen weltanschaulichen Grundlagen unterscheiden können, damit er als Arbeitnehmer die besonderen Anforderungen, z. B. kirchlicher Träger, kennt und sich darauf einstellen kann. Im Rahmen eines Überblicks über die *Geschichte des Umgangs mit behinderten Menschen* soll der Studierende das Geworden-Sein bestehender Einrichtungen verstehen, den Zusammenhang mit gesellschaftlichen, politischen und geschichtlichen Bedingungen erkennen und die Entwicklung seines Berufes in diesem Kontext nachvollziehen können.

Behindertes Leben wurde und wird immer wieder gesellschaftlich verachtet und oftmals in Frage gestellt oder bedroht. Da Menschen mit Behinderung sich allein gegen diese Entwicklung nicht wehren können, brauchen sie Anwälte, die ihre Rechte einfordern und sichern. Heilerziehungspflege in diesem Sinn heißt daher auch sich politisch und gesellschaftlich dafür einsetzen, dass die Existenz behinderter Menschen gesichert wird. Im Fach Berufskunde soll sich der Studierende mit *ethischen Fragen und Problemen der Behindertenhilfe* auseinandersetzen.

Der Umgang mit Menschen, die z. T. schwer körperlich, geistig oder seelisch behindert sind, zusätzlich psychische Verhaltenausfälligkeiten zeigen (z. B. selbstverletzendes Verhalten, Aggressionen), kann über Jahre hinweg zu psychischen Belastungen des Heilerziehungspflegers/Heilerziehungshelfers führen. Der Studierende soll Möglichkeiten der Psychohygiene kennenlernen und erfahren, dass er selbst etwas aktiv für seine körperliche und seelische Gesundheit tun kann. Dazu gehört die *Einsicht in die Notwendigkeit regelmäßiger Fortbildung* sowie die *Kenntnis der Fortbildungsinstitutionen und Fortbildungsmöglichkeiten.*

II. Die Lebensbedingungen behinderter Menschen in der Geschichte

Lernziele:
Der Studierende soll einen Überblick über die Lebensbedingungen der Menschen mit Behinderung in den verschiedenen Zeitaltern und Epochen erhalten.
Er soll die Gefährdungen und Bedrohungen behinderten Lebens in ihren politischen und sozialen Zusammenhängen erkennen und erklären können.
Die heute existierenden Institutionen der Behindertenhilfe sollen in ihrem historischen Gewordensein verstanden werden.
Der Studierende soll sensibilisiert werden gegenüber Ausgrenzungsmechanismen und dem zugrundeliegenden Menschenbild.

Die Urgesellschaft

Es gibt nur wenige Quellen aus Steinzeitkulturen, die erkennen lassen, wie mit behinderten Menschen umgegangen wurde. Wir können aus den Lebensgewohnheiten und Umweltverhältnissen schließen, was es bedeutete, blind, körperbehindert oder geistig behindert zu sein. In einer Zeit, in der die Menschen in kleinen Gruppen als Wanderer und Jäger umherzogen, von gesammelten Früchten und erlegten Tieren lebten, hatten diese große Mühe, genügend Nahrung zu besorgen und für die kalte Winterzeit zu konservieren. Ein nicht gesunder, beeinträchtigter Mensch hatte wenig Chance zu überleben. Wer nicht jagen, sich wehren und flüchten konnte, hatte nur eine geringe Lebenserwartung, medizinische Hilfen fehlten völlig. Aus diesem Grund darf man annehmen, dass Behinderungen kein Problem für Menschen in der Steinzeitgesellschaft dargestellt haben.

Altorientalischen Kulturen

wird nachgesagt, dass sie einen gewissen Respekt Menschen gegenüber aufgebracht haben, die verkrüppelt waren oder körperliche Besonderheiten (z. B. Zwergwuchs) zeigten. In Ägypten wurden Blinde unter einen besonderen Schutz eines Gottes gestellt. Die Kindestötung war aber in der Regel erlaubt (Hensle, 1979, S. 35).

Griechisch-römischer Kulturkreis

Hier herrschte das Ideal der „Kalokagathia" (körperliche und geistige Tüchtigkeit), mit einer starken Orientierung am Schönheitsideal der Antike (die schöne Frau, der schöne und starke Krieger). Menschen mit Abweichungen von diesem Ideal wurden als lebensunwert angesehen (Hensle, 1979, S. 35). In Sparta (ca. 500 v. Chr.) waren die Kindesaussetzung und -tötung üblich. Im römischen Recht stand dem Vater, als Herr der Familie, das Recht auf Tötung eines neugeborenen „Krüppels" zu. In Rom warf man Kinder mit Sinnes- und Organdefekten in den Velabrensischen See, eine Kloake der Stadt, oder in einen Fluss.

Menschen mit leichten körperlichen Behinderungen wurden als Sklaven aufgezogen oder als Narren gehalten. Der Wert eines Sklaven wurde an seiner Amortisation gemessen, d. h. der Aufwand für Arztkosten wurde kalkuliert am möglichen „Ertrag" seiner Arbeitskraft (Jantzen, 1974, S. 39). Zwar entwickelte sich im römischen Heer ein System der Sanitätsversorgung für verwundete Soldaten, doch die Minimalversorgung der körperversehrten Krieger diente dem Zweck, die Moral der Truppe nicht sinken zu lassen. Für körperbehinderte Kinder bzw. arme Zivilisten wurden diese Hilfen nicht bereitgestellt (Jantzen, 1974, S. 35).

Die großen Philosophen der Antike rechtfertigten in ihren Schriften diese Haltung. *Sokrates* sah es als das „größte Übel an, minderwertige Kinder zu haben" (Kuhn, 1977, S. 74). *Platon* forderte in seinem Werk über den „Staat" eine strikte Eugenik durch staatliche Auswahl der Zeugungspaare und rechtfertigte den Kindermord. *Aristoteles* empfahl in seiner Schrift „Politik", kein verkrüppeltes Kind aufzuziehen (Hensle, 1979, S. 36). Dagegen forderte der römische Philosoph *Seneca,* den „Schwachsinnigen" ins Haus aufzunehmen und ihm eine menschenwürdige Behandlung angedeihen zu lassen.

Das Kind, ob behindert oder nicht, war in vielen Kulturen rechtlos, ein nicht vollwertiges Wesen, das oftmals bei der Zählung der Familienmitglieder nicht mitgerechnet wurde (Hahn, 1968, S. 120).

„Auch gab es im griechisch-römischen Kulturkreis einige Behinderungen, die eher zu einem positiven Stigma der Heiligkeit führten; man denke an den blinden Seher Teiresias, den blinden Homer oder den anfallskranken Caesar. Im großen und ganzen jedoch waren das *Ausgesetztwerden*, das Bettelnmüssen und das als *Hofnarr-gehalten-Werden* die Perspektiven, die sich einem behinderten Neugeborenen eröffneten." (Hensle, 1979, S. 35)

Ausbreitung des Christentums

Die Einstellung zum Menschen wandelte sich durch die Ausbreitung des Christentums. Die „Gleichheit aller Menschen vor Gott", die Pflicht zur „Barmherzigkeit" gegenüber der Not des anderen Menschen und eine veränderte positive Bewertung des Kindes („Wenn ihr nicht werdet wie die Kinder ...") führten auch zur Verbesserung der Lebenssituation behinderter Menschen.
In den christlichen Urgemeinden wurde für Witwen und Waisen gesorgt, ein von der Gemeinde eingesetzter Diakon nahm diese Aufgaben wahr.

„Die ersten systematischen und organisierten Hilfen sind in den frühchristlichen Fremdenheimen (Xenodochien), Krankenheimen (Nosokomien), Spitälern und Leprosen zu finden, die als Zufluchtstätte für die verschiedenartigen Gruppen der Notleidenden errichtet wurden. Unter ihnen wurde auch der Gruppe der „Krüppel, Lahmen und Siechen" – im heutigen Sprachgebrauch der Behinderten – Asyl, Pflege und Versorgung gesichert." (Deutscher Caritasverband, 1980, S. 12)

Beispiele dafür sind die im Jahre 330 erfolgte erste Waisenhausgründung durch Zotikos in Konstantinopel und die Hospitalgründung in Cäsarea/Kappedocien 369 durch Basilius (Heitkamp, 1984, S. 23).

Hochmittelalter (ca. 1000–1250 n. Chr.)

Klöster und Ordensgemeinschaften nahmen sich in besonderer Weise der Aufgabe an, für verlassene und beeinträchtigte Kinder zu sorgen. Auch hatten viele Klöster ein Spital angegliedert, in dem nicht nur Kranke, sondern auch dauerhaft behinderte Menschen gepflegt wurden. Diese christlich motivierten Einrichtungen gaben durch ihre Existenz wichtige Impulse für die Schaffung von Hilfeeinrichtungen in Europa. Verschweigen darf man aber nicht, dass diese Spitäler und anderen Einrichtungen regional unterschiedlich stark verbreitet waren

und oft nur einen kleinen Teil der Menschen erreichten, die in Armut und Elend lebten.
Da nichteheliche Kinder als „ehrlos“ galten, wurden sie oft heimlich getötet oder vor einer Kirchentür ausgesetzt. Im Hospital St. Spiritus in Rom wurde 1198 erstmals die „Rota“, eine Drehlade aus Holz, eingesetzt. Zog man an der Findelglocke, so wurde das Kind durch das Drehen der Holzmulde ins Kloster aufgenommen und dort erzogen. In Frankreich wurde die Drehlade bis 1862, in Italien bis 1923 und in Spanien bis 1931 verwendet (Heitkamp, 1984, S. 24). In der Zeit des Hochmittelalters entwickelte sich in Europa ein umfangreiches Angebot an Spitälern, Krankenhäusern, Anstalten für Aussätzige, Alte und Waisen. Reiche Kaufleute errichteten zu diesem Zweck Stiftungen. Man kann in dieser Zeit schon von einer beginnenden Hilfe- und Heimdifferenzierung sprechen.

Spätmittelalter (bis ca. 1500 n. Chr.)

Im Spätmittelalter veränderten sich die gesellschaftlichen Bedingungen. Menschen wurden als Ketzer, Hexen und Zauberer verdächtigt und verfolgt. Entsprechend änderte sich das Bild vom behinderten Menschen.

> „Ihm wird nicht mehr unmittelbar christliche Liebe zugewendet, als Bettler Almosen gespendet (...) Er wird eher als Wesen anderer Herkunft, teuflischer Abstammung, Kind des Teufels usw. betrachtet. Verkrüppelte oder mißgebildete Kinder werden als Elben, Kielköpfe oder Wechselbälge umgebracht, Geisteskranke und Geistesschwache fallen nur zu leicht einer gnadenlosen Hexenverfolgung zum Opfer.“ (Jantzen, 1974, S. 44)

In sogenannten Betteljagden wurden Bettler und Krüppel unter Sturmgeläute aus der Stadt vertrieben und verbannt, oftmals auch bei der Verfolgung getötet (Kuhn, 1977, S. 78). Mit der beginnenden Neuzeit entstanden allerdings in den Städten auch institutionelle Hilfen für bedürftige Menschen in Form von Stiftungen, so die Fuggerei in Augsburg (1521) und das Bürgerspital in Würzburg (1319). Diese Stiftungen waren mit Ländereien und Betrieben versehen, um die Arbeit zu finanzieren und wirtschaftlich autark zu sein. Eine Beschäftigung mit diesen historischen Wurzeln kann auch zu einem besseren Verständnis der heute existierenden großen Behindertenzentren verhelfen.

Die Internierungspraxis des 17. Jahrhunderts

Im 17. Jahrhundert entstanden in Europa große „Internierungshäuser“, in die Arme, Arbeitslose, Straffällige, entlassene Soldaten, Deserteure, Bettler, „Wahnsinnige“ sowie auch Menschen mit Behinderungen aufgenommen bzw. eingewiesen wurden. Die Unterbringung in diesen Häusern, die je nach Region Hospitäler, Hospize, Arbeitshäuser, Zuchthäuser, Besserungsanstalten genannt wurden, oblag der Polizei. Bettelei und Müßiggang wurden als Quelle jeglichen Übels gesehen. Ein Edikt der Stadt Paris aus dem Jahre 1656 formulierte dies so:

> „Wir verbieten ausdrücklich allen Personen, gleich welchen Geschlechts, wie alt und woher, welcher Abkunft und welchen Standes sie auch sein mögen, seien sie Invalide oder nicht, krank oder gesund, heilbar oder unheilbar, in der Stadt oder den Faubourgs von Paris, ebenso wie in den Kirchen und vor deren Toren, an Haustüren und auf den Straßen oder an anderen öffentlichen Stellen bei Tage oder bei Nacht zu betteln (...) Bei Zuwiderhandlung droht Auspeitschung beim ersten Mal, beim zweiten Mal für Männer und Knaben die Galeeren, für Frauen und Mädchen die Verbannung.“ (Foucault, 1989, S. 82)

Die Internierung erfolgte häufig in freistehenden Leprosenhäusern des Mittelalters. Diese Hospitäler erfüllten sowohl die Aufgaben der Fürsorge, z. B. durch engagierte kirchliche Orden und Gruppen, dienten aber auch der ordnungspolizeilichen Repression. Fast alle dieser Internierungshäuser besaßen Kerkerzellen und Zwangsquartiere, in denen Menschen eingeschlossen wurden (vgl. Foucault, 1989, S. 76 ff.). Die Gründe für diese Internierungspraxis waren im 17. Jahrhundert in den verschiedenen europäischen Ländern sehr ähnlich: sinkende Löhne, Arbeitslosigkeit, Geldmangel, Verelendung in den Städten und ein Ansteigen der Kriminalität. Die gesellschaftlich „Nutzlosen“, oftmals viele Tausende in einer Stadt, wurden aus dem Straßenbild entfernt, so auch die „Behinderten“ und „Wahnsinnigen“. Das Bild, behinderte Menschen müssen in einer Anstalt leben, ist bis heute tief im Bewusstsein vieler Menschen verwurzelt.

Neuzeit

Das Zeitalter der Aufklärung änderte das Denken der Menschen im Vertrauen auf die Macht der eigenen Vernunft. Die Bildsamkeit des

Menschen wurde erkannt und ein Glaube an die Heilbarkeit von Behinderungen entwickelte sich. So gewann der Pädagoge Johann-Heinrich Pestalozzi 1774 auf dem Neuhof bei Stans im Umgang mit zwei behinderten Kindern folgende Erkenntnis:

1. Weder körperliche noch geistige Schwäche (Blödsinn) dürfen Anlaß sein, solche Kinder in Spitälern, Narrenhäusern oder Gefängnissen abzuschließen, vielmehr gehören sie in „Auferziehungshäuser", d. h. sie müssen erzogen werden.
2. Was man von solchen Kindern verlangt, muß „ihren Kräften und ihrem Blödsinn angemessen gewählt" worden sein.
3. Die Arbeit, die man ihnen gibt, muss „leicht und einförmig genug" sein.
4. Durch „liebreiche Leitung" können diese Kinder „zu einem ihrer Schwachheit angemessenen, einfachen Verdienst geführt werden." (vgl. dazu Beschel, 1970)

Es kam zu einer Gründungswelle von Anstalten, in denen Menschen mit einer Behinderung eine lebenslange gesicherte Existenz erhalten sollten:
1778 Gründung der ersten Orthopädischen Heilanstalt in Orp (Kanton Waadt) durch Venel.
1816 Errichtung des ersten deutschen Orthopädischen Instituts in Würzburg durch Heine.
1778 eröffnet Heinicke die erste deutsche Taubstummenanstalt in Leipzig.
1816 wird durch Guggenmoos in Hallstein bei Salzburg und 1841 auf dem Abendberg bei Interlaken eine Anstalt für Schwachsinnige gegründet, die für viele weitere Einrichtungen als Vorbild dient.
1804 gründet Klein das erste Blindeninstitut in Wien.
1833 entsteht die Rettungsanstalt für Schwachsinnige (heute Mariaberg) in Gammertingen, gegründet von Pfarrer Haldenwang.
1852 gründet Pfarrer Probst die Einrichtung Ecksberg in Bayern.
1856 Heil- und Pflegeanstalt Levana in Baden bei Wien.
1870 Stiftung Liebenau am Bodensee.
1887 Heggbacher Einrichtungen bei Ulm.
1884 Ursberg in Bayern.
1893 Vincenzstift Aulhausen.
1862 Schönbrunn in Bayern.
Ab der Mitte des 19. Jahrhunderts setzten sich verstärkt die Pädagogen in den Anstalten durch, und die Mediziner zogen sich zurück. Man

hatte erkannt, dass die entscheidende Hilfe für geistig behinderte Menschen durch Erziehung und Pflege zu erreichen war, weniger durch ärztliche Behandlung. Die Anstalten wurden nicht mehr als „Heilanstalten“ bezeichnet.
Im Jahr 1904 existierten in Deutschland bereits 93 Anstalten mit ca. 9 000 Behinderten. Die Statistik des Deutschen Reiches für 1910 erfasste 226 Schwachsinnigen- und Epileptikeranstalten mit 34 404 Pfleglingen (Wollasch, 1988, S. 11). Ab 1880 entstanden erste Hilfsschulen in Leipzig, Ebersfeld und Dortmund, fast gleichzeitig wurden auch Schulen für sprachbehinderte und schwerhörige Kinder eingerichtet (vgl. Jantzen, 1974, S. 63 und Hensle, 1979, S. 37). Die Anstalten richteten ebenfalls Schulen ein, für viele Landbereiche überhaupt die einzige Möglichkeit, ein behindertes Kind beschulen zu können. 1889 und 1905 wurden die beiden großen kirchlichen Fachverbände (Verband katholischer Einrichtungen für Lern- und Geistigbehinderte und Verband Evang. Einrichtungen für Menschen mit geistiger und seelischer Behinderung e. V.) gegründet mit dem Ziel „der gegenseitigen beruflichen Förderung zum Verständnis für die Pflege und Ausbildung der Behinderten“, die bis heute richtungsweisend Aus- und Fortbildungsarbeit leisten.
Während die Anstalten, die überwiegend von kirchlichen Trägern geführt wurden, versuchten, ihre Betreuungsarbeit fachlich zu fundieren, Konzepte für medizinische, arbeitspädagogische und religiöse Hilfen zu entwickeln, rief das rasche Anwachsen der Heilanstalten und die damit verbundenen finanziellen Ausgaben Kritiker auf den Plan, die forderten:

> „Diese finanzielle Belastung der Bevölkerung sollte zugunsten der Kultur umgeschichtet werden; für die verhütende Bekämpfung erblicher Geisteskrankheiten eigne sich am besten die Kontrolle der Fortpflanzung: durch Internierung, Sterilisierung, Ehebeschränkung.“ (Wollasch, 1988, S. 18)

Erster Weltkrieg

Der Ausbruch des Ersten Weltkrieges führte zu einem Entwicklungsstillstand in den Einrichtungen. Die Lebensmittelknappheit und der damit verbundene Hunger konnten zum Teil durch die eigene Landwirtschaftsproduktion der Heime und durch den Arbeitseinsatz der behinderten Bewohner gemildert werden. Pfleger und Angestellte mussten an die Front, in einigen Einrichtungen wurden Lazarette eingerichtet. Die Versorgungsschwierigkeiten nahmen 1918/19 bedrohliche Ausmaße an, wie ein großer Teil der Bevölkerung litten auch die behinderten Bewohner Hunger und Mangel.

Weimarer Republik

In der Weimarer Republik erfolgte eine Phase des Aufbaus. Die Bedeutung der Ausbildung des Pflege-, Lehr- und Betreuungspersonals wurde erkannt. In Essen wurde 1927 die „Caritative Fachschule für Abnormenfürsorge" eingerichtet. Pflegekräfte, vor allem Ordensleute, sollten nach einer Ausbildung von sechs Monaten für die Betreuung behinderter Menschen ausgebildet werden. Sonderkindergärten, Hilfsschulen und Arbeits- und Beschäftigungstherapie entstanden. Der Anteil der Fachkräfte nahm deutlich zu (Wollasch, 1988, S. 71).

Die Zeit des Nationalsozialismus

Schon Ende des 19. Jahrhunderts tauchten sozialdarwinistische Theorien auf, die sich mit der Reinerhaltung der „Rasse" und des Erbgutes befassten. Vor und nach der Jahrhundertwende erschienen in Deutschland zahlreiche Schriften, in denen die Sterilisation Geistesschwacher und eine „Asylierung unheilbar minderwertigen Massenmaterials" gefordert wurde.
Einige Beispiele: Der Schweizer Psychiater Auguste Forel praktizierte bereits 1892 die Sterilisation Behinderter und publizierte darüber. 1895 erschien das Werk des Engländers John B. Haycraft „Natürliche Auslese und Rassenverbesserung". 1895 vermengte der Jurist Alfred Jost in „Das Recht auf den Tod" die Sterbehilfe bei unheilbar Kranken mit der Tötung Geisteskranker. 1920 erschien vom Reichsgerichtspräsidenten Binding eine Schrift „Die Freigabe der Vernichtung lebensunwerten Lebens. Ihr Maß und ihre Form" (vgl. dazu Klee, 1989, S. 20). Der Boden für die Bedrohung und Vernichtung von Menschen mit Behinderung war längst vorbereitet, als die Nationalsozialisten am 30. 1. 1933 die Macht ergriffen. Eine schlimme Zeit für die Menschen mit Behinderungen begann. Am 14. 7. 1933 wurde das „Gesetz zur Verhütung erbkranken Nachwuchses" erlassen und damit die Zwangssterilisation behinderter und psychisch kranker Menschen eingeleitet.

Wer nicht sterilisiert wurde, kam in eine geschlossene Anstalt. Bis Ende 1934 wurden etwa 56 000 Menschen zwangssterilisiert (Jantzen, 1974, S. 66). Der § 1 des Gesetzes führte Krankheiten auf, die später auch als Kriterien für die Tötung von Menschen herhalten mussten:

„(1) Wer erbkrank ist, kann durch chirurgischen Eingriff unfruchtbar gemacht werden (sterilisiert), wenn nach den Erfahrungen der ärztlichen Wissenschaft mit großer Wahrscheinlichkeit zu erwarten ist, daß diese Nachkommen an schweren körperlichen oder geistigen Erbschäden leiden werden.
(2) Erbkrank im Sinne dieses Gesetzes ist, wer an einer der folgenden Krankheiten leidet:
1. angeborener Schwachsinn,
2. Schizophrenie,
3. zirkulärem (manisch-depressivem) Irresein,
4. erblicher Fallsucht,
5. erblichem Veitstanz (Huntingtonsche Chorea),
6. erblicher Blindheit,
7. erblicher Taubheit,
8. schwerer erblicher körperlicher Mißbildung
(3) Ferner kann unfruchtbar gemacht werden, wer an schwerem Alkoholismus leidet."

Am 1. 10. 1939 unterzeichnete Hitler einen Erlass, der die Tötung unheilbar Kranker als „Gnadentod" anordnete. Dieses „Euthanasieprogramm" (Aktion T4) galt als „geheime Reichssache" und unterlag strengster Geheimhaltung. Als Tarnorganisationen zur Durchführung des Programms wurden die „Reichsarbeitsgemeinschaft Heil- und Pflegeanstalten" und die „Gemeinnützige Krankentransportgesellschaft" eingerichtet. Nachdem die Anstalten durch das „Gesetz zur Neuordnung des Meldewesens" vom 6. 1. 1938 verpflichtet waren, Behinderte und Bewohner mit dem Grad ihrer Behinderung zu melden, wurden Geistigbehinderte und Geisteskranke nach vorbereiteten Listen durch SS-Mannschaften aus den Heimen abgeholt und „verlegt". Die Menschen wurden in spezielle schwarze Busse gedrängt und in Zwischenlager gebracht.

> „Nachdem zuerst mit *Gaswagen* (die Auspuffgase wurden bis zum Ersticken der Kranken in das Wageninnere geleitet) Versuche unternommen worden waren, wurde die Aktion im großen Stil weitergeführt, indem die Kranken mit Kohlenmonoxyd vergast wurden. Die sogenannten Vollzugsanstalten befanden sich in *Grafeneck, Hadamar, Bernburg, Sonnenstein* bei Pirma und *Hartheim* bei Linz in Österreich (...)

Nach der Ankunft in der Vollzugsanstalt wurden die Kranken entkleidet, gewogen, fotografiert und von einem Arzt, dem die Fotokopie des Meldebogens und die Krankengeschichte vorlagen, flüchtig untersucht. Nach der Untersuchung wurden die Patienten in gekachelte Duschräume gebracht. An der Decke der Räume waren Röhren verlegt, die Leitungsrohren ähnelten. In Abständen waren Öffnungen in diesen Röhren angebracht. Wenn alle Patienten den Raum betreten hatten, wurde die Tür geschlossen und der Arzt ließ durch die Öffnung in den Röhren Kohlenmonoxyd in den Raum einströmen. Durch ein Sichtfenster beobachtete der Arzt von Zeit zu Zeit die Wirkung des Gases auf die im Raum befindlichen Kranken. Da Kohlenmonoxyd schwerer als Luft ist, starben zuerst die Kranken, die sich in Bodennähe befanden. Nach ca. 10–15 Minuten waren alle Kranken, die sich im ‚Duschraum' befanden, gestorben. Der Arzt stellte die Gaszufuhr ab. Der Raum wurde gelüftet und nach ca. einer Stunde die Leichen mit Karren zu den in unmittelbarer Nähe gelegenen Verbrennungsöfen gebracht und sofort verbrannt." (Heggbacher Einrichtungen, 1984, S. 49/50)

Von den 280 000–300 000 „Geisteskranken und Geistesschwachen" in Anstaltspflege im nationalsozialistischen Deutschland wurde jeder Dritte Opfer des „Euthanasieprogramms" (Kasper/Wollasch, 1981, S. 19).

Die Zeit nach 1945 bis zur Gegenwart

Die Einrichtungen für Menschen mit Behinderungen nahmen nach dem Zweiten Weltkrieg ihre Arbeit wieder auf, zeitweise wurden ihre Gebäude als Lazarette, Erholungsheime und Wohnmöglichkeiten für Flüchtlinge verwendet.
Die Heimsonderschulen blieben zunächst für viele geistig behinderte Kinder die einzigen schulischen Bildungsmöglichkeiten. Ab 1950 wurden wieder Sammelklassen für behinderte Kinder im Bereich des öffentlichen Schulwesens eingerichtet.
1958 schloss sich die „Elternvereinigung Lebenshilfe für das geistig behinderte Kind" zusammen, eine zunächst als Selbsthilfegruppe fungierende Vereinigung, die für ihre Kinder Kindergärten, Tagesstätten, Schulen und Werkstätten forderte und errichtete.
Mit dem Bundessozialhilfegesetz wurden die finanziellen und rechtlichen Grundlagen für eine „Eingliederungshilfe für Behinderte" gelegt. Ein rascher räumlicher und fachlicher Ausbau der offenen und stationären Hilfen für Behinderte erfolgte.

Heute steht ein differenziertes Bildungs- und Förderungssystem zur Verfügung:

- Ambulante Dienste (Frühförderung, Familienentlastende Dienste, Pflegedienste für Menschen mit Behinderung)
- Beratungsdienste (Frühberatung, Früherkennung, Frühförderung)
- Kindertageseinrichtungen (Regel-, Sonder-, Integrationskindergärten)
- Differentielle Schulen für Menschen mit Behinderungen (Sonderschulen, Tagesstätten)
- Förderzentren
- Berufsbildungs-, Berufsförderungswerke, Rehazentren
- Erwachsenenbildungsstätten
- Werkstätten für Menschen mit Behinderungen (WFB)
- Freizeitstätten, Ferienheime
- Sozialpsychiatrische Einrichtungen, Psychiatrische Krankenhäuser
- Heilpädagogische Heime, Behindertenzentren
- Sprachfördereinrichtungen
- Wohnheime
- Betreutes Wohnen (Wohngemeinschaften, Paarwohnungen, Einzelwohnbereiche)
- Fachkrankenhäuser (vgl. BAG-HEP 1996, S. 9)

1. Übungsfragen

1. *Lebensbedingungen behinderter Menschen in vorchristlicher Zeit*

a) Welchen Stellenwert hatte ein (behindertes) Kind in der vorindustriellen Gesellschaft?

b) Wie beurteilten die Philosophen Sokrates, Platon und Aristoteles die Aufzucht behinderter Kinder?

c) Welches Menschenbild lag dem Umgang mit behinderten Menschen in vorchristlicher Zeit zugrunde?

2. *Auswirkungen des Christentums auf das Verhältnis behinderter und nicht behinderter Menschen*

a) Wie veränderte sich mit der Ausbreitung des Christentums das Verhältnis zu Menschen mit Behinderungen?

b) Welche institutionellen Hilfen entwickelten die christlichen Gemeinden?
c) Wann wurden die ersten Waisenhäuser und Spitäler geschaffen?

3. *Chancen und Gefährdungen für behinderte Menschen im Mittelalter*
a) Welche Funktion hatte die „Rota“ bzw. die „Drehlade“?
b) Welche Aufgaben übernahmen die Klöster und Ordensgemeinschaften?
c) Welchen Zusammenhang erkennen Sie zwischen der Hexenverfolgung und den Betteljagden des Mittelalters und den Lebensbedingungen der Menschen mit Behinderungen in dieser Zeit?

4. *Aufklärung und Neuzeit*
a) Welchen Wandel in der Sichtweise der Bildbarkeit des Menschen erkennen Sie im 18./19. Jahrhundert und welche Auswirkungen hatte dies auf den Umgang mit Behinderten?
b) In welchem Zeitraum kam es zu einer Gründungswelle von Anstalten für Menschen mit Behinderungen? Nennen Sie sechs Einrichtungen, die auch heute noch existieren.
c) Welche gesellschaftlichen Kräfte engagierten sich im 18./19. Jahrhundert für behinderte Menschen?
d) Wie beurteilen Sie die fachliche Ausstattung dieser Gründeranstalten im Vergleich zum heutigen Standard?

5. *20. Jahrhundert/Zeit des Nationalsozialismus/Gegenwart*
a) Beschreiben Sie die Entwicklung der Behindertenhilfe von der Jahrhundertwende bis zur Weimarer Republik.
b) Welche Gefahren für Menschen mit Behinderungen brachte die Machtergreifung der Nationalsozialisten?
c) Wann wurde das „Gesetz zur Verhütung erbkranken Nachwuchses“ erlassen und welche Folgen hatte es für Menschen mit einer Behinderung?
d) Was bedeutete „Aktion T 4“ und welche Folgen hatte sie für behinderte Menschen?
e) Beschreiben Sie die Entwicklung der Behindertenhilfe von der Nachkriegszeit bis zur Gegenwart. Welche Bedeutung hatten in dieser Zeit die Elternvereinigungen?
f) Welches Bildungs- und Rehabilitationssystem steht heute zur Verfügung?

2. Weiterführende Literatur

Aly, G. (Hrsg.): Aktion T4 1939–1945. Die „Euthanasie"-Zentrale in der Tiergartenstraße 4, Berlin 1989

Beschel, E.: Schriften zur Sonderpädagogik, Dortmund 1970

Bundesarbeitsgemeinschaft der Ausbildungsstätten für Heilerziehungspflege und Heilerziehung in der Bundesrepublik Deutschland: Heilerziehungspflege. Beruf und Ausbildung. Grundsatzpapier, 1996

Deutscher Caritasverband: Behinderte Menschen – Auftrag, Aufgaben und Dienste der Caritas. Unser Standpunkt Nr. 10, Freiburg 1980[2]

Flosdorf, P. (Hrsg.): Theorie und Praxis stationärer Erziehungshilfe, Bd. 1, Konzepte in Heimen der Jugendhilfe, Freiburg 1988, S. 11–33

Foucault, M.: Wahnsinn und Gesellschaft, Frankfurt 1989[8]

Ders.: Überwachen und Strafen. Die Geburt des Gefängnisses, Frankfurt 1991[9]

Ders.: Die Geburt der Klinik, Frankfurt 1988

Hahn, A.: Einstellung zum Tod und ihre soziale Bedingtheit, Stuttgart 1968

Heitkamp, H.: Sozialarbeit im Praxisfeld Heimerziehung, Frankfurt, Berlin, München 1984

Heggbacher Einrichtungen (Hrsg.): Das Euthanasieprogramm des Dritten Reiches, Fachbericht Nr. 3, 1984

Hensle, U.: Einführung in die Arbeit mit Behinderten, Heidelberg 1979

Jantzen, W.: Sozialgeschichte des Behindertenbetreuungswesens, München 1982

Ders.: Sozialisation und Behinderung, Gießen 1974

Kasper, F.: Ein Jahrhundert der Sorge um geistig behinderte Menschen, Bd. 1, Die Zeit der Gründungen: Das 19. Jahrhundert, Freiburg 1980

Kasper/Wollasch: Bilder aus 100 Jahren caritativer Sorge um geistig behinderte Menschen, Freiburg 1981

Klee, E.: Euthanasie im NS-Staat. Die Vernichtung lebensunwerten Lebens, Frankfurt 1989

Kuhn, E.: Die Einstellung der Gesellschaft zu Behinderten im Laufe der Geschichte, in: Jansen, G. W.: Sozialwissenschaftliche Aspekte der Rehabilitation, Rheinstetten 1977

Kobi, E.: Grundfragen der Heilpädagogik, Bern 1983

Reyer, J.: Alte Eugenik und Wohlfahrtspflege, Entwertung und Funktionalisierung der Fürsorge vom Ende des 19. Jahrhunderts bis zur Gegenwart, Freiburg 1991

Sekretariat der Deutschen Bischofskonferenz: Das Lebensrecht des Menschen und die Euthanasie, 1975

Wollasch, H. J.: Ein Jahrhundert der Sorge um geistig behinderte Menschen, Bd. 2, Aufbau und Bedrängnis: Die erste Hälfte des 20. Jahrhunderts, Freiburg 1988

III. Die Berufsbilder „Heilerziehungs-pflegerIn" und HeilerziehungshelferIn

Lernziele:
Der Studierende soll einen Überblick über die Entstehungs- und Entwicklungsgeschichte seines Berufes bekommen und Einsicht in die Beweggründe zur Schaffung dieser Berufe erhalten.
Er soll die ursprüngliche und die heutige Bedeutung der Elemente seiner Berufsbezeichnung (Heilen, Erziehen, Pflegen) erkennen und die weitere Differenzierung (Fördern, Lebensbegleitung, Betreuung und Beratung) der Aufgaben begründen können.
Der Studierende soll den bisherigen Weg der Professionalisierung nachvollziehen und die Zukunftsperspektiven dieser Berufe realistisch einschätzen können.
Ausgehend von der „Lebenswelt" des Menschen mit einer Behinderung soll er die Lebensbegleitung als „menschliche Begegnung" im ganzheitlichen Sinn als notwendig erkennen können.

1. Die Entstehung und Entwicklung der Berufe

Die Berufe Heilerziehungspfleger und Heilerziehungshelfer sind noch sehr junge sozialpädagogische Berufe. Mitte des 19. Jahrhunderts entstanden in Deutschland viele neue Einrichtungen für Menschen mit Behinderungen, die als „Heil- und Pflegeanstalten" bezeichnet wurden. Geleitet wurden diese Anstalten überwiegend von Ärzten, und so lag die Betreuung der behinderten Menschen in der Regel in den Händen von „Pflegern" oder „Wärtern" und nichtausgebildeten Kräften.

Die Notwendigkeit, Fachkräfte für die Pflege und Betreuung behinderter Menschen auszubilden, wurde mit Beginn des 20. Jahrhunderts erkannt und gefordert; inzwischen standen meist pädagogisch und theologisch gebildete Leiter den Einrichtungen vor. In einigen Anstalten und Pflegeheimen begann man, intern Kurse anzubieten, um das

Personal auszubilden. Orientiert waren diese Ausbildungsgänge häufig am Beruf der Krankenschwester und des Krankenpflegers. In Essen nahm 1927 eine „Caritative Fachschule für Abnormenfürsorge" die Arbeit auf. In Kursen von sechs Monaten Dauer versuchte man Pflegekräfte, überwiegend Ordensleute, zu qualifizieren (vgl. Wollasch, 1988, S. 71).
Die heute geltende Berufsbezeichnung „Heilerziehungspfleger" wurde 1958 in der Anstalt Stetten im Remstal geprägt, die einen geordneten Ausbildungsgang mit Berufsabschluss einrichtete. Man hatte erkannt, dass die bereits bestehenden sozialen und pflegerischen Berufe für die Betreuung von Menschen mit Behinderungen nicht ausreichten.

> „Betreuung, Förderung und Behandlung Geistigbehinderter, psychisch Kranker und Anfallskranker schließen über die allgemeine erzieherische und pflegerische Verantwortung hinaus heilpädagogische, krankenpflegerische und psychiatrische Aufgaben ein. Für die Tätigkeit in Heilerziehungs-, Heil- und Pflegeanstalten und entsprechenden Einrichtungen sind daher Spezialausbildungen erforderlich, die schwerpunktmäßig auf die besonderen Belange der Arbeitsbereiche ausgerichtet sind" (Verband Deutscher Evangelischer Heilerziehungs-, Heil- und Pflegeanstalten, 1966).
> „Krankenpfleger, auch mit vertiefter psychiatrischer Ausbildung, ermangeln der notwendigen pädagogischen Ausbildung; Erziehern in Erziehungsheimen (Heimerzieher, Kindergärtnerinnen, Jugendleiterinnen, Arbeitserzieher, Wohlfahrtspfleger) fehlt die Ausbildung in der Pflege und in der Heilerziehung und in der Anleitung der Geistigbehinderten. Erziehern an heilpädagogischen Heimen mit einer Zusatzausbildung nach den Richtlinien des AFET sind für die heilpädagogische Behandlung milieugeschädigter Kinder und Jugendlicher, aber nicht für die Heilerziehung organisch (Hirn-)Geschädigter jeden Alters ausgebildet. Die heilerzieherische und pflegerische Betreuung des hier in Frage stehenden Personenkreises erfordert eine Sonderausbildung eigenständiger Art." (Schlaich, 1963)

Von 1963 bis 1973 nahmen etwa zwanzig neue Ausbildungsstätten für Heilerziehungspfleger und Heilerziehungshelfer ihre Arbeit auf; die Träger waren ausschließlich kirchlicher Art. Einen wesentlichen Anstoß zur Entwicklung der Berufe leistete das „Memorandum über die staatliche Anerkennung der Schulen für Heilerziehungspflege und Heilerziehungshilfe sowie der Absolventen dieser Schulen", das im Mai 1971 vom Verband Katholischer Einrichtungen für Lern- und Geistigbehinderte und dem Verband Deutscher Evangelischer Heilerziehungs-, Heil- und Pflegeanstalten (heute: Verband Evang. Einrichtungen für Menschen mit geistiger und seelischer Behinderung e. V.) vorgelegt wurde:

„Man rechnet heute damit (...), daß ungefähr 0,5 % der Bevölkerung geistig Behinderte in diesem Sinne sind. Das sind in der Bundesrepublik ungefähr 300 000 Menschen, die nicht nur als Kinder und Jugendliche, sondern auch als Erwachsene der spezifischen Betreuung in Sondereinrichtungen bedürfen. Der weitaus größere Teil von ihnen ist überwiegend erzieherisch, ein relativ geringer Anteil von 0,05 % der Bevölkerung überwiegend pflegerisch zu fördern." (Sonderdruck Zeitschrift Sozialpädagogik, Heft 5, 1971, S. 2)

Man errechnete einen Bedarf von ca. 30 000 ausgebildeten heilerzieherischen Fachkräften. 1974 bis 1985 kamen weitere 15 Schulen hinzu. Nach weiteren Schulgründungen in den folgenden Jahren und der Aufnahme von Ausbildungsstätten aus dem Gebiet der früheren DDR bilden heute ca. 200 Fachschulen aus. (Stand 2000; Quelle: Datenbank der Bundesanstalt für Arbeit; Programm: Kurs-www.arbeitsamt.de)
Neben den kirchlichen Trägern (Deutscher Caritasverband und Diakonisches Werk) unterhalten heute auch die Lebenshilfe für geistig Behinderte, der Deutsche Gewerkschaftsbund, eine Angestelltenkammer, private Träger, Berufsbildende Schulen und Oberstufenzentren. Nach einer Erhebung der Bundesarbeitsgemeinschaft der Ausbildungsstätten für Heilerziehungspflege und Heilerziehungshilfe von 1985 wurden bis dahin ausgebildet:

	Absolventen	in Ausbildung
Heilerziehungspfleger	7 075	2 216
Heilerziehungshelfer	4 840	426

Da man mit ca. 1 000 neuen Absolventen pro Jahr rechnen kann, dürften bis 2000 ca. 25 000 HeilerziehungspflegerInnen und -helferInnen ausgebildet worden sein. 1971 traten die ersten staatlichen Ausbildungs- und Prüfungsordnungen in Kraft. In den Ländern Hamburg, Schleswig-Holstein und Mecklenburg-Vorpommern wird die Berufsbezeichnung „Heilerzieher" verwendet, in allen anderen Bundesländern werden „Heilerziehungspfleger" ausgebildet. Alle Bundesländer haben eigene Ausbildungsordnungen erlassen, die Grundlage für staatliche Prüfungen und staatliche Anerkennungen sind.
Die Ausbildung zum Heilerziehungspfleger wird überwiegend an Fachschulen durchgeführt, die sich in Bayern Fachakademien und in Baden-Württemberg Fachschulen für Sozialpädagogik – Fachrichtung Heilerziehungspflege – nennen. Heilerziehungshelfer werden an Berufsfachschulen ausgebildet.

2. Was ist „Heilerziehungspflege"?

„Heilerziehungspfleger sind sozialpädagogisch und pflegerisch ausgebildete Fachkräfte. Sie arbeiten in allen Einrichtungen der Behindertenhilfe. Die Angebote der Heilerziehungspflege richten sich an alle Menschen aller Altersstufen mit Behinderungen geistiger, körperlicher und/oder seelischer Art." (Blätter zur Berufskunde 1996, S. 6)

Das Verständnis von professioneller Heilerziehungspflege beinhaltet, dass viele Menschen aufgrund der Schwere und Erscheinungsform ihrer Behinderung besonders ausgebildeter Fachkräfte bedürfen, die ihnen Schutz und Sicherheit, Lebensbegleitung und Beratung sowie Pflege und Förderung geben.

„Ziel aller Angebote ist ein Beitrag zur Selbstbestimmung, insbesondere zur Wahrnehmung der im Grundgesetz verbürgten Grundrechte, zur Entfaltung ihrer Fähigkeiten sowie zur Führung eines sinnerfüllten Lebens." (Blätter zur Berufskunde 1996, S. 6)

Je nach Art und Ausprägung der Behinderung verändert sich der Aufgabenschwerpunkt des Heilerziehungspflegers. Dies setzt voraus, dass er während seiner Ausbildung gelernt hat, Behinderungen richtig einzuschätzen, vorhandene Fähigkeiten und Kräfte des behinderten Menschen zu aktivieren und notwendige Hilfen einzuleiten bzw. selbst zu geben.
Die Bundesarbeitsgemeinschaft der Ausbildungsstätten für Heilerziehungspflege und Heilerziehung in der Bundesrepublik Deutschland formuliert dies in ihrem Grundsatzpapier so:

„Jeder Mensch bedarf persönlicher und gesellschaftlicher Hilfen, um die in ihm angelegten Fähigkeiten und Kräfte im Erleben und in der Erfahrung mit der dinglichen und sozialen Welt zu entfalten und sinn- und wirkungsvoll zu gebrauchen ... Menschen, die durch seelische, körperliche, intellektuelle, sprachliche, sensorische und/oder soziale Behinderungen oder Störungen beeinträchtigt sind, bedürfen besonderer Hilfen. Jeder, der Menschen wirksam helfen will, steht vor der Aufgabe, sich auf deren individuelle Möglichkeiten einzustellen und drohende Isolation durch persönliches Engagement sowie durch gezielte methodische Unterstützung oder Korrektur zu verhindern, zu mildern oder zu überwinden, um somit Selbstverwirklichung in sozialer Integration (Deutscher Bildungsrat 1974) zu ermöglichen." (BAG-HEP 1996, S. 10)

Aus diesem Verständnis werden Folgerungen für die berufliche Beziehung zwischen HeilerziehungspflegerInnen bzw. HeilerziehungshelferInnen und dem behinderten Menschen abgeleitet:

„*Grundsätzlich gilt:* Jeder Mensch muß in der sozialen Beziehung als Ganzheit gesehen werden. Der Mensch ist Subjekt. Die helfende Beziehung muß auf einer partnerschaftlichen, dialogischen Grundintention des Helfenden beruhen. Um der Behinderung wahrhaftig und solidarisch zu begegnen, müssen wir sie als selbstverständlich in unsere Wirklichkeit einbeziehen. Für die Heilerziehungspflegerin gehört folglich die gründliche Auseinandersetzung mit dem eigenen Menschenbild unabdingbar schon zur Berufsentscheidung." (BAG-HEP 1996, S. 10/11)

Heilerziehungspflege ist eine bewusst wertorientierte professionelle Arbeit. Die Verantwortlichkeit des Heilerziehungspflegers für andere Menschen kommt in Grundsätzen zum Tragen, an denen er sein berufliches Handeln ausrichtet, wie z. B.:

- uneingeschränktes Ja zum Leben,
- Recht auf selbstbestimmtes Leben aller Menschen,
- Achtung der Menschenwürde,
- Vermeidung von Diskriminierung,
- Partnerschaftlichkeit. (vgl. Blätter zur Berufskunde 1996, S. 6; vgl. auch Kapitel VII Ethische Fragen und Probleme der Behindertenhilfe)

3. Die Berufsbezeichnung „Heilerziehungspfleger" und „Heilerziehungshelfer"

Mit der Entwicklung der Ausbildungsstätten für Heilerziehungspflege wurden verschiedene Berufsbezeichnungen diskutiert:

- Heilerzieher
- Sondererzieher
- Erzieher von Behinderten
- Heilerziehungspfleger
- Erzieher – Fachrichtung Heilerziehungspflege

Bis auf die Bundesländer Hamburg, Schleswig-Holstein und Mecklenburg-Vorpommern, die Heilerzieher ausbilden, haben sich alle anderen Bundesländer für die Berufsbezeichnung „Heilerziehungspfleger" entschieden.

„Heilerziehungshelfer sind sozialpädagogisch und pflegerisch ausgebildete Mitarbeiter der Behindertenhilfe ... Sie unterstützen die Fachkräfte in der ganzheitlichen Pflege, Beratung, Begleitung, Bildung, Erziehung, Förderung und assistierende Hilfe für Menschen mit Behinderungen." (Blätter zur Berufskunde 1996, S. 6)

Heilerziehungspfleger unterscheiden sich von den Heilerziehungshelfern vor allem durch den höheren Grad an Selbstständigkeit und Verantwortlich-

> keit, speziell durch erweiterte Kompetenzen in Planung, Strukturierung und Reflexion des professionellen Handelns. Dem entspricht auch die quantitativ und qualitativ umfassendere Ausbildung (vgl. BAG-HEP 1996, S. 7)

Dies bedeutet in der Praxis, dass Heilerziehungspfleger die Funktionen des Gruppenleiters, Bereichs- oder Wohnheimleiters und als Praxisanleiters an Fachschulen wahrnehmen können, während Heilerziehungshelfer in der Regel unterstützend als Betreuer tätig werden.

4. Aufgaben und Tätigkeiten

Während in den frühen Jahren der Entwicklung des Berufes die *Erziehung* und *Pflege* des behinderten Menschen als Hauptaufgabe gesehen wurde, bezieht das moderne Aufgabenverständnis weitere Aufgaben ein, bedingt durch die verschiedenartigen Ausprägungen von Behinderungen und die Anforderungen, die durch neue Tätigkeitsfelder (Beratungsstellen, Tagesstätten, Ambulante Hilfen) entstehen. Heilerziehungspflege wird heute als Einheit von *Erziehen, Bilden, Pflegen, Begleiten* und *Beraten* gesehen.

Abb. 1:

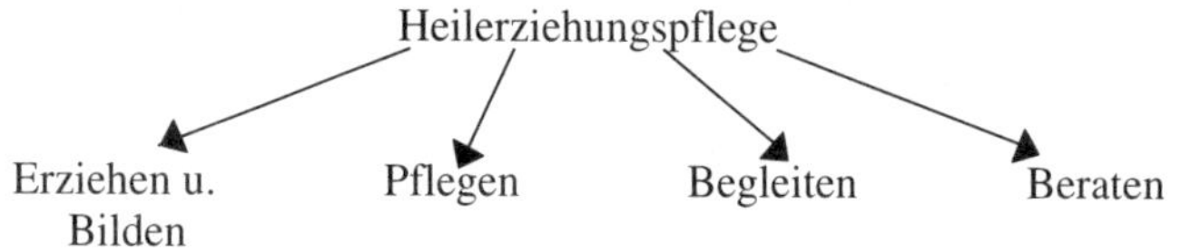

Im Zusammenhang mit diesen Aufgaben sind weitere Begriffe zu klären, die mit den Berufsaufgaben einer Heilerziehungspflegerin und eines Heilerziehungspflegers verbunden werden.

4.1 Heilen

Der Begriff „Heilen" ist sowohl im Bereich der Heilpädagogik wie auch der Heilerziehungspflege missverständlich. Ein Heilen im medizinischen Sinn ist nicht gemeint. Der Mensch mit Behinderung wird in der Heilerziehungspflege nicht als ein „defektes Wesen" gesehen, er wird nicht als ein Ergebnis misslungener Sozialisation oder gar als „Panne der Schöpfung" verstanden. Jeder Mensch hat Grenzen; bei einem Menschen mit Behinderung treten diese Begrenzungen im Alltag gravierender in Erscheinung. Er benötigt in verschiedenen Entwicklungs- und Lebensphasen spezielle Förderung und Therapie. Diese therapeutischen Maßnahmen haben das „Heil-werden" des Menschen zum Ziel. In diesem Sinn kann „heil" als gesund, *ganz* verstanden werden. Heil-erziehungs-pflege umfasst somit ganzheitliche, aber auch multidisziplinäre Hilfen.

4.2 Erziehen und Bilden

Menschen sind sowohl erziehungsbedürftig wie erziehungsfähig; sie lernen und entwickeln sich in der Auseinandersetzung mit ihrer Umwelt und anderen Menschen. Dabei brauchen sie Schutz und Zuwendung, aber auch Anregungen, Herausforderungen und Bildungsangebote. Zu den Aufgaben des Heilerziehungspflegers gehört die Bildung des Menschen mit Behinderung, er vermittelt Fähigkeiten und Fertigkeiten, um sich in dieser Welt zurechtzufinden und für diese Welt gerüstet zu sein. Sowohl in der aktuellen Forschung, wie auch in der heutigen Lehre und Praxis der Behindertenpädagogik ist die Bildungsbedürftigkeit und Bildungsfähigkeit des Menschen mit geistiger Behinderung unumstritten. Im vergangenen Jahrhundert bis zum 2. Weltkrieg wurde vielfach die *Bildungsunfähigkeit* geistig behinderter Menschen angenommen.
Speck und Hanselmann betonen die Bildsamkeit bzw. Bildungsfähigkeit aller Menschen, unabhängig von Schwere und Erscheinungsform einer Behinderung:

> „Wenn von Bildsamkeit bei schwer geschädigten Menschen die Rede ist, so kann es sich nicht um eine materiell zu messende Größe, also auch nicht um ein „gewisses Minimum" handeln, sondern um ein Postulat der conditio humana (Menschliche Bedingung, Anmerk. d. V.), das man mit der gebotenen prinzipiellen Offenheit so fassen könnte: Bildsamkeit ist die Verwirklichungspotentialität für Menschlichkeit unter der Voraussetzung von Erziehung und Bildung, wobei Menschlichkeit als Menschsein unter Menschen zu begreifen ist." (Speck 1993, S. 154)

> „Der geistig behinderte Mensch ist wie jeder Mensch prinzipiell bildbar. Der Begriff „Bildungsunfähigkeit" ist pädagogisch-anthropologisch untragbar. Er ist gleichbedeutend mit dem Absprechen des Wertes als Mensch, ist historisch außerordentlich belastet und als anzuwendende Bestimmung praktisch nicht vollziehbar." (Hanselmann, 1958, in: Speck 1993, S. 154)

4.3 Pflegen

Der Pflegebegriff hat sich in den letzten Jahren gewandelt. Pflege wird im heutigen Verständnis nicht mehr reduziert auf die Versorgung und Behandlung Kranker, sondern umfasst eine ganzheitliche Gesundheitspflege. Sie zielt auf die Erhaltung und Förderung der Gesundheit und will Krankheiten verhüten. Zur Gesundheitspflege gehören Aufklärung, Beratung und Gesundheitserziehung.
Pflege heißt in diesem Sinn Sorge für Ruhe, Bewegung, Schlaf, für richtiges Waschen und Kleiden, für gesunde Ernährung und regelmäßige Ausscheidungen. *Krankenpflege* benötigt ein Mensch mit Behinderung nur, wenn er im Bett liegt und Grippe hat oder sich nach einer Operation erholt. Pflege ist eine Grundvoraussetzung menschlichen Lebens, das Gegenteil wäre Verwahrlosung. Pflege hat also nicht allein den kranken Körper oder den kranken Geist im Blick, sondern das Wohl des ganzen Menschen mit seinem körperlichen und psychischen Befinden sowie seinem Leben als soziales Wesen.
Begriffe wie Wohlfahrts*pflege,* Rechts*pflege, Pflege* einer Beziehung zeigen, dass Pflege mehr meint als eine technische Erledigung von Aufgaben, dass es hier um das Wohl des ganzen Menschen, um seine Lebensqualität geht. Heilerziehungspflege ist humanes Handeln für und mit einem einmaligen Menschen, der nicht zu einer Nummer in einer Institution werden darf.

4.4 Fördern

Der Begriff der Förderung ist eng verbunden mit dem Begriff Erziehung. Förderung bezeichnet gezielte Maßnahmen zur Entwicklung und Bildung von Menschen mit Behinderungen in verschiedenen Lebensbereichen. So spricht man von „lebenspraktischer“ Förderung, von Fördermaßnahmen im Schul- und Ausbildungsbereich oder von der Förderung von Kulturtechniken. Der Begriff wird auch für gezielte therapeutische Maßnahmen gebraucht, so bei Konzepten der basalen Kommunikation und Stimulation, bei werktherapeutischen Hilfen oder in der Behandlung durch Spiel, Sport, Motopädagogik oder Rhythmik. Förderung meint ein gezieltes, methodisch reflektiertes und kontrolliertes Handeln des Heilerziehungspflegers, um bei einem Menschen mit Behinderung Entwicklungsprozesse anzuregen oder zu beschleunigen. Förderung wird in der Praxis oft mit Therapie gleichgesetzt, der

Begriff betont aber besonders den Aspekt pädagogisch orientierter Unterstützung.

4.5 Lebenswelt eines Menschen mit Behinderung und Lebensbegleitung durch HeilerziehungspflegerInnen und HeilerziehungshelferInnen

Der Begriff der *Lebenswelt* wird in letzter Zeit immer häufiger in der Erziehung von Kindern (z. B. in der Kindergartenpädagogik), aber auch in der Förderung und *Lebensbegleitung* von erwachsenen Menschen mit Behinderungen verwendet (vgl. dazu Lippitz, 1980). Aus geisteswissenschaftlich-phänomenologischer Sicht sind die Begriffe Welt und Lebenswelt des Menschen identisch. Die Welt und die Dinge in dieser Welt werden als „an sich Seiendes" verstanden, als etwas, das an sich ohne Bezug auf das Bewusstsein des konkreten Menschen besteht (vgl. Husserl, 1986, S. 8). Das „Seiende" kann man verstehen als die *materiellen Dinge* (Steine, Berge, Stoffe, Mineralien usw.), die *animalische* (beseelte, lebendige) *Natur* und die *geistig-personale Welt* (der Menschen). Diese „an sich seiende Welt" kann vom Menschen nicht vollständig und objektiv erkannt werden, sondern er nimmt sie subjektiv-relativ wahr. Es ist notwendig, dass sich der Mensch dieser Welt *zuwendet,* sie *entdeckt, erschließt* und sich *aneignet,* sonst bleibt sie ihm verschlossen.
Diese Wahrnehmung und Aneignung der Welt kann auf verschiedene Weise geschehen, z. B. taktil, sensorisch (ertasten, erfühlen), praktisch bearbeitend (sägen, bohren und dabei eine Vorstellung von Struktur und Form gewinnend) oder auch geistig (sich eine Vorstellung machen). Diese Erfahrungen macht der Mensch durch seine Sinne, d. h. wenn er Farbe, Form, Gestalt, Temperatur, Gewicht eines Dings erfassen will, muss er seinen Körper einsetzen, seine Augen, seinen Kopf, er muss seine Hände gebrauchen, sich bewegen und aktiv werden.
Anthropologisch-biologisch gesehen kommt der Mensch hilflos zur Welt, unfähig, selbstständig in dieser Welt und mit ihr zu leben. Um zu leben, braucht er die Hilfe anderer Menschen. Das Kind muss diese Welt entdecken und sich aneignen, es muss einen Bezug zu den Dingen bekommen, einen Bezug zu sich selbst, zu seinem Leib, seiner Kultur, seinen Mitmenschen, seiner Umwelt.
Das Kind entdeckt diese Welt auf seine Weise. Es ist Aufgabe des Erwachsenen, ihm im Rahmen einer pädagogischen Beziehung dabei zu

helfen. Das Kind lernt und begreift auf diese Weise, was in dieser Welt geschieht, welchen Platz es selbst in ihr hat, wie sie aufgebaut ist und nach welchen Gesetzen sie funktioniert. Das Kind braucht Erwachsene, die mit ihm diesen Weg gehen und ihm bei der Welterschließung helfen. Hätte das Kind nicht diese (Bildungs-)Hilfe, müsste es von vorne anfangen, das Rad selbst neu erfinden und könnte nicht an das gesammelte Wissen der Kultur anknüpfen.

Folgende Dimensionen von Lebenswelt lassen sich unterscheiden:

- das Körperliche/Leibliche (Gesundheit, Lebenserhaltung, Sexualität);
- das Psychische (Gefühle, Erleben, Freude, Trauer);
- das Soziale (Gemeinschaft, Freundschaft, Partnerschaft, Gesellschaft);
- das Kulturelle (Kultur, Geschichte, Traditionen, Brauchtum, Kunst);
- das Geistige (Denken, Ideen, Kommunikation, Begegnung, Wissen);
- das Musische (Spiel, Tanz, Theater, Gestalten);
- das Technische (Technik, Handwerk, Naturwissenschaften);
- das Produktive (Arbeit, Beruf, Schaffen von Neuem, Bearbeitung);
- das Politische (Macht, Mitwirkung, Freiheit, Staat);
- das Zeitliche (Zeit, Vergangenheit, Geschichte, Zukunft);
- das Religiöse (Gott, Lebenssinn, Gotteserfahrung, Ewigkeit).

Ein Mensch mit einer Behinderung nimmt diese Welt auf seine Weise wahr und versucht, sie sich anzueignen. Seine Welterfahrung kann eingeschränkt sein durch eine Sehbehinderung, die eine räumliche Erfassung eines Gegenstandes oder seiner Gestalt erschwert. Sie kann eingeschränkt sein durch eine körperliche Behinderung, die das Hantieren oder Begreifen mit den Händen beeinträchtigt. So kann ein Kind, welches nicht krabbeln oder sich fortbewegen kann, keinen Kontakt mit Dingen seines Umfeldes aufnehmen, keine Erfahrungen damit machen. Dieser Teil der Welt bleibt ihm verschlossen. Der geistig behinderte Mensch benötigt häufig eine Lebensbegleitung durch einen anderen Menschen, der ihm bei der Auseinandersetzung mit dieser Welt, durch gemeinsames Entdecken, Interpretieren und Erfahren, behilflich ist. Lebensbegleitung heißt nicht Bevormundung, sondern Ergänzung dort, wo sonst eine Benachteiligung durch mangelhafte Welterfassung und Weltbewältigung zu erwarten wäre.

Abb.: 2 Aspekte einer Lebenswelt eines behinderten Menschen und Lebensbegleitung durch Heilerziehungspfleger / Heilerziehungshelfer

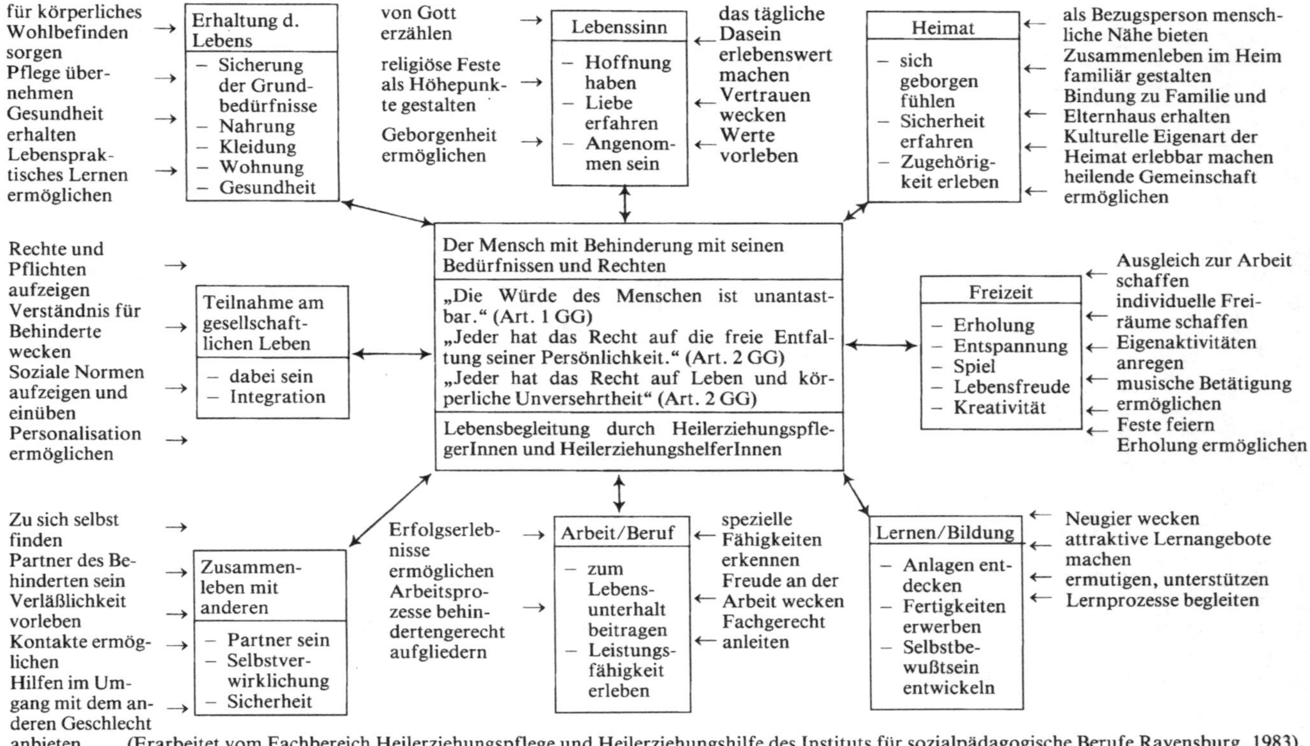

(Erarbeitet vom Fachbereich Heilerziehungspflege und Heilerziehungshilfe des Instituts für sozialpädagogische Berufe Ravensburg, 1983).

Lebensbegleitung muss sehr sensibel geschehen, sie verlangt Teilhabe am Leben und Erleben eines Menschen, bedeutet, sich auf ihn einzustellen. Die Lebensbegleitung eines Menschen mit geistiger Behinderung kann sich nicht darin erschöpfen, die „Bedürfnisse"dieses Menschen zu respektieren und zu erfüllen, denn ein Mensch ist nicht nur ein Bündel von Bedürfnissen. Der Mensch tritt mit der Welt in einen Dialog, seine Erfahrung mit ihr macht sie ihm zu *seiner* Lebenswelt. Bei der Lebensbegleitung eines Menschen mit geistiger Behinderung ist es deshalb nötig, *seine* Lebenswelt kennenzulernen, sie zu akzeptieren und unterstützend gemeinsam mit ihm weiterzuentwickeln.

Abb.: 3 Tätigkeitsbezeichnung der Mitarbeiter im Selbstbild

(N = 136)
1 = stimme voll zu; 5 = lehne stark ab

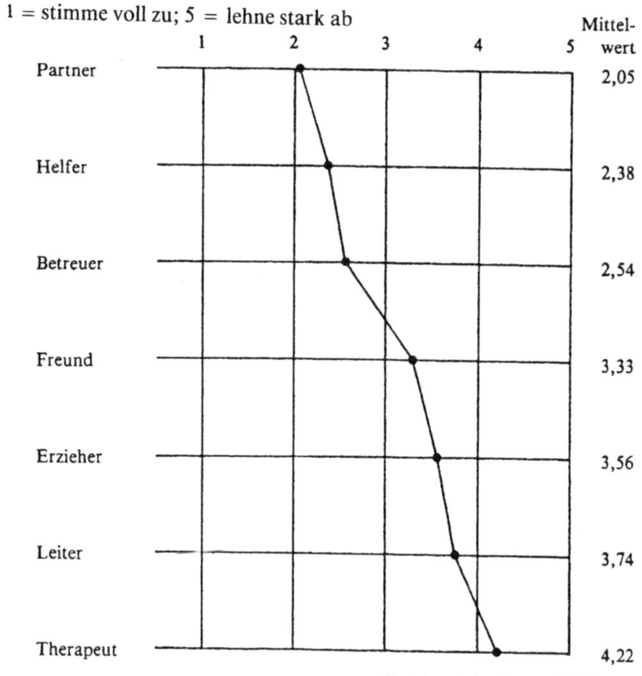

Quelle: Thesing, 1993, S. 133.

4.6 Betreuen

Die Tätigkeitsbeschreibung *Betreuen* bzw. die Funktionsbezeichnung *Betreuer* werden in der Heilerziehungspflege häufig gebraucht. Das Wort Betreuung beinhaltet das Wort „treu“. Etymologisch bedeutet treu auch zuverlässig, wahr, ehrlich, echt, sicher und stark. Betreuen bedeutet im Mittelhochdeutschen in „Treue erhalten“, schützen. Ein Betreuer ist im heutigen Verständnis eine Person, der etwas zu „treuen Händen“ übertragen worden ist. Die Bezeichnung *Lebensbegleitung* hat den Begriff der Betreuung in vielen Bereichen abgelöst. In einer Befragung von 136 Mitarbeitern in Betreuten Wohngruppen für Menschen mit Behinderungen wurde untersucht, welche Bezeichnung dem Selbstverständnis in der Arbeit am stärksten entspricht.
Die Bezeichnung *Betreuer* hatte bei den Wohngruppenmitarbeitern eine gute bis befriedigende Akzeptanz und erwies sich als eine geeignete Rollendefinition für den Wohngruppenalltag.

4.7 Assistenz

Das Selbstverständnis der Behindertenhilfe befindet sich im Wandel, den man als einen Prozess von der „Betreuung“ zur „Begleitung“ bzw. „Assistenz“ beschreiben kann. Besonders der Personenkreis der körperbehinderten Menschen lehnt Betreuung als „entmündigend“ ab, sie wollen keine „Zu-Betreuende“ sein. Der Mensch mit einer Behinderung soll nicht mehr „Empfänger von Fürsorge und Hilfe“ sein, sondern er wird in einem neuen Rollenverständnis zum „Arbeitgeber“, der den Helfer einstellt und die Form und Art der Hilfe selbst beurteilt und bestimmt. (Assistenz)
Viele Einrichtungen der Behindertenhilfe veränderten in den letzten Jahren ihr Leitbild und Selbstverständnis. So wollen sie nicht mehr nur Wohlfahrtsorganisationen mit caritativem Ziel, orientiert am Ideal der christlichen Nächstenliebe sein, sondern verstehen sich als moderne Dienstleistungsbetriebe, die sich dem Wettbewerb mit anderen Anbietern stellen und ihr Dienstleistungsangebot am Kunden (bisher der Mensch mit Behinderung) orientieren. Das sogenannte „Kundenmodell“ dreht das traditionelle Rollenverständnis um:

Mensch mit Behinderung	früher:	Fürsorgeempfänger, Klient, Hilfebedürftiger
	heute:	Kunde, Arbeitgeber

Das Kundenmodell wird in der Behindertenpädagogik und -hilfe kontrovers diskutiert, vor allem wird kritisiert, dass kein echter Markt und keine echten Kunden mit steuerungsfähiger Kaufkraft vorhanden sind.
Wenn auch die Realisierung des Kundenmodells noch Schwierigkeiten bereitet, fördert es doch stark die kritischen Fragen nach der *Kundenzufriedenheit, dem Preis-Leistungs-Verhältnis, der Lebensqualität in Wohnstätten, der Notwendigkeit der Entwicklung von Qualitätskriterien und Möglichkeiten vermehrter Selbstbestimmung von Menschen mit geistiger Behinderung.* Fragen, die früher nicht oder nur selten gestellt wurden. (vgl. Thesing, 1997, Kapitel III)

4.8 Beraten

Immer mehr Menschen mit Behinderung wohnen in offenen Wohnbereichen (Wohngruppe, Betreutes Wohnen, Paarwohnen usw.). Sie haben mehr Selbstständigkeit erlangt, und der Heilerziehungspfleger muss diese gesteigerte Entschlussfähigkeit berücksichtigen. Heilerziehungspflege umfasst deshalb auch Beratung, und zwar insbesondere in folgenden Situationen: Beratung von Eltern im Rahmen der Frühförderung; Beratung von Menschen mit Behinderungen im Rahmen der ambulanten Betreuung; Beratung bezüglich Geld, Auswahl von Kleidung, Anschaffung von Möbeln; Beratung bei Partnerproblemen; Beratung im Rahmen von Praxisanleitung und kollegiale Beratung.
Die Beratung behinderter Menschen muss geprägt sein von zurückhaltendem Ratgeben und oftmals gleichzeitigem Schutz vor Überforderung bzw. Wahrnehmung der Aufsichtspflicht.

4.9 Beispiel: Aufgabenbereiche eines Mitarbeiters in einer Wohnstätte für Menschen mit Behinderungen

Die konkreten Aufgaben und Tätigkeiten eines Heilerziehungspflegers ändern sich mit den Schwerpunkten des jeweiligen Aufgabenfeldes und dem Maß der übernommenen Verantwortung (z. B. Werkstatt für Behinderte, Freizeitbereich, Wohnheim; Aufgaben als Mitarbeiter oder als Leiter).
Die Bundesvereinigung Lebenshilfe hat in ihrer Empfehlung „Personalausstattung und Personalstruktur“ die Aufgaben eines Gruppen-

leiters in einem Wohnheim oder in einer Betreuten Wohngruppe beschrieben:

Mitarbeiter/innen im Gruppendienst

Unterstützung/Initiierung des Zusammenlebens in der Wohngruppe

1. Erforderliche Hilfestellung bei der Durchführung von Gruppenbesprechungen
2. Förderung und Motivation von Meinungsäußerungen
3. Begleitung des Gruppenprozesses
4. Förderung des Sozialverhaltens
5. Einführung neuer Bewohner/innen in die Gemeinschaft
6. Hilfestellung und Einflussnahme bei der Abstimmung von Regeln für die Wohngruppe im Rahmen der bestehenden Hausordnung
7. Hilfestellung bei der Krisen- und Konfliktbearbeitung
8. Hilfestellung bei der Organisation gemeinsamer Aktivitäten

Gewährleistung der täglichen Grundversorgung in der Wohnstätte

1. Sicherstellung der häuslichen Sauberkeit
2. Unterstützung bei der Mahlzeitenplanung und -zubereitung
3. Unterstützung hilfebedürftiger Bewohner/innen beim Essen und Trinken
4. Sicherstellung der Instandhaltung des häuslichen Inventars (Ausstattung) sowie der Außenanlagen

Hilfestellung bei der allgemeinen Pflege und Versorgung kranker Bewohner/innen

1. Unterstützung bei der regelmäßigen täglichen Hygiene
2. Beschaffung notwendiger Pflegemittel
3. Versorgung kranker Bewohner/innen
4. Betreuung kranker Bewohner/innen im Krankenhaus
5. Aufbewahrung und Verabreichung von Medikamenten
6. Sterbebegleitung

Individuelle Hilfen

1. Hilfestellung bei der Tages-, Wochen- und Jahresstrukturierung
2. Anleitung/Hilfestellung in lebenspraktischen Bereichen (z. B. beim An- und Auskleiden, im Bereich der Kulturtechniken)
3. Unterstützung bei der Gestaltung des eigenen Wohnraumes
4. Gesprächspartner/in bei persönlichen Problemen und Konflikten (z. B. bei Sexual- und Partnernschaftsproblemen, bei Tod und Verlust von nahestehenden Angehörigen)
5. Beratung bei der Verwendung des eigenen Geldes
6. Begleitung der Bewohnerin / des Bewohners beim Überwechseln in eine andere Wohnform

Bezugsfeldarbeit

1. Begleitung der Bewohner/innen beim Einkauf
2. Zusammenarbeit mit Angehörigen und Betreuungspersonen

3. Kontakt zu den Mitarbeitern und Mitarbeiterinnen in der WfB bzw. am Arbeitsplatz
4. Förderung von Kontakten zu Freunden und Bekannten
5. Erschließung neuer Kontakte (Besuch anderer Einrichtungen, Feiern gestalten usw.)
6. Freizeitgestaltung

Pädagogisch konzeptionelle Arbeiten
1. Mitwirkung bei der Entwicklung und Pflege eines hausbezogenen Arbeitsansatzes
2. Schreiben von Entwicklungsberichten
3. Durchführung bewohnerbezogener Besprechungen
4. Teilnahme an Fort- und Weiterbildungen

Schichtübergreifende Zusammenarbeit
1. Mitwirkung bei der Gestaltung der Dienstpläne
2. Führen des Dienstbuches
3. Notwendige Absprachen bei Dienstübergabe

Verwaltungsarbeiten
1. Abrechnung der Neben- und Taschengeldkasse

(Quelle: Bundesvereinigung Lebenshilfe: Personalausstattung und Personalstruktur, 4/1996, S. 33–34)

Wenn Betreute Wohngruppen allein existieren und an keine Wohnstätte (Außenwohngruppe) angeschlossen sind, kommen für den Leiter/die Leiterin dieser Wohnform noch Aufgaben der Wohnstättenleitung hinzu:

Leiter/-in der Wohnstätte
1. Die Leitung ist direkte Vorgesetzte der Wohnstättenmitarbeiter/innen. Neben den Leitungsaufgaben ist es erforderlich, den unmittelbaren Kontakt zur pädagogischen Arbeit und zu den Bewohnerinnen und Bewohnern zu halten.
2. Verantwortlich für die Wohnstätte gegenüber dem Heimträger/der Bereichsleitung
3. Mitwirkung bei der Finanz- und Investitionsplanung
4. Mitwirkung bei der Erstellung des Wohnstättenkonzepts und seiner Fortschreibung
5. Dienst- und Fachaufsicht
6. Mitwirkung bei der Aufstellung des Stellenplans, der Einstellung und Entlassung von Mitarbeitern und Mitarbeiterinnen
7. Sicherstellung der Einarbeitung von Mitarbeitern und Mitarbeiterinnen
8. Erstellung von Beurteilungen, Zeugnisentwürfen
9. Diensteinteilung, Aufstellung von Dienst- und Urlaubsplänen
10. Durchführung regelmäßiger Dienstbesprechungen
11. Sicherstellung von Fortbildungsmaßnahmen für die Mitarbeiter/innen

12. Mitwirkung bei der Aufnahme, Entlassung und bei Umzügen der Bewohner/innen in Zusammenarbeit mit Gremien oder Fachdiensten
13. Entwicklung von Förder- und Betreuungsplänen und deren Fortschreibung
14. Förderung der Eltern- und Familienarbeit
15. Zusammenarbeit mit Fachdiensten, Fachärzten, Psychologen, Therapeuten usw.
16. Zusammenarbeit mit dem Heimbeirat, der Elternvertretung und dem Betriebsrat
17. Verantwortlich für die zweckentsprechende Verwendung der Etatmittel sowie für das Taschengeld der Bewohner/innen
18. Verantwortlich für die reibungslose Zusammenarbeit mit der Verwaltung
19. Verantwortlich für Gebäude und Inventar
20. Verantwortlich für die Arbeitssicherheit
21. Zusammenarbeit mit benachbarten Einrichtungen
22. Aufbau und Pflege vorhandener Kontakte, insbesondere Nachbarschaftskontakte (z. B. Kirchengemeinde, Vereine, Verbände usw.)

(Quelle: Bundesvereinigung Lebenshilfe: Personalausstattung und Personalstruktur, 4/1996, S. 333–34)

5. Übungsfragen

1. Entstehung und Entwicklung der Berufe

a) Wann wurden in Deutschland erste Qualifikationskurse für Pflegekräfte in der Behindertenhilfe durchgeführt?

b) Wann und wo entstand der Beruf des Heilerziehungspflegers und welche Aufgabenschwerpunkte sollte er ursprünglich übernehmen?

c) Zeigen Sie die Entwicklung der Ausbildungsstätten für Heilerziehungspflege und Heilerziehungshilfe von der Gründung bis zur heutigen Situation auf!

d) Welche Unterschiede und Gemeinsamkeiten erkennen Sie zwischen den Berufen Heilerziehungspfleger und Heilerziehungshelfer bezüglich der Dauer der Ausbildung, der Qualifikation für heilerzieherische Aufgaben, der Verantwortung und Konsequenzen für die Laufbahn?

2. Was ist Heilerziehungspflege?

a) Definieren Sie Heilerziehungspflege im heutigen Verständnis professioneller Hilfe für Menschen mit Behinderung?

b) Erläutern Sie das Menschenbild der Bundesarbeitsgemeinschaft der Ausbildungsstätten für Heilerziehungspflege und Heilerziehungshilfe und ihre Grundsatzaussagen zum Wesen der Heilerziehungspflege.

c) Welche Konsequenzen hat die Orientierung an einem solchen Menschenbild für die Beziehung von Heilerziehungspfleger und Klient?

d) Definieren Sie die Begriffe *Heilen, Erziehen, Pflegen, Fördern, Lebensbegleitung, Betreuung, Beratung* und zeigen Sie den Bedeutungshintergrund für die Arbeit von Heilerziehungspflegern und Heilerziehungshelfern auf.

e) Was wird im pädagogischen Sinne als *Lebenswelt* verstanden und welche Aufgaben der *Lebensbegleitung* für Menschen mit einer Behinderung können Sie erkennen?

6. Weiterführende Literatur:

Bundesanstalt für Arbeit: Blätter zur Berufskunde. Heilerziehungspfleger/Heilerziehungspflegerin; Heilerzieher, Heilerzieherin, 1996

Bundesarbeitsgemeinschaft der Ausbildungsstätten für Heilerziehungspflege und Heilerziehung in der Bundesrepublik Deutschland (BAG-HEP): Grundsatzpapier, 1996

Bundesvereinigung Lebenshilfe für geistig Behinderte: Personalausstattung und Personalstruktur, Marburg 1996

Gebhardt, W.: Ausbildung in Heilerziehungspflege – Auf dem Weg in den europäischen Binnenmarkt? in: Zur Orientierung, 1/92

Husserl, E.: Phänomenologie der Lebenswelt, Stuttgart 1986

Lippitz, W.: Lebenswelt oder die Rehabilitierung vorwissenschaftlicher Erfahrung, Weinheim/Basel 1980

Schlaich, L.: Der Heilerziehungspfleger und seine Ausbildung, Stetten 1963

Speck, O.: Menschen mit geistiger Behinderung und ihre Erziehung. Ein heilpädagogisches Lehrbuch, München, 1993, 7. Aufl.

Sauer, H. P.: Heilerziehungspflege – Irritationen und Wandlungen eines Berufsbildes, in: HEP-Informationen, 3/96

Thesing, T.: Betreute Wohngruppen und Wohngemeinschaften für Menschen mit geistiger Behinderung, Freiburg 1997, 3. Aufl.

Verband Deutscher Evangelischer Heilerziehungs-, Heil- und Pflegeanstalten: Ausbildungsrichtlinien für die erzieherische und pflegerische Arbeit in Heilerziehungs-, Heil- und Pflegeanstalten und in entsprechenden Einrichtungen, 1966

Verband Katholischer Einrichtungen für Lern- und Geistigbehinderte und Verband Deutscher Evangelischer Heilerziehungs-, Heil- und Pflegeanstalten: Memorandum über die staatliche Anerkennung der Schulen für Heilerziehungspflege und Heilerziehungshilfe sowie der Absolventen dieser Schulen, in: Zeitschrift Sozialpädagogik, Heft 5/1971 (Sonderdruck)

Wollasch, H. J.: Ein Jahrhundert der Sorge um geistig behinderte Menschen, Bd. 2, Ausbau und Bedrängnis: Die erste Hälfte des 20. Jahrhunderts, Freiburg 1988

IV. Die Ausbildung zum Heilerziehungspfleger und Heilerziehungshelfer

1. Die Ausbildungsordnungen

Die Ausbildung zum Heilerziehungspfleger wird an Fachschulen bzw. Fachakademien (Bayern) durchgeführt und dauert in der Regel drei Jahre. Die Studierenden können wählen zwischen zwei *Organisationsformen* der Ausbildung, einer *Vollzeitform* (zwei Jahre Lernort Schule mit verschiedenen Praktika und anschließendem Berufspraktikum) und einer *Teilzeitform* (drei Jahre mit einem Lernort Praxis und einem Lernort Schule).
Ein mittlerer Bildungsabschluss und eine vorausgehende ein- bis zweijährige geeignete Tätigkeit (Vorpraktikum) ist in der Regel die Aufnahmevoraussetzung. Die Ausbildung zum Heilerziehungshelfer dauert ein bis zwei Jahre und wird in Teilzeitform durchgeführt, wobei das zweite Jahr ein von der Ausbildungsstätte gestaltetes Berufspraktikum sein kann. Die Ausbildung wird an Berufsfachschulen durchgeführt. Aufnahmevoraussetzung sind in der Regel ein Hauptschulabschluss sowie eine mehrjährige vorausgehende Arbeitstätigkeit.
Die Bundesarbeitsgemeinschaft der Ausbildungsstätten für Heilerziehungspflege und Heilerziehung formuliert für eine qualifizierte Ausbildung von Heilerziehungspflegern folgende Ziele:

Ziele der Ausbildung

Kompetenz der Assistenz, Bildung und strukturellen Unterstützung
Entsprechend den individuellen Bedürfnissen und Verhältnissen des Menschen mit Behinderung bedarf die Fachschülerin der Vermittlung von Kompetenzen, die geeignet sind, die bestehenden Aufgaben zu erfüllen und die daraus abgeleiteten Tätigkeiten der Beratung und Begleitung, Pflege und Versorgung, Erziehung, Förderung und Bildung sowie der sozialen und materiellen Gestaltung auszuführen.

Ganzheitlichkeit
Unter diesem Prinzip muss die Fachschülerin lernen, Menschen in ihrer Komplexität, mit ihren nach Art und Intensitätsgrad unterschiedlichen Behinderungen in allen Lebensstufen und in verschiedenen Lebensbereichen angemessen zu begegnen.

Vielfalt
Der Vielfalt der menschlichen Eigenarten und Lebensformen entsprechen die *vielfältigen Tätigkeitsfelder* in der Behindertenhilfe. Auch auf sie muss sich die Fachschülerin einzustellen lernen.

Theorie / Methodik
Die Fachlichkeit der Heilerziehungspflegerin wird wesentlich mitbegründet durch die *Kenntnis grundlegender Theorien und Methoden* der Behindertenhilfe und ihre Anwendung.

Dialog / Partnerschaft
Die *partnerschaftliche Beziehung* zum Menschen mit Behinderung stellt in gewisser Weise das Medium wie das Maß aller Bemühungen dar.

Kooperation
Die *wechselseitig förderliche Zusammenarbeit* mit Kollegen auch anderer Berufsgruppen ist unverzichtbar.

Persönlichkeitsentwicklung / Identität
Die Ausbildung hat ihren Beitrag zu leisten, damit die Fachschülerin ihre eigene *berufliche Identität* findet. Hierzu gehört die Vermittlung des Bewusstseins über die *Offenheit der persönlichen Entwicklungsperspektive ebenso wie über die Notwendigkeit, hierfür selbst verantwortlich zu sein.*
(Grundsatzpapier der BAG HEP, 1996, S. 14/15)

2. Ausbildungsinhalte / Unterrichtsfächer

Die Ausbildung umfasst in allen Bundesländern *allgemeinbildende, pädagogisch-psychologische, medizinisch-pflegerische* und *fachpraktische* Fächer. Unterrichtet werden insbesondere:
- Pädagogik/Sonderpädagogik/Heilpädagogik,
- Psychologie/Soziologie,
- medizinische Lehre der Behinderungen/Neurologie/Psychiatrie,
- Gesundheits-Krankheitslehre/Pflege,
- Rechts- und Berufskunde,
- Praxis- und Methodenlehre,
- Religionspädagogik/Ethik,
- Hauswirtschaft,
- musische Fächer (Sport, Werken, Musik, Rhythmik, Spiel, Tanz),
- fachpraktische Ausbildung.

Der Praxisausbildung kommt eine große Bedeutung zu. Diese erfordert eine enge Zusammenarbeit von Ausbildungsstätte und Praxisstelle. Häufig werden deshalb Dozenten auch in den Praxisstellen tätig oder Praktiker aus den Einrichtungen unterrichten.

Die Ausbildung wird mit einer staatlichen Prüfung, in einigen Bundesländern zusätzlich mit einer staatlichen Anerkennung, abgeschlossen.

3. Verzeichnis der Ausbildungsstätten

Baden-Württemberg

Fachschule für Sozialpädagogik – Berufskolleg –
Fachrichtung Heilerziehungspflege
und staatlich anerkannte Schule für Heilerziehungshilfe der
Johannes-Anstalten, Schwarzacher Hof, 74869 Schwarzach

Evang. Fachschule für Sozialpädagogik – Berufskolleg –
Fachrichtung Heilerziehungspflege
Sudetenweg 92, 74523 Schwäbisch Hall

Ludwig-Schlaich-Schule
Institut für Soziale Berufe der Diakonie Stetten
Evang. Fachschule für Sozialpädagogik – Berufskolleg –
Fachrichtung Heilerziehungspflege
Devizestraße 4, 71332 Waiblingen

Evang. Fachschule für Sozialpädagogik – Berufskolleg –
Fachrichtung Heilerziehungspflege
Landstraße 1, Postfach 18 60, 77694 Kehl-Kork

Institut für sozialpädagogische Berufe,
Fachschule für Sozialpädagogik – Berufskolleg –
Fachrichtung Heilerziehungspflege
St. Loreto, Wildeck 4, 73525 Schwäbisch Gmünd

Diakonisches Institut für Soziale Berufe gGmbH
Evang. Fachschule für Sozialpädagogik – Berufskolleg –
Fachrichtung Heilerziehungspflege
72805 Lichtenstein-Traifelberg

Fachschule für Sozialpädagogik – Berufskolleg –
Fachrichtung Heilerziehungspflege
Saulgauer Straße 3, 89079 Ulm-Wiblingen

Fachschule für Sozialpädagogik – Berufskolleg –
Fachrichtung Heilerziehungspflege
Hauptstraße 1, 79618 Rheinfelden

Gotthilf-Vöhringer-Schule GmbH
Evang. Fachschule für Sozialpädagogik – Berufskolleg –
Fachrichtung Heilerziehungspflege
Hoffmannstraße 25, 88271 Wilhelmsdorf
und Mariaberg, Klosterhof 1, 72501 Gammertingen

Institut für soziale Berufe
Kath. Fachschule für Sozialpädagogik – Berufskolleg –
Fachrichtung Heilerziehungspflege und
Schule für Heilerziehungshilfe
Kapuzinerstraße 2, 88212 Ravensburg

Edith-Stein-Institut für soziale Berufe
Kath. Fachschule für Sozialpädagogik Fachrichtung
Heilerziehungspflege
Johanniterstraße 33, 78628 Rottweil

F u. U Akademie für Pflegeberufe
Fachschule für Heilerziehungspflege
Hauptstraße 1, 69117 Heidelberg

Seminar für Sozialtherapie
Weckelweiler
74592 Kirchberg/Jagst

Camphill-Seminar für Sozialtherapie und Heilerziehung
88699 Frickingen-Bruckfelden

Bayern

Caritas-Fachschulen
Fachschule für Heilerziehungspflege und Heilerziehungshilfe
Altenlohenau 10, 83556 Griesstätt

Fachschule für Heilerziehungspflege und Heilerziehungs-
pflegehilfe Dominikus-Ringeisen-Werk
Dominikus-Ringeisen-Straße 13, 86513 Ursberg

Fachschule für Heilerziehungspflege und -hilfe
St. Nikolausstraße 6, 89350 Dürrlauingen

Fachschule für Heilerziehungspflege und Heilerziehungs-
pflegehilfe der Stiftung Behindertenwerk St. Johannes
Schlossstraße 8, 86688 Marxheim-Schweinspoint

Fachschule für Heilerziehungspflege
Regensburger Straße 60, 93326 Abensberg

Fachschule für Heilerziehungspflege und Heilerziehungs-
pflegehilfe der Barmherzigen Brüder
Eustachius-Kugler-Straße 2, 93189 Reichenbach

Fachschule für Heilerziehungspflege und Heilerziehungs-
pflegehilfe der Rummelsberger Anstalten d. I. M. E. V.
Auhof 1, 91161 Hilpoltstein-Auhof

Staatlich anerkannte Fachschule für Heilerziehungspflege
und -hilfe, Evang.-Luth. Diakoniewerk Neuendettelsau
Waldsteig 11, 91564 Neuendettelsau

Dr.-Maria-Probst-Schule
Staatlich anerkannte Fachschule für Heilerziehungspflege und
Heilerziehungspflegehilfe
Mergentheimer Straße 180, 97084 Würzburg

Fachschule für Heilerziehungspflege
im Bildungswerk der DAG e. V.
Unteres Tor 10, 95445 Bayreuth

Akademie Schönbrunn
Fachschule für Heilerziehungspflege und Heilerziehungspflegehilfe
Gut Häusern 1, 85229 Markt Indersdorf

Fachschule für Heilerziehungspflege und Heilerziehungshilfe
Langheinrichstraße 1, 95502 Himmelkron

Fachschule für Heilerziehungspflege und Heilerziehungspflegehilfe
der Barmherzigen Brüder
Äußere Passauer Straße 60, 94315 Straubing

Fachschule für Heilerziehungspflege
Fritz-Wedel-Straße 2, 86159 Augsburg

Fachschule für Heilerziehungspflege und -hilfe
Eustachius-Kugler-Straße 1, 91350 Gremsdorf

Regens-Wagner-Stiftung Lauterhofen
Fachschule für Heilerziehungspflege und -hilfe
Karlshof 2, 92283 Lauterhofen

Liselotte-von-Lepel-Gnitz-Schule
Evang. Fachschule für Heilerziehungspflege
Von-Kahl-Straße 4, 86971 Peiting

Brandenburg

Janusz-Korczak-Schule
Evang. Fachschule für Heilerziehungspflege
in den Samariteranstalten
August-Bebel-Str. 1–4, 15517 Fürstenwalde/Spree

Dietrich-Bonhoeffer-Schule
Fachschule für Heilerziehungspflege
Lichterfelder Allee 45, 14513 Teltow

Fachschule für Heilerziehungspflege der
Hoffnungstaler Anstalten Lobetal, Sydower Feld 1
16359 Biesental

Berufliche Schule für Sozialwesen
Fachschule für Heilerziehungspflege
Bonhoeffer Weg 1, 16321 Lobetal

Europäisches Bildungswerk für Beruf und Gesellschaft e.V.
Fachschule für Heilerziehungspflege
Geschwister-Scholl-Straße 10, 14776 Brandenburg

Oberstufenzentrum Cottbus I
Fachschule für Heilerziehungspflege
Lieberoser Straße 13a, 03046 Cottbus

Oberstufenzentrum Elbe-Elster I
Fachschule für Heilerziehungspflege
Feldstraße 7, 04910 Elsterwerda

Oberstufenzentrum I Frankfurt
Fachschule für Heilerziehungspflege
Friedrich-Ebert-Straße 52, 15234 Frankfurt

HEC-Umweltingenieur- und Bildungsgesellschaft mbH
Fachschule für Heilerziehungspflege
Hüttenstraße 1, 01979 Lauchhammer

Fachschule für Heilerziehungspflege der AWO Lübbenau
Rudolf-Breitscheid-Straße 24, 03222 Lübbenau

Brandenburgisches Bildungswerk für Medizin und Soziales e.V.
Fachschule für Heilerziehungspflege
Zeppelinstraße 152, 14471 Potsdam

Oberstufenzentrum Uckermark
Fachschule für Heilerziehungspflege
Brüssower Allee 97, 17291 Prenzlau

Oberstufenzentrum I Barnim/Wandlitz
Fachschule für Heilerziehungspflege
Bernauer Chaussee, 16348 Wandlitz

Bremen

Schulzentrum Geschwister Scholl
Fachschule für Heilerziehungspflege
Walter-Kolb-Weg 2, 27568 Bremerhaven

Berlin

Diakonisches Aus- und Weiterbildungszentrum
beim Diakonischen Werk der EKD
Fernunterricht für Heilerziehungspflege
Schönhauser Allee 59, 10437 Berlin

Evang. Johannesstift Berlin
Fachschule für Heilerziehungspflege
Schönwalder Allee 26, 13587 Berlin

Staatl. Fachschule für Heilerziehungspflege
Erbeskopfweg 6–10
13158 Berlin

Staatliche Fachschule für Heilerziehungspflege
Fischerstraße 34
10317 Berlin-Lichtenberg

Evang. Fachschule für Heilerziehungspflege
der St.-Elisabeth-Stiftung
Storkower Straße 115 a
10407 Berlin

Dr. Weiss u. Partner GmbH, Institut für Fort- und Weiterbildung
Fachschule für Heilerziehungspflege
Am Treptower Park 28–30, 12435 Berlin

Diakonische Akademie Deutschland gGmbH
Fachschule für Heilerziehungspflege
Heinrich-Mann-Straße 29, 13156 Berlin

IBS Institut für Berufs- und Sozialpädagogik e.V.
Fachschule für Heilerziehungspflege
Bitterfelder Straße 13, 12681 Berlin

Hamburg

Fachschule für Heilerzieher der Evang. Stiftung Alsterdorf
Sengelmannstraße 49, 22297 Hamburg

Hessen

Fachschule für Heilerziehungspflege
der Nieder-Ramstädter Heime
Stiftstraße 2, 64367 Mühltal

Private Fachschule für Heilerziehungspflege
St.-Vincenz-Stift Aulhausen
Staatlich anerkannte Ergänzungsschule, Vincenzstraße 60
65385 Rüdesheim

Fachschule für Heilerziehungspflege in der Gemeinschaft Altenschlirf
Müser Straße 1
36358 Herbstein-Stockhausen

Fachschule für Heilerziehungspflege
im Bildungswerk der DAG e. V.
Pfarrgarten 6
35390 Gießen

Fachschule für Heilerziehungspflege der Lebenshilfe LV Hessen e. V.
Raiffeisenstraße 15
35043 Marburg

Mecklenburg-Vorpommern

Berufsfachschule Greifswald GmbH
Gen. Ersatzschule für Altenpfleger, Heilerzieher und PTA
Pappelallee 1
17489 Greifswald

Internationaler Bund IB
Fachschule für Heilerziehungspflege
Friedrich-Franz-Straße 1, 18209 Doberan

Grone-Bildungszentrum für Gesundheits- und Sozialberufe GmbH
Fachschule für Heilerziehungspflege
Ginster Chaussee 5, 18528 Bergen

Berufliche Schule für Wirtschaft, Handwerk, Industrie,
Sozialpädagogik
Fachschule für Heilerziehungspflege
Ulrichplatz 7, 18273 Güstrow

Berufliche Schule des Kreises Mecklenburg-Strelitz
Fachschule für Heilerziehungspflege
Hittenkoferstraße 28, 17235 Neustrelitz

Institut für Berufliche Weiterbildung gGmbH
Fachschule für Heilerziehungspflege
Tiergarten 4, 17235 Neustrelitz

Institut für Aus- und Fortbildung im Diakoniewerk „Neues Ufer“
Fachschule für Heilerziehungspflege
Retgendorfer Straße 4, 19067 Rampe

Berufliche Schule am Klinikum Südstadt und der Hansestadt Rostock
Fachschule für Heilerziehungspflege
Schleswiger Straße 5, 18109 Rostock

Berufliche Schule der Landeshauptstadt Schwerin
Fachschule für Heilerziehungspflege
Werkstraße 108, 19061 Schwerin

Berufliche Schule der Hansestadt Stralsund
Fachschule für Heilerziehungspflege
Heinrich-Heine-Ring 125, 18435 Stralsund

Niedersachsen

Fachschule – Heilerziehungspflege
der Rotenburger Werke der Inneren Mission
In der Aue 33, 27356 Rotenburg/Wümme

Evang. Fachschule für Heilerziehungspflege der Lobetalarbeit e. V.
Fuhrberger Straße 219, 29225 Celle

Fachschule – Heilerziehungspflege und Heilerziehungshilfe
der Paritätischen Gesellschaft Behindertenhilfe GmbH
Bremer Straße 3, 31547 Rehburg-Loccum

Akademie für Rehabilitationshilfe gGmbH
Fachschule – Heilerziehungspflege
Gehägestraße 20, 30655 Hannover

Fachschule für Heilerziehungspflege
Karlsruher Straße 2b, 30519 Hannover

Berufsbildende Schule 21
Gesundheits- und Sozialwesen Alice-Salomon-Schule
Fachschule für Heilerziehungspflege
Kirchröder Straße 13, 30625 Hannover

Anna-Stift e.V.
Fachschule für Heilerziehungspflege
Heimchenstraße 1–7, 30635 Hannover/Kleefeld

Hermann-Nohl-Schule Berufsbildende Schulen
Fachschule für Heilerziehungspflege
Steuerwalder Straße 162, 31137 Hildesheim

Fachschule für Heilerziehungspflege
Stadtweg 100, 31139 Hildesheim

Berufsbildende Schulen Hildesheim, Hermann-Nohl-Schule
Steuerwalder Straße 162, 31137 Hildesheim

Berufsbildende Schulen I
Fachschule für Heilerziehungspflege
Blinke 39, 26789 Leer

Diakonische Altenhilfe gGmbH
Fachschule für Heilerziehungspflege
Moorhauser Landstraße 3b, 28865 Lilienthal

Ausbildungsstätten der Evang. Stiftung Neuerkerode
Bahnhofstraße 41
38173 Sickte-Neuerkerode

St.-Raphael-Schule
Staatlich anerkannte Fachschule für Heilerziehungspflege und Heilerziehungshilfe am St.-Lukas-Heim
Gasthauskanal 9, 26854 Papenburg

Evang.-luth. Diakonissen-Mutterhaus Bethanien (Lötzen)
Fachschule – Heilerziehungspflege
Lötzener Straße 14, 49610 Quakenbrück

Fachschule für Heilerziehungspflege und Berufsfachschule
für Heilerziehungspflege der Lebenshilfe für geistig Behinderte
Landesverband Niedersachsen in Zusammenarbeit mit den
Diakonischen Werken Himmelstür e. V.
31137 Hildesheim

Fachschule für Heilerziehungspflege
des Albert-Schweizer-Familienwerkes e. V.
Jahnstraße 2, 37170 Uslar

Fachschule für Heilerziehungspflege
Bielefelder Straße 15, 49186 Bad Iburg

Fachschule für Heilerziehungspflege
Nahnerkirchplatz 10, 49082 Osnabrück

Fachschule für Heilerziehungspflege des Marienhauses
Friedrichstraße 19, 49716 Meppen

Fachschule für Heilerziehungspflege
St.-Anna-Stift e. V.
Heimchenstraße 1–7
30625 Hannover-Kleefeld

Fachschule für Heilerziehungspflege
Kalandstraße 4, 31061 Alfeld

Institut für Weiterbildung in der Kranken- und Altenpflege
im Bildungswerk der DAG
Fachschule für Heilerziehungspflege
Parkstraße 17, 27749 Delmenhorst

Berufsbildende Schulen III
Fachschule für Heilerziehungspflege
Ritterplan 6, 37073 Göttingen

Hauswirtschaftliche und Berufsbildende Schulen
des Landkreises Grafschaft Bentheim
Fachschule für Heilerziehungspflege
Am Bölt 5, 48527 Nordhorn

Nordrhein-Westfalen

Fachschule für Heilerziehungspflege
Caritas Nord CTN Ahlen
Robert-Koch-Straße 28, 59227 Ahlen

Fachschule für Heilerziehungspflege
Liese-Meitner-Berufskolleg
Lönsweg 24, 48683 Ahaus

Fachschule für Heilerziehungspflege
Adolf-Kolping-Schule
Klöckner Straße 10, 33034 Brakel

Fachschule für Heilerziehungspflege
Robert-Wetzler-Schule
Kölnstraße 229, 53117 Bonn

Fachschule für Heilerziehungspflege des LV Rheinland
Am großen Dern 10, 40635 Düsseldorf

Fachschule für Heilerziehungspflege
Gertrud-Bäumer-Berufskolleg
Klöckner Straße 48, 47057 Duisburg

Fachschule für Heilerziehungspflege
Gewerbliche Schulen V
Hacheneyer Straße 185, 44265 Dortmund

Fachschule für Heilerziehungspflege
Franz-Sales-Schule
Steeler Straße 261, 45138 Essen

Fachschule für Heilerziehungspflege
Brandströmstraße 20, 48599 Gronau

Fachschule für Heilerziehungspflege des LV Westfalen
Heithofer Allee 64, 59071 Hamm

Fachschule für Heilerziehungspflege
Bildungsstätte Michaelshofen
Pfarrer-te Reh-Straße 5, 50999 Köln

Fachschule für Heilerziehungspflege des Erzbistums Köln
Klosterstraße 79a, 50931 Köln

Fachschule für Heilerziehungspflege
Placida-Schule
Dechant-Röper-Straße 47, 58706 Menden

Fachschule für Heilerziehungspflege ESPA e.V.
Coerdestraße 58–60, 48147 Münster

Fachschule für Heilerziehungspflege
Edith-Stein-Schule
Am Rolandsbad 4, 33102 Paderborn

Fachschule für Heilerziehungspflege
Auf der Geest 2, 59348 Lüdinghausen

Fachschule für Heilerziehungspflege
Berufskolleg AHF Siegen
Fischbacher Bergstraße 17, 57072 Siegen

Fachschule für Heilerziehungspflege
Droste-Hülshoff-Straße 13–15, 48703 Stadtlohn

Fachschule für Heilerziehungspflege Bördeschule
Geschwister-Scholl-Straße 1, 59494 Soest

Ita-Wegmann-Berufskolleg
Fachschule für Heilerziehungspflege
Am Kriegerdenkmal 3a, 42399 Wuppertal

Evang. Fachschule für Sozialpädagogik
– Schwerpunkt Heilpädagogik – Wittekindshof
32543 Bad Oeynhausen

Friedrich-v.-Bodelschwingh-Schulen
Fachschule für Heilerziehungspflege
Grete-Reich-Weg 9
33617 Bielefeld

Stiftung Eben Ezer
Fachschule für Heilerziehungspflege und Heilerziehungshilfe
Alter Rintelner Weg, 32657 Lemgo

Fachschule für Heilerziehungshilfe im
Evang. Johanneswerk e.V.
Goerdtstraße 47, 44803 Bochum

Fachschule für Heilerziehungspflege und -hilfe
der Evang. Einrichtung Hephata
Schwalmstraße 206
41238 Mönchengladbach

Alexandra-Klausa-Schule
Fachschule für Heilerziehungspflege
Abtstraße 21
50354 Hürth

Berufliche Schulen des Hochsauerlandkreises
Fachschule für Heilerziehungspflege und -hilfe
Paul-Oventrop-Schule 7, 59939 Olsberg

Liebfrauenschule
Fachschule für Heilerziehungspflege
Kuchenstraße 18, 48653 Coesfeld i. W.

Rheinland-Pfalz

Carl-Burger-Schule
Berufsbildende Schule Mayen
Fachschule für Sozialwesen, Bildungsgang Heilerziehungspflege
Gerberstraße 1, 56727 Mayen

Berufsbildende Schule Hauswirtschaft / Sozialpädagogik
Fachschule für Sozialwesen, Bildungsgang Heilerziehungspflege
Pfalzgrafenstraße 1–11, 67061 Ludwigshafen

Berufsbildende Schule Linz
Fachschule für Sozialwesen, Bildungsgang Heilerziehungspflege
Am Gestade 9, 53545 Linz a. Rh.

Berufsbildende Schule für Ernährung,
Hauswirtschaft und Sozialpflege
Fachschule für Sozialwesen, Bildungsgang Heilerziehungspflege
Deutschherrenstraße 31, 54290 Trier

Private Berufsbildende Schule der Diakonie-Anstalten
Fachschule für Heilerziehungspflege
Ringstraße 58–60, 55543 Bad Kreuznach

Saarland

Bildungswerk der Lebenshilfe
Private Fachschule für Heilerziehung
Grumbachtalweg 220, 66121 Saarbrücken

Lehrinstitut für Gesundheitsberufe
Fachschule für Heilerziehungspflege
Scheider Straße 35, 66130 Saarbrücken

Schule für Gesundheitsberufe
Fachschule für Heilerziehungspflege
Fürther Straße 31, 66564 Ottweiler

Sachsen

Witt Schulungszentrum GmbH
Fachschule für Heilerziehungspflege
Stauffenberg Straße 19, 08209 Auerbach

Berufliches Schulzentrum für Wirtschaft und Sozialwesen
Fachschule für Heilerziehungspflege
Gabelsbergerstraße 36, 08280 Aue

IB Medizinische Akademie e.V.
Fachschule für Heilerziehungspflege
Kurt-Pchalek-Straße 15, 02625 Bautzen

Fachschule für Heilerziehungspflege und Heilpädagogik
Schulstraße 2, 09366 Beutha

Fachschule für Heilerziehungspflege des DEB Sachsen e.V.
Bornaer Straße 205, 09114 Chemnitz

Fachschule für Heilerziehungspflege
Diakonissenhaus Borsdorf
Friedrich-Engels-Straße 7, 04451 Borsdorf

Evang. Fachschule für Heilerziehungspflege
Martinshof Rothenburg
Mühlgasse 96, 02929 Rothenburg

Evang. Fachschule für Heilerziehungspflege
im Diakoniewerk Oberlausitz e.V.
Am Sportplatz 6, 02747 Großhennersdorf

DRK-Bildungswerk für soziale und pflegerische Berufe Sachsen e.V.
Goetheallee 39, 01309 Dresden

Berufliches Schulzentrum Gesundheit und Sozialwesen
Fachschule für Heilerziehungspflege
Andreas-Schubert-Straße 41, 01069 Dresden

Sozialpflegeschulen Heimerer GmbH
Fachschule für Heilerziehungspflege
Friedrichstraße 25, 04720 Döbeln

Fachschule für Sozialwesen FB Heilerziehungspflege
DEB in Sachsen e.V.
Aue Straße 1–3, 08371 Glauchau

Bildungsstätte für Medizin- und Sozialberufe e.V.
Fachschule für Heilerziehungspflege
Friedrich-Löffler-Straße 24, 02977 Hoyerswerda

Zentrum für Gesundheitsförderung und Umweltschutz e.V.
Fachschule für Heilerziehungspflege
Güterbahnhofstraße 1b, 01917 Kamenz

Fachschule für Heilerziehungspflege der Akademie für Berufe im Gesundheitswesen
Schloss Lichtenwalde, 09577 Lichtenwalde

Fachschule für Heilerziehungspflege des DEB in Sachsen e. V.
Gerhard-Ellroth-Straße 26
04249 Leipzig

Fachschule für Heilerziehungspflege des DEB e. V.
August-Bebel-Straße 46 c
09381 Lichtenwalde

Evang. Ausbildungszentrum für Sozial- und Gesundheitsberufe
Fachschule für Heilerziehungspflege
Delitscher Straße 141
04129 Leipzig

Fachschule für Heilerziehungspflege
Augsburger Gesellschaft für Lehmbau e.V.
Lützner Straße 93–95, 04177 Leipzig

Fachschule für Heilerziehungspflege
Karl-Marx-Straße 2
08066 Zwickau

Sachsen-Anhalt

Evang. Fachschule für Heilerziehungspflege
der Neinstedter Anstalten
Suderöder Straße 8, 06502 Neinstedt

Merseburger Seminare – Fachschule für Heilerziehungspflege
F u. U Thüringen gGmbH
Christianenstraße 12, 06217 Merseburg

Fachschule für Heilerziehungspflege des DEB Sachsen e. V.
Jeßnitzer Wende 12
06766 Wolfen

Anhaltisches Berufsschulzentrum „Hugo Junkers"
Berufsbildende Schulen
Fachschule für Heilerziehungspflege
Junkersstraße 30, 6847 Dessau

Bildungszentrum GmbH
Fachschule für Heilerziehungspflege
Weststraße 6/7, 06847 Dessau

Euro-Schulen Sachsen-Anhalt GmbH
Fachschule für Heilerziehungspflege
Jerichower Straße 50, 39307 Genthin

Berufsbildende Schulen V für Gesundheit, Körperpflege und Sozialpädagogik
Fachschule für Heilerziehungspflege
Rainstraße 19, 06114 Halle

EBG Europ. Bildungswerk für Beruf u. Gesellschaft e.V.
Fachschule für Heilerziehungspflege
Editharing 1, 39108 Magdeburg

Berufsbildende Schule VIII Gesundheits- und Sozialberufe
Fachschule für Heilerziehungspflege
Alt Westerhüsen 51–60, 39122 Magdeburg

MBA Bildungsakademie GmbH
Fachschule für Heilerziehungspflege
Obhäuser Weg 9, 06268 Querfurt

EURATRAIN Gesellschaft für Bildung, Sozialbetreuung
und häusliche Dienste GmbH
Novalisstraße 30, 06667 Weißenfels

Volkshochschule des Burgenlandkreises
Fachschule für Heilerziehungspflege
Nocolaiplatz 3, 06712 Zeitz

Schleswig-Holstein

Schule für Heilerziehungspflege und
Berufsfachschule für Heilerzieher in den Vorwerker Heimen
Triftstraße 139–143, 23554 Lübeck

Gisela-Feuerberg-Schule
Fachschule für Heilerziehungspflege
Triftstraße 139–143, 23554 Lübeck

Berufliche Schulen des Kreises Schleswig-Flensburg
Fachschule für Heilerziehungspflege
Flensburger Straße 19b, 24837 Schleswig

Thüringen

Deutsches Erwachsenenbildungswerk in Thüringen e. V.
Fachschule für Heilerziehungspflege
Reichenbacher Straße 75 a, 07973 Greiz

Deutsches Erwachsenenbildungswerk in Thüringen e. V.
Fachschule für Heilerziehungspflege
Buttelstedter Straße 90, 99427 Weimar

Deutsches Erwachsenenbildungswerk in Thüringen e. V.
Fachschule für Heilerziehungspflege
Am Urbicher Kreuz 17, 99099 Erfurt

Staatliche Berufsbildende Schule für Gesundheit und Soziales
Fachschule für Heilerziehungspflege
Leipziger Straße 15, 99085 Erfurt

Private Fachschule für Wirtschaft und Soziales gGmbH
Fachschule für Heilerziehungspflege
Schwerborner Straße 33, 99086 Erfurt

F u. U Thüringen
Fachschule für Heilerziehungspflege
Binderlebener Landstraße 160, 99092 Erfurt

Bildungswerk für Gesundheit- und Sozialberufe der AWO e.V.
Fachschule für Heilerziehungspflege
Dorfstraße 1, 07551 Gera

Fachschule für Heilerziehungspflege und Heilpädagogik
Zeulenrodaer Straße 23, 07973 Greiz

Institut für Bildung, Kommunikation und Management GmbH
Fachschule für Heilerziehungspflege
Am Bahnhof 13, 06577 Heldrungen

Staatl. Berufsbildende Schule für Gesundheit und Soziales
Fachschule für Heilerziehungspflege
Leo-Sachse-Straße 13, 07749 Jena

GAW Fachschule und Höhere Berufsfachschule für Gesundheit und Pflegeberufe
Fachschule für Heilerziehungspflege
Helenenstraße 3, 98617 Meiningen

Staatl. Berufsbildende Schule für Gesundheit und Soziales Mühlhausen
Fachschule für Heilerziehungspflege
Brückenstraße 32, 99974 Mühlhausen

Pro vita Akademie Nordhausen gGmbH
Fachschule für Heilerziehungspflege
Geschwister-Scholl-Straße 14, 99734 Nordhausen

Fachschule für Heilerziehungspflege und Heilpädagogik
Buttelstedter Straße 90, 99427 Weimar

Kyffhäuser Bildungswerk e.V.
Fachschule für Heilerziehungspflege
Kyffhäuserstraße 46, 06567 Bad Frankenhausen

Deutsches Erwachsenenbildungswerk in Thüringen e. V.
Fachschule für Heilerziehungspflege
Albrecht-Dürer-Straße 5, 07318 Saalfeld

Deutsches Erwachsenenbildungswerk in Thüringen e. V.
Fachschule für Heilerziehungspflege
Neuer Friedberg 1, Gebäude 23, 98527 Suhl

Evang. Fachschule für Diakonie und Sozialpädagogik
Johannes Falk
Ernst-Thälmann-Straße 90, 99817 Eisenach

4. Bundesarbeitsgemeinschaft der Ausbildungsstätten für Heilerziehungspflege und Heilerziehungshilfe in der Bundesrepublik Deutschland e. V. (BAG HEP)

Die Bundesarbeitsgemeinschaft (BAG HEP) ist ein Zusammenschluss der Ausbildungsstätten für HeilerziehungspflegerInnen und HeilerziehungshelferInnen in Deutschland. Die Gründung erfolgte 1991, seit 1995 ist die BAG HEP ein eingetragener Verein mit den Zielen:

1. *Zusammenarbeit der Ausbildungsstätten im Hinblick auf Ziele, Inhalte und Formen der Ausbildung*
2. *Erfahrungsaustausch (der SchulleiterInnen), insbesondere auch unter den Dozenten*
3. *Kontakte zu den Landesarbeitsgemeinschaften der Ausbildungsstätten*
4. *Zusammenarbeit mit Trägern und Verbänden der Behindertenhilfe, Gesamtvertretung anderer Ausbildungsstätten, Behörden und politischen Gremien*
5. *Austausch mit dem Berufsverband für Heilerziehung, Heilerziehungspflege und -hilfe in der Bundesrepublik Deutschland e. V.*
6. *Öffentlichkeitsarbeit*
7. *Weiterentwicklung des Berufsbildes in enger Zusammenarbeit mit den Trägern und Verbänden der Behindertenhilfe sowie dem Berufsverband (Grundsatzpapier der BAG HEP, 1996, S. 23)*

Mit dem Stand Juli 2000 hat die Bundesarbeitsgemeinschaft 71 Mitglieder und 15 Gastmitgliedschulen in 15 Bundesländern mit stetig steigender Mitgliederzahl. Die Mitgliedsschulen sind überwiegend Ausbildungsstätten in freier Trägerschaft.

Die Vereinsorgane sind die *Mitgliederversammlung,* die jährlich mindestens 1mal zusammentritt, und der *Vorstand* (Vorsitzender, Stellvertreter, zwei Beisitzer), der für drei Jahre gewählt wird. Die BAG HEP hat am 16. 10. 1996 ihr Selbstverständnis in einem *Grundsatzpapier* niedergelegt.

Das Grundsatzpapier verfolgt ausdrücklich die Absicht, *Entscheidungshilfen* in bildungs-, sozial- und berufspolitischen Fragen zu bieten.

- für die Annäherung der länderspezifischen Ausbildungsordnungen
  für die Einordnung in ein Gesamtsystem der Ausbildung in sozialpädagogischen und sozialpflegerischen Berufen,
- für die Begründung und Weiterentwicklung von Qualitätsstandards in der Behindertenhilfe,
- für die Formulierung und Fortschreibung des Berufsbildes Heilerziehungspflege mit seiner spezifischen Charakteristik,
- für die tarifliche Anerkennung im BAT,
  für die Sicherung des qualifizierten Mitarbeiternachwuchses in der Behindertenhilfe (Grundsatzpapier, 1996, S. 23)
  Das Grundsatzpapier sowie eine Synopse der Ausbildungs- und Prüfungsordnungen aller Bundesländer (auf Diskette) ist zu erhalten bei der:

Geschäftsstelle der BAG HEP
Martin Sperl
Devizestraße 4
71332 Waiblingen
Tel. 0 71 51 / 95 31 - 16 / Fax -654

5. Literatur

BAG–HEP: Heilerziehungspflege. Beruf und Ausbildung. **Grundsatzpapier** der Bundesarbeitsgemeinschaft der Ausbildungsstätten für Heilerziehungspflege und Heilerziehung in der Bundesrepublik Deutschland, Rothenburg, 16. 10. 1996

Bundesanstalt für Arbeit: Blätter zur Berufskunde. Heilerziehungspfleger/Heilerziehungspflegerin – Heilerzieher/Heilerzieherin, 1996, 3. Aufl.

ders.: Blätter zur Berufskunde. Heilerziehungshelfer/Heilerziehungshelferin, 1996, 2. Aufl.

V. Institutionen der Behindertenhilfe und Rehabilitationseinrichtungen als Tätigkeitsfelder des Heilerziehungspflegers und Heilerziehungshelfers

Lernziele:
Im Rahmen einer *Institutionenkunde* soll der Studierende einen Überblick über die in der Bundesrepublik Deutschland existierenden *Bildungs-, Wohn-, Förderungs- und Rehabilitationseinrichtungen* erhalten, damit er die notwendigen Hilfen für Menschen mit Behinderungen erkennen, einbeziehen, einleiten und entsprechend beraten kann.
Der Studierende soll *Ziele, Aufbau und Methoden dieser Institutionen* kennenlernen, damit er mit anderen Berufsgruppen (Sonderpädagogen, Ärzte, Pfleger, Berufsberater u. a.) kooperieren kann. Diese Zusammenarbeit ist notwendig, da die differenzierten Hilfen für Menschen mit Behinderungen heute nur in enger Verbindung verschiedenster Fachdienste geleistet werden können.
Er soll die *Aufgaben- und Tätigkeitsfelder von Heilerziehungspflegern und Heilerziehungshelfern* kennenlernen, damit er seine Interessen und Fähigkeiten für diese Bereiche überprüfen und seine Berufsperspektiven realistisch einschätzen und planen kann.

In der Bundesrepublik Deutschland steht ein differenziertes System von Hilfen und Rehabilitationseinrichtungen für Menschen mit verschiedenen Behinderungen zur Verfügung. Diese Hilfen haben z. T. eine sehr lange Tradition (Anstalten, Heime), einige sind erst in den letzten Jahren als Antwort auf neue Fragestellungen und Bedürfnisse entstanden (z. B. Selbsthilfegruppen). Wer gilt in unserem Rehabilitationssystem als *behindert?*

„Als behindert gelten Personen, die infolge einer Schädigung ihrer körperlichen, seelischen oder geistigen Funktionen soweit beeinträchtigt sind, daß ihre unmittelbaren Lebensverrichtungen oder ihre Teilnahme am Leben der Gesellschaft *erschwert* werden. Behinderung hat damit eine individuelle und eine soziale Seite. Persönliche *Lebenserschwernisse* liegen etwa dann vor, wenn der Körperbehinderte sich durch die Einschränkung seiner Bewegungsfähigkeit nicht frei bewegen kann und auf Hilfe angewiesen ist; der Gehörlose akustische Signale nicht wahrnimmt und im Straßenverkehr dadurch gefährdet ist; der Blinde sich optisch nicht zu orientieren vermag. Ebenso folgenreich sind die Erschwerungen, die der Behinderte im sozialen Feld erfährt, und die seine Eingliederung in das öffentliche Leben, in die Bildungsinstitutionen, in die Berufs- und Arbeitswelt und in die Familie erschweren" (Bleidick 1994, S. 650).

Als *Rehabilitation* werden Maßnahmen bezeichnet, die geeignet sind, behinderten Menschen zu helfen, ihre Fähigkeiten zu entwickeln und ihre Integration in die Gesellschaft zu fördern, wobei der schulischen und beruflichen Förderung eine besondere Bedeutung zukommt.

Prinzipien der Rehabilitation

Die Hilfen sollen möglichst *frühzeitig* (Vorsorge, Früherkennung, Frühförderung) erfolgen.
Sie sollen dem *Einzelfall* entsprechend (individuell) gegeben werden.
Beratung und *ambulante Hilfen* besitzen Vorrang vor *stationären Hilfen.*
Rehabilitation geht vor *Pflege.*

Formen der Rehabilitation

medizinische (z. B. neurologische oder operative Behandlung),
schulische (z. B. Sonderschulen für Sinnes-, Körper- oder Geistigbehinderte),
berufliche (z. B. Berufsbildungs- und Berufsförderungswerke),
soziale (z. B. Familienentlastende Dienste, Eingliederungshilfen),
wirtschaftliche (z. B. Finanzierung von barrierefreien Wohnungen).

Die Hilfen werden als *Offene Hilfen* (z. B. Beratung), *Teilstationäre* (z. B. Betreute Wohngruppen) oder als *Stationäre Hilfen* (z. B. Rehabilitationszentrum) organisiert.

1. Offene Hilfen / Ambulante Dienste

Die Bezeichnung *Offene Hilfen* wird verwendet, um diese Hilfeformen gegenüber stationären Hilfen abzugrenzen. Ähnlich sagt der Begriff *Ambulante Hilfen* zunächst nur aus, dass diese Hilfeformen nicht stationär bzw. nicht ortsgebunden organisiert sind. In jüngerer Zeit spricht man auch von *Mobilen Hilfen* und drückt damit aus, dass die

Helfer mobil sind und ihre Hilfen in den jeweiligen Lebensbereich des Menschen hineinbringen (vgl. Deutscher Caritasverband, 1990, S. 11). Die Bezeichnung *Gemeindenahe Hilfen* kennzeichnet ebenfalls den Bereich der Hilfen, die bewusst in der unmittelbaren Umwelt des Menschen angeboten werden und ihm ein Verbleiben in seinem gewohnten Lebensfeld (Gemeinde) erlauben. Offene bzw. Ambulante Hilfen werden sowohl von Selbsthilfegruppen Betroffener, wie auch von privaten, freien und öffentlichen Trägern angeboten.

1.1 Selbsthilfegruppen

Ende der 60er Jahre entstanden in der Bundesrepublik Deutschland Selbsthilfegruppen von Menschen mit Behinderungen, gleichzeitig mit Selbsthilfegruppen in anderen Bereichen der Sozialarbeit (Alkoholkranke, Drogenabhängige, Arbeitslose u. a.). Selbsthilfegruppen sind heute ein unverzichtbarer Bestandteil der Sozialarbeit und Sozialpädagogik.
Selbsthilfegruppen (überwiegend von Körperbehinderten) versuchten durch öffentlichkeitswirksame Aktionen auf ihre benachteiligte Situation aufmerksam zu machen, so der Club 68 in Hamburg oder in Clubs Behinderter und ihrer Freunde (vgl. Breeger, 1978).
Diese Gruppen gingen häufig aus Volkshochschulkursen hervor. So führte Ernst Klee 1973 einen Kurs mit Körperbehinderten durch, die ihre konkrete Lebenssituation in Frankfurt reflektierten. Sie untersuchten die Gründe für ihre Isolierung, kritisierten die behindertenfeindliche Architektur und versuchten ihre gesellschaftliche Diskriminierung zu überwinden (vgl. Klee, 1976, S. 15).
Nach der Analyse ihrer Situation und einer Strategiediskussion versuchten die Gruppen durch schriftliche Eingaben bei Behörden und durch Gespräche mit Politikern Veränderungen zu erreichen. Als dies nichts nützte, gingen sie zur politischen Aktion über.

> Eine bekannte Aktion war die Straßenbahnblockade 1974 in Frankfurt. Ein Rollstuhlfahrer wollte mit der Straßenbahn fahren, konnte aber nicht in das Wageninnere, da ein Mittelholm dies unmöglich machte. Der Rollstuhlfahrer blockierte die Schienen mit seinem Rollstuhl, um eine Mitfahrt zu erzwingen. Ähnliche Aktionen wurden in anderen Städten vor öffentlichen Post- und Verwaltungsgebäuden durchgeführt, um auf die behindertenfeindliche Architektur hinzuweisen.

Die „öffentliche Aktion" wird vor allem auch von der „Krüppelbewegung" gesucht. Die Mitglieder dieser Gruppe lehnen für sich die Bezeichnung „Behinderte" als beschönigend ab und protestierten wiederholt mit spektakulären Auftritten gegen gesellschaftliche Diskriminierung und behindertenfeindliche Tendenzen. So verhinderten sie einen Vortrag des Australiers Singer in Marburg, durch dessen „Praktische Ethik" sie ihr Lebensrecht bedroht sehen. Einer ihrer Sprecher, Franz Christoph, kettete sich demonstrativ an die Tür eines Verlagsgebäudes, um eine öffentliche Diskussion in einer großen Wochenzeitung zu erzwingen.

1.2 Selbstorganisierte Hilfsdienste (AHD)

Ab den 70er Jahren entstanden in einigen Städten selbstorganisierte ambulante Hilfsdienste (AHD), die von überwiegend körperbehinderten Menschen in Anspruch genommen werden.

> „Der ambulante Hilfsdienst wendet sich an all jene Menschen, die zur Alltagsbewältigung pflegerische und/oder praktische Hilfen benötigen und stellt damit die konkrete Hilfsbedürftigkeit, unabhängig von ihrer Ursache, in den Vordergrund seiner Arbeit. Zielgruppe des ambulanten Dienstes sind in erster Linie Behinderte selbst, denen es ermöglicht werden soll, ihren Verpflichtungen und Interessen im Alltag nachkommen zu können und am Leben in der Gesellschaft teilzunehmen" (Verein zur Förderung der Integration Behinderter e. V. (fib), 1986, S. 3).

Der Verein (fib) ist der Überzeugung, dass Menschen mit Behinderungen selbst am besten wissen, welche pflegerischen oder praktische Hilfen sie benötigen. Vom Rollenverständnis ist der behinderte Mensch hier *Kunde,* der Helfer ein *Anbieter* von Hilfeleistungen. Der Kunde stellt den Helfer an, beschreibt die benötigten Leistungen und bezahlt. Wenn er mit der *Leistung* nicht zufrieden ist, kündigt er dem Helfer und stellt einen anderen an. Der Verein beschränkt sich auf die Organisation und Vermittlung geeigneter Hilfepersonen.

Ein Beispiel für ein solches Hilfeangebot:

„Pflegerische Hilfen
Aufstehen/Zubettgehen, Umlagern, Toilettengang, Körperpflege, Hilfe beim Essen, Prophylaxe …

Praktische Hilfen:
Einkaufen, Kochen, Waschen, Putzen, Besorgungen, Handreichungen …

Mobilitätshilfen
Begleitung bei Stadtgängen, z. B. Behördengänge, Besuche von Sport- und Kulturveranstaltungen, Fahrten zur Arbeit und zum Studium, Spaziergänge ...
Urlaubsbegleitung und -vertretung
Hilfen im Bereich sozialer Interaktionen und Kommunikation
Gespräche, Mithilfe beim Aufbau von Kontakten zu anderen Menschen, Briefeschreiben, Unterstützung bei der Freizeitgestaltung (Spiele, Sport, Hobbys) ...
Aktivierung und Motivation
Vermeidung von zusätzlicher Isolation" (fib, 1986, S. 6/7).

Der AHD arbeitet in der Regel mit Laienhelfern, also Studenten, Zivildienstleistenden, Hausfrauen, die in Wochenendseminaren angeleitet werden. Fachkräfte (Krankenpfleger, Heilerziehungspfleger u. a.) werden in der Regel aus Kostengründen nicht eingesetzt, höchstens zur Vermittlung der Hilfen. Selbsthilfegruppen sind Heilerziehungspflegern gegenüber nicht selten misstrauisch, da sie diese als Vertreter der institutionellen Behindertenhilfe (Sondereinrichtungen) ansehen und eine *Bevormundung* durch professionelle Helfer fürchten. Eine sehr gute Darstellung der selbstorganisierten Hilfsdienste findet man bei Rütter.

1.3 Individuelle Schwerstbehindertenbetreuung (ISB)

Die ISB will ähnlich wie der AHD Menschen mit Behinderungen ein selbstbestimmtes Leben außerhalb von stationären Einrichtungen ermöglichen. Die angebotenen Hilfen richten sich an (körperlich) Schwerbehinderte, die eine intensive und oft umfassende Betreuung benötigen. Auch hier werden, ähnlich wie beim AHD, überwiegend Zivildienstleistende eingesetzt, weniger aus fachlichen als aus Kostengründen.
Der behinderte Mensch soll in seiner eigenen Wohnung leben können, und er erhält Unterstützung und Ergänzung durch einen Assistenten. Sogenannte *Service-Wohnungen* für Schwerbehinderte mit einem Pflegedienst rund um die Uhr wurden vor allem in Schweden eingerichtet und erprobt (vgl. Söderlundh, 1985, S. 159 ff.). Ambulante Dienste sind heute auch für alte Menschen eingerichtet. Das Alleinwohnen bringt aber auch die Gefahr der Isolation und der Vereinsamung mit sich. Die Service-Leistungen beziehen sich außerdem auf Hilfen bei der Intimpflege und sind rund um die Uhr notwendig, was eine Aufgabenteilung durch mehrere Pfleger nötig macht. Hier ist die

Frage nach einem Vertrauensverhältnis und möglichen neuen Abhängigkeiten zu stellen, die ja gerade vermieden werden sollten.
Bis jetzt arbeiten HeilerziehungspflegerInnen nur selten im Bereich der Individuellen Schwerbehindertenbetreuung. Mit dem Ausbau der offenen Hilfen und der ambulanten Betreuung dürfte sich das allerdings ändern, und HeilerziehungspflegerInnen werden vermutlich verstärkt auch im Bereich individueller Pflegeplanung, Beratung und Organisation dieser Hilfeleistungen tätig werden.

1.4 Independent-Living-Bewegung

Independent Living ist zu übersetzen mit „Bewegung für autonomes Leben" und stammt aus der Bürgerrechtsbewegung der USA. Es ist eine Bewegung von Selbsthilfegruppen, die die Selbstbestimmung als politisches Handeln behinderter Menschen begreifen. Es ist eine Gegenbewegung zu Institutionalisierung, Absonderung und Spezialeinrichtungen. Um Heimunterbringung für Schwerbehinderte zu vermeiden, richteten Organisationen Vermittlungsstellen für Hauspflegedienste ein. Diese Idee stand wahrscheinlich auch für die individuelle Schwerstbehindertenbetreuung in Deutschland Pate.

> „Obwohl es die Centers for Independent Living (CLs) nur in den Vereinigten Staaten gibt, findet man die IL-Bewegung, die Selbsthilfe- und Selbstbestimmungsbewegung behinderter Menschen in den 60er und 70er Jahren bis hin zur Gegenwart auf der ganzen Welt. Sie entwickelte sich gleichzeitig mit den Bewegungen der Frauen, der Farbigen und aller anderen Minderheiten, die diskriminiert wurden. Die IL-Bewegung ist eine konstruktive Reaktion behinderter Menschen auf patriarchalische und autoritäre Grundwerte und auf die allgegenwärtige bürokratische Engstirnigkeit, die lieber mehr Geld ausgibt, um behinderte Menschen in Pflegeheimen und anderen Institutionen unterzubringen, anstatt ihnen durch ein System von gemeindenahen Hilfsdiensten zu ermöglichen, in der eigenen Wohnung zu bleiben." (Laurie, 1982, S. 121)

Auch hier ist eine kritische Distanz gegenüber professionellen Helfern erkennbar, die sicher oftmals in schlechten Erfahrungen mit Einrichtungen und deren Mitarbeitern begründet ist.

1.5 Familienentlastende Dienste

Familienentlastende Dienste bieten Familien mit behinderten Angehörigen Unterstützung in Bereichen der Erziehung, Betreuung, Pflege und Versorgung. Die Ziele seiner Arbeit hat ein solcher Dienst folgendermaßen formuliert:

„– Die Versorgung der behinderten Menschen zu Hause bei Abwesenheit oder Ausfall ihrer Angehörigen,
– die Entlastung der Eltern durch stundenweise Betreuung und Pflege des behinderten Angehörigen,
– individuelle Freizeitbetreuung von Menschen mit geistiger Behinderung,
– Hilfe bei der Verselbständigung geistig behinderter Menschen und bei der Orientierung nach außen,
– Ermöglichung der eigenen Freizeitgestaltung für Eltern und Angehörige neben der oft belastenden Versorgung und Betreuung ihres behinderten Angehörigen."

(Offene Hilfen. Beratungsstelle für Menschen mit geistiger Behinderung und ihren Angehörigen, Friedrichshafen: Entwicklungs- und Situationsbericht 1990, S. 2/3)

Diese Familienentlastenden Dienste werden heute von Selbsthilfegruppen und von Trägern der Freien Wohlfahrtspflege angeboten. In der Bundesrepublik Deutschland existieren etwa 200 Familienentlastende Dienste, wovon ca. 130 in der Trägerschaft örtlicher Lebenshilfevereine geführt werden (vgl. Thimm, 1991, S. 146). Interessierte Familien wenden sich an diese Dienststellen, die dann nach einer Beratung geeignete Mitarbeiter (in der Regel ehrenamtliche) zur Verfügung stellen. Die Familien tragen einen Teil der Kosten. Je nach Einkommen übernehmen Krankenkassen und Sozialämter einen weiteren Teil. Die Familienentlastenden Dienste befinden sich im Aufbau, im ländlichen Bereich sind sie daher bis jetzt nur begrenzt zu finden. Sie werden aber zukünftig größere Bedeutung erhalten. Dort, wo diese Hilfen angeboten werden, ist die Inanspruchnahme sehr hoch.

Die Finanzierung der Familienentlastenden Dienste ist weitgehend nicht gesichert, dies verhindert eine personelle Ausstattung mit hauptamtlichen Fachkräften.

Eine Einstellung von HeilerziehungspflegerInnen und HeilerziehungshelferInnen ist bisher nur zögernd festzustellen. Inzwischen besteht jedoch Konsens darüber, dass, wenn sich ein Familienentlastender Dienst als selbständige organisatorische Einheit etabliert, die Leitung von vollberuflichen Fachkräften getragen werden sollte (vgl. Thimm, 1991, S. 152). Die Anleitung ehrenamtlicher Kräfte, ihre

Fortbildung und Begleitung setzen ein verändertes Verständnis des Helfens voraus:

> „Familienentlastende Dienste als neue, an den wirklichen Alltagsbedürfnissen orientierte Form des Helfens müßten diesen Denkwandel deutlich markieren: Die Helferinnen und Helfer wären dann nicht in erster Linie Macher, die, an einem Befund orientiert, eine im System der Hilfen vorformulierte Hilfe verpassen. Sie wären Lebensbegleiter, hätten Befindlichkeiten nachzuspüren, Hilfen im Sinne Leben-teilen anzubieten: eben eingebettet in einer kommunikativen Beziehung.“ (Thimm, 1991, S. 150)

1.6 Sozialstationen

Sozialstationen dienen der gemeindenahen Versorgung von Kranken und alten Menschen. Heilerziehungspflegerinnen und Heilerziehungspfleger sind in dieser Situation als Pflegefachkräfte noch nicht anerkannt. Es existieren aber ambulante Pflegedienste speziell für Menschen mit Behinderungen, für diesen Bereich sind Heilerziehungspfleger als Fachkräfte im Sinne des Pflegeversicherungsgesetzes anerkannt (vgl. hierzu auch 1.2 Selbstorganisierte Hilfsdienste (AHD) und 1.3 Individuelle Schwerstbehindertenbetreuung (ISB).

1.7 Beratungsstellen

Eine Meldepflicht für Behinderungen besteht in der Bundesrepublik nicht, daher ist eine Beratung grundsätzlich freiwillig. Der Anlass, eine Beratungsstelle aufzusuchen, kann mehrere Gründe haben:
Eltern kranker oder behinderter Kinder sind zunächst durch die Geburt ihres beeinträchtigten Kindes betroffen, verunsichert und oft ratlos. Ein Weg aus dieser Verunsicherung und ein Schritt in Richtung Verarbeitung der Krise ist das Aufsuchen einer Beratungsstelle. Eine Früherkennung von Risikokindern ist dringend notwendig, um rechtzeitig mit gezielten Fördermaßnahmen beginnen zu können.

Wann wird ein Kind als *Risikokind* bezeichnet?

„Kinder, die vor, während oder nach der Geburt besonderen Gefährdungen ausgesetzt waren, werden als Risikokinder bezeichnet (...) Zu den Risikofaktoren zählen insbesondere
- erbliche oder angeborene Erkrankungen
- Einwirkungen während der Schwangerschaft

– nachgeburtliche Risiken
– Risiken in der Neugeborenenperiode, im Säuglings- und Kindesalter
(...)
Sie bedürfen einer besonderen ärztlichen Überwachung. Diese ist solange erforderlich, bis eine Gesundheitsstörung bzw. Entwicklungsauffälligkeit entweder eindeutig auszuschließen ist, oder aber eine behandlungsbedürftige Regelwidrigkeit (Entwicklungsstörung bzw. Behinderung), erkennbar wird."
(Ministerium für Arbeit, Gesundheit, Familie und Soziales, 1989, S. 18/19)

Was sind *Entwicklungsstörungen?*

Entwicklungsstörungen sind fixierte Auffälligkeiten in den Entwicklungsstufen des Kindes, die sich in körperlichen, geistigen oder seelischen Symptomen äußern können.
Beispiele:
– Ein Kind reagiert nicht auf Ansprache der Eltern (Hör- oder Sehschaden?).
– Ein Kind beginnt nicht zu krabbeln oder zu laufen oder spricht nicht (Hirnschaden?).
Ein Entwicklungskalender ist kostenlos bei der Bundeszentrale für gesundheitliche Aufklärung in 51109 Köln, Ostmerheimer Str. 200 zu erhalten.

Die Beratung für entwicklungsgestörte oder behinderte Kinder im Säuglings- bzw. Kleinkindalter wird durch ein Netz von Beratungsstellen geleistet:

a) ambulante Früherkennung durch einen niedergelassenen Kinderarzt in Verbindung mit Fachärzten (Orthopädie, Augenheilkunde, Neurologie);
b) Kinderkliniken mit neuropädiatrischer Abteilung oder Sozialpädiatrische Zentren (in der Regel in den Universitätskliniken und Krankenhäusern der Großstädte);
c) Klinische Spezialeinrichtungen zur Diagnostik und Therapie bei Langzeittherapien und speziellen Erkrankungen und Behinderungen (z. B. das Epilepsiezentrum Kork bei Kehl/Baden);
d) Beratungs- und Frühberatungsstellen freier Träger, die an allgemeinen Erziehungsberatungsstellen oder Einrichtungen für Menschen mit Behinderungen angegliedert sind;

e) Sonderpädagogische Beratungsstellen
(in Baden-Württemberg an Schulen für Körperbehinderte, Gehörlose und Schwerhörige, Blinde und Sehbehinderte, Sprachbehinderte und Geistigbehinderte angegliedert).

Eine Liste der Sonderpädagogischen Beratungsstellen ist bei jedem Schulamt bzw. bei den örtlichen Erziehungsberatungsstellen erhältlich. Auskünfte über klinische Spezialeinrichtungen geben die Gesundheitsämter und Kinderkrankenhäuser.

Ein weiterer Anlass, Beratung in Anspruch zu nehmen ist die Familienplanung von Paaren und Eltern, die bei sich eine vererbbare Krankheit oder Behinderung vermuten oder in deren Familien solche Erkrankungen oder Behinderungen vorkommen. Vor einer Schwangerschaft kann eine *Humangenetische Beratung* bei Paaren oder Personen sinnvoll sein,

- die selbst oder deren Partner an einer Fehlbildung leiden, die genetisch bedingt ist oder eine solche Ursache vermuten (z. B. Spina-bifida),
- die bereits ein erkranktes oder behindertes Kind haben, wenn ein weiterer Kinderwunsch besteht,
- bei denen eine enge Verwandtschaft der Partner besteht,
- wenn die Frau während der Schwangerschaft Strahlen ausgesetzt war.

(Vgl. dazu: Minister für Arbeit, Gesundheit, Familie und Soziales, 1989, S. 94.)

Humangenetische Beratungsstellen gibt es an Instituten für Humangenetik und Anthropologie in allen großen Universitätskliniken.

Humangenetische Beratung und Pränatale Diagnostik haben aber auch eine ethisch problematische Seite. Vorgeburtliche Untersuchungen sind zu einer Routine der Schwangerenvorsorge geworden, denn Eltern wollen gesunde Kinder. Zwar kann keine Frau zum Ultraschall, zur Fruchtwasseruntersuchung oder zum Triple-Test gezwungen werden, aber der vorgeburtliche Check-up wird zur sozialen Verpflichtung. Problematisch ist dabei, dass nur ein Teil der Untersuchungen der Therapie, dem Heilen dient, sondern überwiegend der selektiven Diagnostik, bei der nicht die Krankheit oder eine drohende Behinderung bekämpft wird, sondern der Kranke oder Behinderte. Behinderung wird verhütbar, ein Kind mit einer Behinderung wird damit zu einem persönlichen Verschulden der Eltern. Behinderung und Anderssein werden somit immer weniger akzeptiert und die Ausgrenzung behinderter Menschen verstärkt (vgl. auch Kapitel VIII Ethische Fragen und Probleme der Behindertenhilfe).

1.8 Übungsfragen

Offene Hilfen/Ambulante Dienste

1. *Definieren* Sie, welche Personen im Sinne des Rehabilitationssystems als *behindert* gelten und belegen Sie Ihre Aussagen durch Beispiele.
2. Was bedeutet *Rehabilitation,* welche *Formen* kann sie annehmen und welche *Maßnahmen* sind darunter zu verstehen?
2. An welchen *Prinzipien* orientiert sich die Rehabilitation? Zeigen Sie an einem Beispiel die Konsequenzen dieser Prinzipien für die Förderung eines körperbehinderten Kindes auf!
4. Wer kann als *Träger* der Rehabilitation tätig werden?
5. Beschreiben Sie die Entstehung der *„Selbstorganisierten ambulanten Hilfsdienste"*. Zeigen Sie auf, welche gesellschaftlichen Kräfte diese Arbeit tragen und durch welche Aktionen sie versucht haben, auf sich aufmerksam zu machen!
6. Welche *Ziele* streben die *„Selbstorganisierten ambulanten Hilfsdienste"* (AHD) an, und welche praktischen Hilfen bieten sie an?
7. Beschreiben Sie das *Rollenverständnis* des AHD bezüglich der Menschen mit Behinderungen und deren Helfer.
Welche Unterschiede erkennen Sie gegenüber traditionellen Klient-Helfer-Verhältnissen?
8. Welche *Ziele* hat die *„Individuelle Schwerstbehindertenbetreuung"* (ISB), und welche *Hilfen* werden für welchen Personenkreis angeboten?
9. Beurteilen Sie die *Beschäftigungsmöglichkeiten* von Heilerziehungspflegern und Heilerziehungshelfern in den Organisationen AHD und ISB.
10. Was bedeutet *Independent-Living-Bewegung*"? An welchen politischen Ideen orientiert sich diese Idee?
11. Welche *Ziele* verfolgen die *„Familienentlastenden Dienste"* und welche Hilfen bieten sie für Menschen mit Behinderungen

und für ihre Familien an? Beurteilen Sie die Zukunftsbedeutung dieser Dienste.

12. Wann bezeichnet man ein Kind als „*Risikokind*"?

13. Was bezeichnet man als „*Entwicklungsstörungen*" im Kindesalter?

14. Welche Hilfen durch Beratungsstellen können Eltern behinderter oder entwicklungsgestörter Kinder erhalten?

a) Welche *Arten* von Beratungsstellen stehen zur Verfügung?

b) Welche spezifischen *Aufgaben* haben die Beratungsstellen?

15. Welchen Anlass für eine *Humangenetische Beratung* können Paare oder Eltern haben?

16. Welche *Institutionen* leisten Humangenetische Beratung und welche Hilfen können Ratsuchende erhalten?

1.9 Weiterführende Literatur

Breeger, N.: Selbstorganisationsversuche Behinderter unter besonderer Berücksichtigung Körperbehinderter. Defizite staatlicher Sozial- und Behindertenpolitik und eine mögliche Reaktion der Betroffenen, Diplomarbeit, Marburg 1978

Buff, W., Hoffmann, G.: Mobile soziale Hilfsdienste – Individuelle Schwerstbehindertenbetreuung (Hrsg.): Diakonisches Werk, Ederstr. 12, 6000 Frankfurt 90

Bundeszentrale für gesundheitliche Aufklärung (Hrsg.), 51109 Köln, Ostmerheimer Str. 200: Entwicklungskalender

Bundesvereinigung Lebenshilfe für geistig Behinderte: Familienentlastende Dienste, Marburg 1983

Bundesminister für Arbeit und Sozialordnung: Behinderte und Rehabilitation. Zweiter Bericht der Bundesregierung über die Lage der Behinderten und die Entwicklung der Rehabilitation 1989

Bundesarbeitsgemeinschaft Hilfe für Behinderte (Hrsg.): Ambulante Hilfen für Behinderte. Berichte über die Arbeitstagung der BAG „Hilfe für Behinderte", Düsseldorf 1979 (Schriftenreihe Bd. 20)

Degenhardt, K. H.: Humangenetik und genetische Beratung. Ein Leitfaden für Studium, Praxis und Klinik, Lövenich 1973

Deutscher Caritasverband: Ambulante Hilfen für Menschen mit Behinderungen und deren Familien, Freiburg 1990

Fuhrmann, W., Vogel, F.: Genetische Familienberatung. Ein Leitfaden für Studierende und Ärzte, Berlin 1982 (Heidelberger Taschenbücher, Bd. 42)

Jentschura, G. u. a.: Beratung in der Rehabilitation. Bericht über die Arbeitstagung der Deutschen Vereinigung für die Rehabilitation Behinderter in Mannheim, Heidelberg 1977 (Eigenverlag)

Klee, E.: Behindertenreport II, Frankfurt 1976
Laurie, G.: Independent Living, in: Hilfen zum Autonom-Leben: Behindernde Hilfe oder Selbstbestimmung der Behinderten, München 1982
Ministerium für Arbeit, Gesundheit, Familie und Sozialordnung Baden-Württemberg: Ratgeber für behinderte Menschen und ihre Angehörigen, Stuttgart 1989
Ders.: Offene Hilfen im sozialen Bereich. Bestand und Fortentwicklung. Eine Analyse, Stuttgart 1983
Rütter, J.: Die Entstehung und Entwicklung selbstorganisierter ambulanter Hilfsdienste für Behinderte, 8000 München 90, Kistlerstr. 1
Söderlundh, E.: Servicewohnungen. Alleinwohnend, in: Was heißt hier wohnen? Wohnprobleme körperlich und geistig Behinderter, Hamburg 1985
Thimm, W.: Familienentlastende Dienste – ein Beitrag zur Neuorientierung der Behindertenhilfe, in: Geistige Behinderung 2/1991, S. 146–157
Thomae, I.: Beratung und Anleitung junger Eltern behinderter Kinder, in: Bundesvereinigung Lebenshilfe für geistig Behinderte (Hrsg.): Frühe Hilfen – wirksame Hilfen, Marburg 1975
Verein zur Förderung der Integration Behinderter e. V. (fib): dokumentation, 1986
Wendt, G.: Praxis der Vorsorge. Ein Leitfaden der Stiftung für das behinderte Kind zur Förderung der Früherkennung und Vorsorge, Marburg 1984

2. Bildungs- und Förderungseinrichtungen

Lernziele:
Der Studierende soll einen Überblick über die Bildungs- und Förderungseinrichtungen für Menschen mit Behinderungen erhalten und erkennen, dass Bildung auch für behinderte Menschen ein lebenslanger Prozess sein muss, der sich auf alle Lebensbereiche erstreckt.
Er soll die Rehabilitationskette von frühen Hilfen im Kindesalter über Formen der Bildung in Schule und Arbeit bis ins Seniorenalter kennenlernen und einen Überblick über die primären Ziele und Methoden dieser Institutionen erhalten.
Der Studierende soll gesicherte Einsatz- und Beschäftigungsmöglichkeiten für Heilerziehungspfleger und Heilerziehungshelfer erkennen und Perspektiven für zukünftige Berufschancen entwickeln können.

Jedes Kind hat ein Recht auf Erziehung und Bildung, damit es seine leiblichen, geistigen und seelischen Fähigkeiten entfalten kann. Die Bildung eines behinderten Kindes darf nicht erst mit dem Eintritt in die

Schule beginnen, sondern muss sehr viel früher einsetzen. Durch seine geistige, körperliche oder Sinnesbehinderung stellen sich dem beeinträchtigten Kind Hindernisse in den Weg, die seine Bildung erschweren. Oftmals muss durch gezielte therapeutische Maßnahmen die Bildungsfähigkeit erst hergestellt werden. Menschen mit Behinderungen benötigen häufig in allen Lebensphasen stützende und ergänzende Hilfen.

Abb.: 4

Bildungs- und Förderungseinrichtungen für Menschen mit Behinderungen	Kapitel
→ Frühförderung, Früherkennung, Frühbehandlung	2.1
→ Sonderkindergärten / Integrationskindergärten	2.2
→ Sonderschulen	2.3
→ Tagesstätten Tagesbildungsstätten	2.3
→ Berufsbildungswerke Berufsförderungswerke	2.4
→ Werkstätten für Behinderte	2.5
→ Erwachsenenbildungsstätten, Volkshochschulen für Behinderte	2.6
→ Beratungsstellen	1.6

2.1 Früherkennung, Frühbehandlung, Frühförderung

Eine gute Entwicklung von Risikokindern setzt einen *möglichst frühen Beginn* gezielter Förderung voraus.

„Durch Frühbehandlung und Frühförderung von Risikokindern und entwicklungsgestörten Kindern können Schädigungen und dauernde Behinderungen entweder vermieden oder in vielen Fällen doch nach Schwere und Auswirkungen gering gehalten werden. Die Frühbehandlung bereits eingetretener Behinderungen wird in der Regel dazu beitragen, deren Folgen zu mildern. Die Erfolgsaussichten einer Frühbehandlung sind bei Säuglingen und Kleinkindern besonders günstig, denn im frühkindlichen Stadium sind die Anbahnung und der Aufbau von Ersatzfunktionen für ausgefallene – körperliche und geistige – Funktionen bis zu einem gewissen Grad noch möglich" (Ministerium für Arbeit, Gesundheit, Familie und Sozialordnung [MfAGFS], 1983, S. 33).

Abb.: 5

Maßnahmen im Rahmen der Frühbehandlung und Frühförderung

Medizinische Maßnahmen	nichtärztliche therapeutische Maßnahmen	Päd., psychol., heilpäd. Maßnahmen	Pflegerische Betreuung
durch Neuropädiater, Pädiater	durch Physiotherapeuten (Krankengymnasten) Ergotherapeuten	durch Heilpädagogen, Heilerziehungspfleger, Logopäden, Ergotherapeuten	durch Krankenpfleger, Heilerziehungspfleger
apparative oder medikamentöse Therapie operative Eingriffe bei Fehlbildungen orthopädische Hilfsmittel psychotherapeutische oder psychiatrische Hilfen	bei Lähmungen oder Schäden im Stütz- oder Bewegungssystem Atemgymnastik orthopädisches Turnen Physiotherapie (z. B. Unterwassermassage)	Sprachheilbehandlung Förderung von Motorik, Sprache, Sozialverhalten Sport Rhythmik Wahrnehmungstraining freizeitpädagogische Hilfen	pflegerische Grundversorgung Behandlungspflege Selbständigkeitstraining Training im Umgang mit Rollstuhl und Gehhilfen Mobilitätstraining

(orientiert an: Ratgeber für Behinderte und ihre Angehörigen, MfAGFS, 1989, S. 23 – 28)

Die Formen der Frühfördermaßnahmen orientieren sich am jeweiligen Entwicklungsstand des Kindes und seiner Fähigkeit, aktiv teilzunehmen.

> Exkurs: *Entwicklungspsychologische Situation von Kleinkindern*
>
> „Etwa ab dem 2. Lebensjahr ist die Differenzierung der Gehirnfunktion des Kindes soweit fortgeschritten, daß für die einzelnen Funktionsbereiche jeweils ein eigener Therapieansatz in Betracht kommt, z. B. Beschäftigungstherapie mit Selbsthilfetraining oder Sprachheilbehandlung.
> In den ersten drei Lebensjahren durchläuft das Zentralnervensystem einen rapiden Entwicklungsprozeß (80 % der postnatalen Hirnsubstanzzunahme); bis etwa zum 6. Lebensjahr ist die Gehirnentwicklung weitgehend abgeschlossen. Wegen der besonderen Umweltabhängigkeit dieser Entwicklungsperiode gegenüber Stimulation bzw. Deprivation sind besondere pädagogische Maßnahmen in diesen ersten Lebensjahren besonders wichtig."
> (Ministerium für Arbeit, Gesundheit, Familie und Sozialordnung, 1983, S. 35).

Die Frühförderung wird in der Regel zunächst ambulant im häuslichen Bereich durchgeführt. Mit zunehmendem Alter, nach Eintritt des Kindes in den Kindergarten bzw. in die Schule, suchen die Eltern zusammen mit ihrem Kind die Beratungs- und Fördereinrichtungen auf. Oftmals ist eine stationäre Aufnahme des Kindes notwendig (z. B. in ein Körperbehindertenzentrum oder in eine Blindenbildungseinrichtung), da die notwendigen Hilfen nicht in jedem Wohnort vorhanden sind.

2.1.1 Übungsfragen

Früherkennung, Frühbehandlung, Frühförderung

1. Begründen Sie, warum möglichst „frühe Hilfen" für ein behindertes Kind von Bedeutung sein können?
2. Welche Institutionen bieten frühe Maßnahmen der Früherkennung und Frühbehandlung an und welche Methoden wenden sie dabei an?
3. Welche Formen der Frühförderung behinderter Kinder gibt es und welche Fachkräfte führen sie durch?

4. Welche Aufgaben der Frühförderung können vom Heilerziehungspfleger durchgeführt werden? Welche Zusatzausbildungen bzw. Fortbildungen wären hilfreich?

2.1.2 Weiterführende Literatur

Bundesvereinigung Lebenshilfe für geistig Behinderte (Hrsg.): Frühe Hilfen – Wirksame Hilfen. Bericht der 8. Studientagung der Bundesvereinigung Lebenshilfe für geistig Behinderte, Marburg 1981[3]

Dies.: Ergänzbares Handbuch. Frühförderung, Kindergarten, Schule. Empfehlungen und Materialien des Pädagogischen Ausschusses der Bundesvereinigung Lebenshilfe für geistig Behinderte, Marburg 1983

Böke, B.: Spiel- und Fördermaterialien in der Frühförderung geistig behinderter Kinder. In: Bundesvereinigung Lebenshilfe für geistig Behinderte, Hilfen für geistig Behinderte – Handreichungen für die Praxis, Marburg 1983

Ministerium für Arbeit, Gesundheit, Familie und Sozialordnung Baden-Würtemberg: Früherkennung und Frühförderung. Rahmenkonzeption zur Verhütung und Erkennung frühkindlicher Behinderungen sowie zur Frühförderung entwicklungsgestörter und behinderter Kinder, Stuttgart 1983

2.2 Sonderkindergärten/Integrative Kindergärten

Der Kindergarten ist eine *familienunterstützende* Einrichtung, die wohnortsnah als Partner der Familie wirkt und die *frühe Bildung* und *Erziehung,* vor allem die *Sozialerziehung* des Kindes, fördern soll. Erziehung im Kindergarten will heute Kindern bei der Bewältigung ihrer Lebenssituation helfen und damit zugleich Hilfen leisten für die Bewältigung zukünftiger Lebenslagen. Dieses Ziel gilt für behinderte, wie auch für nichtbehinderte Kinder, daher ist der Regelkindergarten auch für beeinträchtigte Kinder da. Ob solche Kinder sich dort auch optimal entwickeln können oder eine Sonderförderung brauchen, wird in der Fachwelt kontrovers diskutiert. Folgende *Kindergartenformen* existieren heute:

Abb. 6:

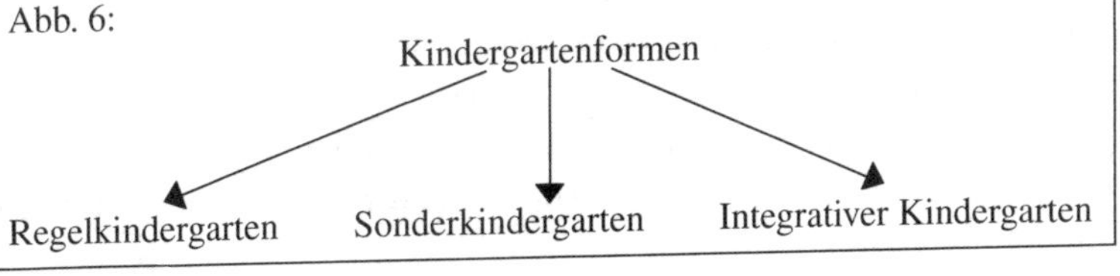

Regelkindergärten

Regelkindergärten arbeiten heute weitgehend *situationsorientiert.* Der Situationsansatz ist der Versuch, das Geschehen im Kindergarten unmittelbar von den Interessen, Bedürfnissen und Schwierigkeiten des einzelnen Kindes bzw. der Kindergruppe bestimmen zu lassen; er zielt auf eine Individualisierung der pädagogischen Angebote.
Das umfasst die *Erschließung der Umwelt* des Kindes (Familie, Gemeinde, Post, Bäcker, Feuerwehr, andere Länder) und das *Recht des Kindes auf den heutigen Tag* (Korczak). Die Aktivitäten des Kindes und der Gruppe müssen nicht ständig gerechtfertigt werden. Ob sie etwas zum späteren Erfolg in Beruf und Gesellschaft beitragen, ist zweitrangig.
Im Allgemeinen betreuen ausgebildete Erzieherinnen etwa 25 Kinder. Regelkindergärten sind immer häufiger bereit, behinderte Kinder aufzunehmen, vor allem, wenn sie nur eine leichte Behinderung (z. B. Sinnesbehinderung) haben.

Sonderkindergärten

Anfang der 60er Jahre wurden Sonderkindergärten für geistigbehinderte, körperbehinderte, sprachbehinderte, blinde und gehörlose Kinder eingerichtet, die Kinder ab dem dritten Lebensjahr aufnehmen und zusätzliche therapeutische und heilpädagogische Hilfen bieten. Für mehrfachbehinderte Kinder sind diese Sonderkindergärten oftmals die einzige Form einer frühpädagogischen Förderung.

> „Der Sonderkindergarten hat die Aufgabe, in möglichst enger Zusammenarbeit mit der Familie auf die ganzheitliche Entfaltung der Persönlichkeit des behinderten Kindes hinzuwirken, die vorhandenen Fähigkeiten und Begabungen durch gezielte erzieherische und therapeutische Hilfen und Angebote anzuregen und zu fördern und Gemeinschaftsfähigkeit zu entwickeln. Dabei ist auszugehen von der Art und Schwere der Behinderung der Kinder sowie ihrer individuellen Lernfähigkeit“ (Deutscher Caritasverband, 1987, S. 18).

Sonderkindergärten sind in der Regel *überregionale Tagesstätten.* 8 bis 10 Kinder werden von zwei sozialpädagogischen oder heilpädagogischen Fachkräften betreut, die zusätzlich durch Logopäden, Krankengymnasten u. a. Fachkräfte ergänzt werden. Die in den letzten Jahren geführte Integrations- und Normalisierungsdiskussion stellt die Sonderkindergärten in Frage:

„Kritisiert wird vor allem, daß die bisherige Entwicklung zur Bildung gesonderter Lebenswelten geführt habe und damit im Widerspruch zur erklärten Zielsetzung einer sozialen Integration stehe. Den Befürwortern einer gemeinsamen Betreuung geht es darum, eine Trennung der Lebenswelt behinderter und nichtbehinderter Kinder zu vermeiden und damit einer Segregierung und Stigmatisierung behinderter Kinder soweit wie möglich vorzubeugen.“ (Der Bundesminister für Bildung und Wissenschaft, 1982)

Segregierung = Ausgrenzung; Stigmatisierung = mit einer negativen Bezeichnung versehen, die sich dann für den Betroffenen wiederum negativ und ausgrenzend auswirkt.

Integrative Kindergärten

Als Integrationskindergärten (bzw. integrative Kindergärten) werden Einrichtungen bezeichnet, in denen behinderte und nichtbehinderte Kinder gemeinsam miteinander leben. Hier sollen insbesondere gegenseitige Rücksicht, Annahme des anderen, so wie er ist, und Toleranz gelernt werden.

Folgende Rahmenbedingungen werden empfohlen:
- Gruppengröße 10–15 Kinder, davon ein Drittel behinderte Kinder,
- altersgemischte Gruppen,
- unterschiedliche Behinderungen und Schweregrade,
- gemeinsamer Tagesablauf (Vermeidung der Herausnahme von Kindern für therapeutische Maßnahmen),
- enge Zusammenarbeit mit den Eltern,
- Betreuung durch zwei sozialpädagogische Fachkräfte.

(vgl. Deutscher Caritasverband, 1987, S. 21/22)

An manchen Orten versucht man Regel- und Sonderkindergärten unter einem gemeinsamen Dach (additive Form) zu führen, um auf diese Weise den sozialen Kontakt zwischen behinderten und nichtbehinderten Kindern zu fördern. HeilerziehungspflegerInnen werden in den Sonderkindergärten und Integrativen Kindergärten tätig, die als ganztägige Tagesstätten geführt werden oder in eine Einrichtung für Menschen mit Behinderungen integriert sind.

2.2.1 Übungsfragen

Sonderkindergarten/Integrativer Kindergarten

1. Unterscheiden Sie folgende *Kindergartenformen* nach ihrer Zielsetzung, dem *Personenkreis* und ihrem *methodischen Ansatz*
   a) Regelkindergarten
   b) Sonderkindergarten
   c) Integrativer Kindergarten
2. Was bedeutet der Ansatz der *Situationsorientierung* und welche Bedeutung hat dieser für die frühpädagogische Förderung behinderter Kinder?
3. Welche *Kritikpunkte* richten sich gegen den Sonderkindergarten und was spricht für eine gemeinsame Erziehung behinderter und nichtbehinderter Kinder?
4. Zeigen Sie die Möglichkeiten und Grenzen der Förderung von schwer- und mehrfachbehinderten Kindern in Regelkindergärten auf.
5. Beurteilen Sie die *Tätigkeitsfelder* von HeilerziehungspflegerInnen und HeilerziehungshelferInnen in Integrations- und Sonderkindergärten.

2.2.2 Weiterführende Literatur

Bundesminister für Bildung und Wissenschaft: Ein Kindergarten für behinderte und nichtbehinderte Kinder. Erfahrungen aus integrativen Einrichtungen im Elementarbereich, Bonn 1982

Deutscher Caritasverband: Behinderte Kinder – eine Aufgabe für Sonderkindergarten und Regelkindergarten, Unser Standpunkt Nr. 19, Freiburg 1987[2]

Deutsches Jugendinstitut: Integration von Kindern mit besonderen Problemen, Adressenliste, 1986

Dass.: Gemeinsam leben (laufende Jahrgänge), München

Hundertmarck, G. (Hrsg.): Leben lernen in Gemeinschaft. Behinderte Kinder im Kindergarten, Freiburg 1981

Der Hessische Sozialminister: Situationsansatz im Kindergarten, Wiesbaden o. J.

Ministerium für Kultus und Sport Baden-Württemberg: Sonderpädagogische Förderung für behinderte Kinder und Jugendliche in Baden-Württemberg, Stuttgart 1983

Minister für Arbeit, Gesundheit und Soziales des Landes Nordrhein-Westfalen: Arbeitshilfen zur Planung der Arbeit im Kindergarten, Ziffer 1. Der eigenständige Auftrag des Kindergartens zur Erziehung und Bildung, 1981

Ministerium für Arbeit, Gesundheit, Familie und Sozialordnung (MfAGFS): Baden-Württemberg: Ratgeber für behinderte Menschen und ihre Angehörigen, Stuttgart 1989
Pestalozzi-Fröbel-Verlag (Hrsg.): Möglichkeiten und Grenzen einer gemeinsamen Förderung von behinderten und nichtbehinderten Kindern in Kindergruppen. Dokumentation: Referate, Berichte und Diskussionsbeiträge der Bundesfachtagung am 26./27. 11. 1981 in Frankfurt, 1982

2.3 Sonderschulen / Integrationsklassen

Die Schulpflicht für Kinder in der Bundesrepublik Deutschland erstreckt sich vom 6. bis zum 18. Lebensjahr. Dies gilt auch für behinderte Kinder, bei denen allerdings eine Verlängerung der Schulzeit bis zum 24. Lebensjahr möglich ist. Mit der Schulpflicht ist auch eine Verpflichtung des Staates verbunden, diese Kinder zu unterrichten und die entsprechenden Schulen einzurichten.

Unterschiedliche Behinderungen und die damit verbundenen verschiedenen Bedürfnisse der Kinder haben zu einer Aufgabenteilung und Spezialisierung in Sonderschulen geführt. Die Frage, ob behinderte und entwicklungsgestörte Kinder besser in Regelschulen unterrichtet werden, statt in Sonderschulen, denen man stigmatisierende Wirkungen zuschreibt, wird seit Jahren diskutiert. So fordert die Bundesvereinigung Lebenshilfe, dass neben der Schule für geistig Behinderte auch *Integrationsklassen* für behinderte und nichtbehinderte Kinder an allgemeinbildenden Schulen eingerichtet werden (vgl. Bundesvereinigung Lebenshilfe 1991). Bei mehrfach behinderten Kindern leuchtet schnell ein, dass sie spezielle Hilfen brauchen (z. B. bei gehörlosen und blinden Kindern oder bei geistig behinderten Kindern mit zusätzlichen schweren Körperbehinderungen). Lernbehinderungen können oftmals als „milieureaktive“ Behinderungen erklärt werden. Hier ist dann nicht eine „Sonder“-Schule, sondern eine Therapie des Milieus bzw. eine Therapie im Milieu notwendig (etwa bei ausländischen Kindern mit Sprach- und Schulschwierigkeiten).

In der Bundesrepublik Deutschland existieren folgende *Sonderschultypen:*

- Schule für Blinde
- Schule für Sehbehinderte
- Schule für Gehörlose
- Schule für Schwerhörige
- Schule für Lernbehinderte
- Schule für Geistigbehinderte

- Schule für Körperbehinderte
- Schule für Erziehungshilfe
- Schule für Kranke in längerer Krankenhausbehandlung.

Abb. 7: Sonderschulen im Rahmen des allgemeinen Schulsystems

Allgemeine Schulen	Sonderschulen				
	Blinde und Sehbehinderte	Gehörlose und Schwerhörige	Körperbehinderte	Sprachbehinderte	Verhaltensgestörte
Gymnasium					
Realschule					
Grund- und Hauptschule					
Schule für Lernbehinderte					
Schule für Geistigbehinderte					

Quelle: Klein, 1991, S. 120

Für HeilerziehungspflegerInnen und HeilerziehungshelferInnen sind insbesondere Kenntnisse über Sonderschulen für Geistigbehinderte und für Körperbehinderte notwendig, da sie häufig mit diesen Schulen zusammenarbeiten müssen.

Die Schule für Geistigbehinderte

> „In Schulen für Geistigbehinderte werden Kinder und Jugendliche aufgenommen, die aufgrund organischer oder organisch-genetischer Defekte und dadurch bedingter Störungen oder aufgrund anderweitiger Schädigungen in ihren Aufnahme- und Verarbeitungskapazitäten, die sich insbesondere im Zusammenhang von Wahrnehmung, Denken und Handeln sowie in der Sensomotorik zeigen, derart beeinträchtigt sind, daß sie auch dem Unterricht der Schule für Lernbehinderte nicht oder nur mit Schwierigkeiten folgen können."
> (Ministerium für Arbeit, Gesundheit, Familie und Sozialordnung, 1989, S. 31)

Die Schule für Geistigbehinderte orientiert sich nicht primär an den Kulturtechniken (Lesen, Rechnen, Schreiben), sondern will die Förderung des Kindes als Person und seine Integration in die soziale Umwelt. Als Lehrkräfte sind vor allem Sonderschullehrer für Geistigbehinderte tätig, die Leitung einer Sonderschule hat immer ein ausgebildeter Sonderpädagoge. Als *Fachlehrer* arbeiten auch Heilpädagogen, Erzieher und Sozialpädagogen, die z. T. über eine sonderpädagogische Zusatzqualifikation verfügen.

Abb. 8: Beispiel: Auszug aus dem Lehrplan Baden-Württemberg

1. Lernbereich: Basale Förderung *1. Zielbereich: Fähigkeit, die eigene Person zu erfahren und ein Lebenszutrauen aufzubauen*					
2. Lernbereich: Selbsterfahrung / Selbstversorgung *2. Zielbereich:* *Fähigkeit, sich selbst zu versorgen und zur Sicherung der eigenen Existenz beizutragen*	3. Lernbereich: Umwelterfahrung und Sozialverhalten *3. Zielbereich: Fähigkeit, sich in der Umwelt zurechtzufinden und sie angemessen zu erleben* *4. Zielbereich: Fähigkeit, sich in der Gemeinschaft zu orientieren, sich einzuordnen, sich zu behaupten und sie mitzugestalten*			4. Lernbereich: Spiel, Gestaltung, Freizeit, Arbeit *5. Zielbereich: Fähigkeit, die Sachumwelt gestalten zu können*	
	Umwelterfahrung	Sozialverhalten	Kommunikation	Spiel, Gestaltung, Freizeit	Arbeit
T h	e m e	n b	e r e	i c	h e
Nahrungsaufnahme Hygiene, Körperpflege, Gesunderhaltung Sich kleiden Gestaltung des persönlichen Bereichs	Räumliche Umgebung Zeit Natur Mengen und Größen Verkehr Öffentliche Einrichtungen und Dienstleistungsbetriebe	Familie Schule Freundschaft, Partnerschaft Gemeinde und Öffentlichkeit	Verständigung ohne Sprache Miteinander sprechen Lesen Schreiben Umgang mit Medien	Spielen Gestalten mit Material Musik und Rhythmik Bewegungserziehung / Sport Feste, Feiern und Veranstaltungen	Produkte herstellen / Serienarbeiten ausführen Dienstleistungen erbringen

Folgende *Zielbereiche* werden genannt:

1. Die eigene Person erfahren und Lebenszutrauen aufbauen.
2. Sich selbst versorgen und zur eigenen Existenzsicherung beitragen.
3. Sich in der Umwelt zurechtfinden und sie angemessen erleben.
4. Sich in sozialen Bezügen orientieren und bei ihrer Gestaltung mitwirken.
5. Die Sachumwelt erkennen und gestalten.

HeilerziehungspflegerInnen dürfen in den meisten Bundesländern nicht als Lehrkräfte in einer Sonderschule für Geistigbehinderte tätig werden, was unverständlich ist, da sie eine sehr viel umfassendere Ausbildung im behindertenpädagogischen Bereich durchlaufen haben, als etwa eine Erzieherin. Es ist dringend erforderlich, dieses Berufshemmnis zu beseitigen.

In Niedersachsen werden die Sonderschulen als *Tagesbildungsstätten* geführt, hier sind HeilerziehungspflegerInnen tätig. Schulen für Körperbehinderte haben schwerbehinderte und mehrfachbehinderte Kinder zu unterrichten. Dieser Unterricht findet häufig in den Gruppenwohnungen statt, hier sind ebenfalls HeilerziehungspflegerInnen und HeilerziehungshelferInnen tätig.

Die Schule orientiert sich in ihrem Unterricht an didaktischen Grundsätzen, die das Kind *ganzheitlich* und *individuell* sehen, d. h. die spezifische Lebenswelt und Behinderung berücksichtigen.

Didaktische Grundsätze der Sonderschule für Geistigbehinderte

1. Lebensunmittelbarkeit (das Lernen soll die natürliche Lebenssituation des Kindes berücksichtigen)
2. Ganzheitlichkeit (Lernen in größeren Zusammenhängen, Projektunterricht)
3. Selbsttätigkeit (Kinder erfahren als anschaulich gebundene Praktiker die Welt durch das Begreifen mit der Hand)
4. Individualisierung (individuell angepasste Lernangebote, Einzelförderung, basales Lernen)
5. Handlungsbegleitendes Sprechen (Verbindung von Handeln und Sprechen, Verbindung von sinnlichem Wahrnehmen und Denkentwicklung)
6. Soziales Lernen (Partnerarbeit, Gruppenarbeit, die Klasse als Gemeinschaft)
7. Übung (Verfestigung des Erlernten durch wiederholte Übung)

Der Unterricht erfolgt nicht, wie an Regelschulen üblich, in Klassen, sondern in Stufen. Eine Versetzung nach Noten erfolgt nicht, sondern die SchülerInnen rücken nach ihrem jeweiligen Entwicklungsstand weiter.

Abb.: 9

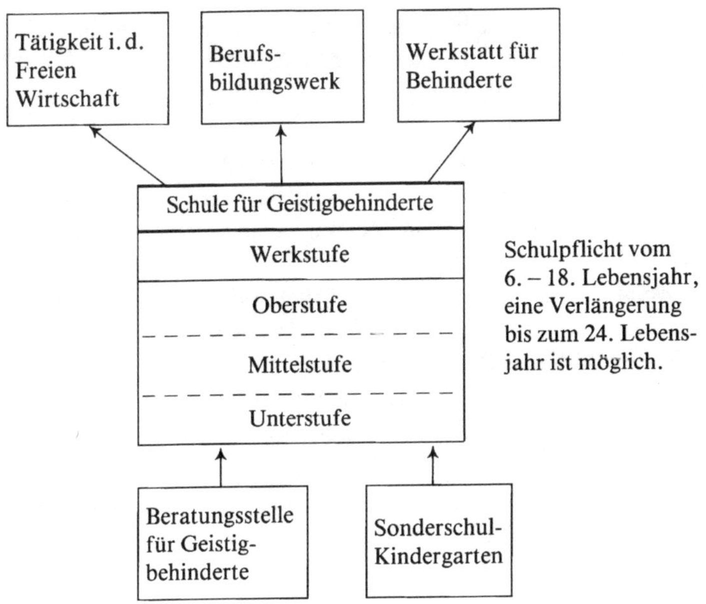

Erziehung und Unterricht in der Sonderschule werden ergänzt durch *zusätzliche therapeutische Maßnahmen* wie:

- Wahrnehmungsübungen,
- Sprachpädagogische Behandlung (bei Sprachverzögerungen oder Sprachbehinderungen),
- Krankengymnastische Behandlung (bei Bewegungsstörungen),
- Motopädagogische Förderung (Sport, Rhythmik, Gymnastik),
- Sinnesschulung, heilpädagogische Übungsbehandlung.

2.3.1 Übungsfragen

Sonderschulen

1. Unterscheiden Sie die verschiedenen *Sonderschultypen* in der Bundesrepublik Deutschland.
2. Welche Gründe sprechen für eine Förderung von Kindern in Sonderschulen, welche dagegen?
3. Wie lange ist ein Kind *schulpflichtig?* Kann man die Schulpflicht bei behinderten Kindern verlängern?
4. Welche *Erziehungs- und Bildungsziele* verfolgt die Schule für Geistigbehinderte?
5. Nach welchen *didaktischen Grundsätzen* wird in der Schule für Geistigbehinderte gearbeitet und welche Konsequenzen hat dies für die Unterrichtsgestaltung? Zeigen Sie an Beispielen eigene Vorschläge auf.
6. Welche *Konsequenzen* hat das *Alter* und der *Reifestand* eines Kindes auf eine *Versetzung* in eine andere Klasse oder eine andere Stufe bzw. auf die gesamte Ausbildungszeit?
7. Welche *Lehrkräfte* dürfen an einer Schule für Geistigbehinderte unterrichten? Unterscheiden Sie dabei *Sonderschullehrer, Fachlehrer* und *sonstige Lehrkräfte.*
8. *Beurteilen Sie die Einsatzmöglichkeiten von HeilerziehungspflegerInnen und HeilerziehungshelferInnen* in einer Sonderschule.

2.3.2 Weiterführende Literatur:

Bildungsplan der Schule für Geistigbehinderte (Sonderschule), in: Kultus und Unterricht, 5, 1982

Bundesvereinigung Lebenshilfe für geistig Behinderte: Gemeinsam leben und lernen in der Grundschule (Integrationsklasse), Marburg 1991

Lehrplan und Materialien für den Unterricht an der Schule für Geistigbehinderte (Hrsg.): Staatsinstitut für Schulpädagogik, München 1982

Handbuch der Sonderpädagogik/Pädagogik der Geistigbehinderten, Primar- und Sekundarbereich I, Berlin 1979, S. 88–111

Bach, H.: Didaktik der Sonderschule für Geistigbehinderte. In: Kluge, K. J.: Einführung in die Sonderschuldidaktik, Darmstadt 1976

Bundesvereinigung Lebenshilfe für geistig Behinderte: Die schulische Förderung des geistig behinderten Kindes, Marburg 1966

Fischer, D.: Neues Lernen mit Geistigbehinderten. Eine methodische Grundlegung, Würzburg 1981

Klein, G.: Auftrag und Dilemma der Sonderschule – gestern, heute und morgen, Geistige Behinderung, 2/1991, S. 115–129
Mühl, H.: Möglichkeiten und Probleme gemeinsamer Beschulung geistig behinderter und nichtbehinderter Schüler. Ein Literaturbericht, in: Geistige Behinderung, 2/1984, 23. Jahrg., S. 112–121
Reiser, H.: Zum Für und Wider von Ganztags-Sonderschulen, in: Sonderpädagogik, 1/1982, Jahrg. 12, S. 1–8
Ständige Konferenz der Kultusminister der Länder in der Bundesrepublik Deutschland: Empfehlungen für den Unterricht in der Schule für geistig Behinderte, Neuwied 1980
Stuffer, G.: Leben lernen in der Schule. Unterricht mit Geistigbehinderten. Praxisbeispiele für den Unterricht mit Geistigbehinderten auf der Basis der neuen „Empfehlungen für den Unterricht in der Schule für Geistigbehinderte“ der Kultusministerkonferenz, München 1980

2.4 Berufsbildungswerke und Berufsförderungswerke

2.4.1 Berufsbildungswerke (BBW)

Berufsbildungswerke (BBW) sind Einrichtungen zur beruflichen Bildung und Eingliederung junger Behinderter. Sie bieten berufsvorbereitende und berufsbildende Maßnahmen für junge Menschen mit Körper-, Lern-, Sinnes- oder psychischen Behinderungen an. In 49 Berufsbildungswerken (Stand 1997) stehen etwa 13 000 Ausbildungsplätze zur Verfügung, acht Einrichtungen mit ca. 800 Plätzen arbeiten in den neuen Bundesländern. Die durchschnittliche Größe der Berufsbildungswerke liegt bei ca. 250–300 Ausbildungsplätzen. Vielfach werden Internats- oder Wohngruppenplätze angeboten, da die Berufsbildungswerke ihr Angebot für eine bestimmte geographische Region anbieten.

Personenkreis
Berufsbildungswerke sind Stätten der beruflichen Bildung und vor allem für junge Menschen eingerichtet worden, die ohne eine kontinuierliche ausbildungsbegleitende Betreuung durch Ärzte, Psychologen, Sonderpädagogen und andere Fachkräfte der Rehabilitation zu keinem Ausbildungsabschluss, im Sinne des Berufsbildungsgesetzes, befähigt werden können (z. B. Lernbehinderte und Grenzfälle zur geistigen Behinderung). Behinderte Jugendliche, die wegen der Schwere ihrer Behinderung keine geregelte Ausbildung absolvieren können, werden nicht aufgenommen. Dieser Personenkreis soll in den Werkstätten für

Behinderte gefördert werden (vgl. Bundesminister für Arbeit und Sozialordnung [BfAS], 1995, S. 9).
Die verschiedenartigen Behinderungen erschweren häufig die in betrieblichen, überbetrieblichen oder schulischen Ausbildungsstätten übliche Lern- und Ausbildungssituation. Aus diesem Grund müssen Berufsbildungswerke weitere *spezifische Aufgaben* wahrnehmen:

„– Durchführung von Maßnahmen der *Berufsfindung* und *Arbeitserprobung* für Behinderte, deren berufliche Eignung seitens der Dienste des Arbeitsamtes nicht hinreichend geklärt ist.
– Durchführung von *berufsvorbereitenden Fördermaßnahmen* für Behinderte, bei denen die Ausbildungs- bzw. Berufsreife noch nicht vorhanden ist und die auf die besonderen Hilfen des Berufsbildungswerkes angewiesen sind.
– Gewährung von *begleitenden Hilfen* während der Ausbildung und zur persönlichen Entwicklung.
– Vermittlung der *beruflichen Kenntnisse und Fertigkeiten* in einer Weise, die der Behinderung und einer dadurch gegebenenfalls entstandenen Beeinträchtigung der normalen Lernfähigkeit gerecht wird. Hieraus leitet sich auch die Aufgabe ab, dort, wo Behinderte den normalen Anforderungen eines Berufsbildes trotz optimaler Förderung nicht in vollem Umfang gerecht werden können, (...) *besondere Ausbildungsgänge* zu entwickeln.
– Angebot einer breiten differenzierten Skala von *arbeitsmarktpolitisch zweckmäßigen* und *entwicklungsfähigen Berufen,* um der Vielfalt der Behinderungsauswirkungen und den individuellen Begabungen gerecht zu werden.
– Gewährung *besonderer Hilfen* zum möglichst weitgehenden Abbau von Behinderungsauswirkungen. Die Behinderten müssen lernen mit ihrer Behinderung so zu leben, daß sie sich möglichst weitgehend in das allgemeine berufliche und gesellschaftliche Leben eingliedern können.“

(Bundesminister für Arbeit und Sozialordnung, 1995, S. 11)

Berufsfindung, Arbeitserprobung, Berufsvorbereitung
Die Feststellung der Eignung für einen bestimmten Berufsbereich erfolgt in der Regel vor der Aufnahme durch das Arbeitsamt. Falls dies nicht möglich ist, kann sie auch im BBW erfolgen. Solch eine *Maßnahme der Berufsfindung und Arbeitserprobung* dauert in der Regel drei Monate. Für junge Menschen, denen die *Ausbildungs- bzw. Berufsreife* fehlt, werden *berufsvorbereitende Förderlehrgänge* angeboten.

Berufsausbildung
Die Berufsausbildung erfolgt in enger Absprache mit der Bundesanstalt für Arbeit in anerkannten Ausbildungsberufen. Es können auch Stufenabschlüsse (Werkerausbildung) erworben werden.
Die Berufe sind bestimmten Berufsfeldern zugeordnet:
- Wirtschaft und Verwaltung,
- Metalltechnik,
- Elektrotechnik,
- Bautechnik,
- Holztechnik,
- Textiltechnik und Bekleidung,
- Chemie, Physik und Biologie,
- Drucktechnik,
- Farbtechnik und Raumgestaltung,
- Gesundheit,
- Körperpflege,
- Ernährung und Hauswirtschaft,
- Agrarwirtschaft.

Beispiele:
Berufsfeld Bautechnik: Hochbaufacharbeiter, Maurer, Baufachwerker, Ausbaufacharbeiter, Zimmerer, Dachdecker, Bauzeichner.
Berufsfeld Textiltechnik und Bekleidung: Bekleidungsschneider, Herrenschneider, Damenschneider, Bekleidungsfertiger, Bekleidungsnäher, Wäscheschneider.

Sozialdienst

> „Der Sozialdienst hat die Aufgabe, vor der Aufnahme und während des Aufenthaltes, in einem Berufsbildungswerk die Behinderten in allen persönlichen Fragen zu beraten, die Rehabilitationsbemühungen zu unterstützen und die spätere Eingliederung vorzubereiten." (Bundesminister für Arbeit und Sozialordnung, 1995, S. 13)

Ärztlicher Dienst/Psychologischer Dienst
Ein ärztlicher und ein psychologischer Dienst begleiten die Rehabilitation.

Internat, Freizeit, Sport
Die Berufsbildungswerke bieten ihre Dienste jeweils für eine Region an, deshalb ist ein Wohnen im Internat oder einer Wohngruppe not-

Abb. 10: Berufliche Rehabilitation in einem Berufsbildungswerk

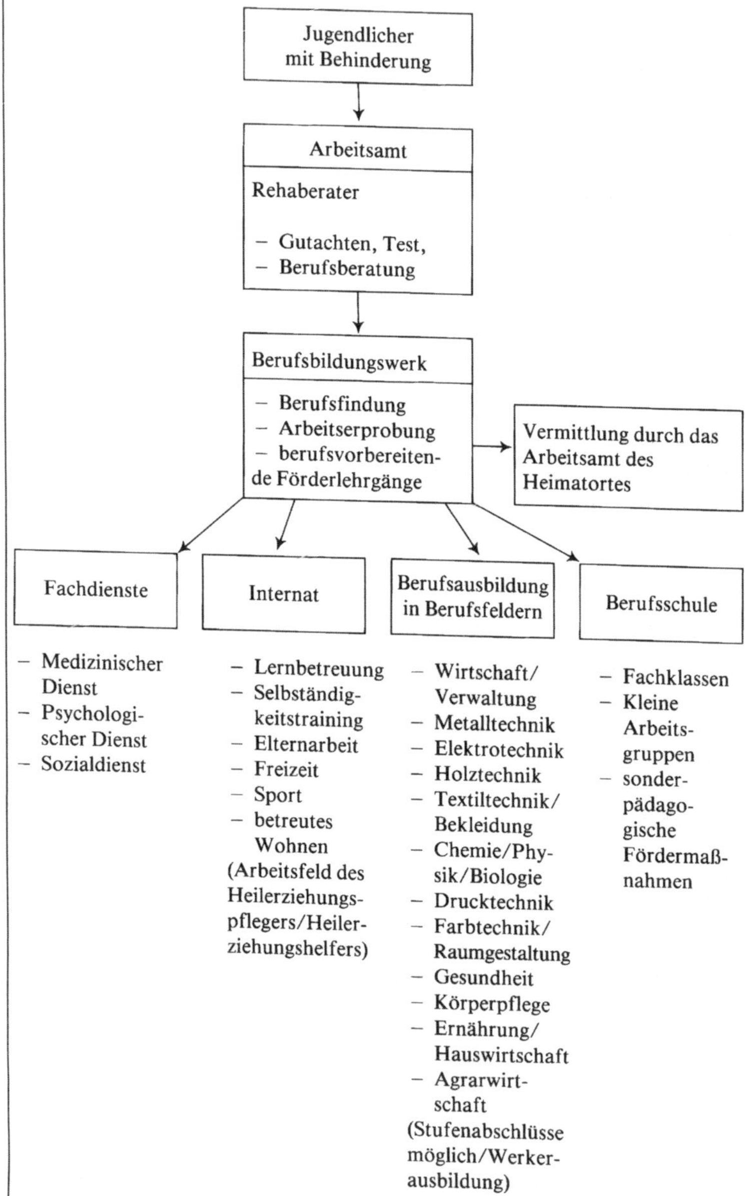

wendig. Im Internats- und Freizeitbereich sind HeilerziehungspflegerInnen und HeilerziehungshelferInnen, zusammen mit Erziehern und Sozialpädagogen, tätig. Hier erhalten die jungen Menschen individuelle Begleitung, Hilfen beim Selbstständigkeitstraining und bereiten sich auf ein selbstständiges Wohnen (Wohntraining) in einer eigenen Wohnung oder einer Wohngemeinschaft vor.
Eine differenzierte Beschreibung der Berufsbildungswerke findet sich in der Broschüre des Bundesministers für Arbeit und Sozialordnung „Berufsbildungswerke. Einrichtungen zur beruflichen Rehabilitation junger Menschen mit Behinderung", Bonn, 1995.

2.4.2 Berufsförderungswerke

Berufsförderungswerke sind gemeinnützige außerbetriebliche Einrichtungen zur beruflichen Bildung und Rehabilitation erwachsener Menschen mit Behinderungen, die in der Regel vorher bereits berufstätig waren. Sie führen Maßnahmen der *Berufsfindung, Arbeitserprobung, Berufsvorbereitung* und *Berufsausbildung* durch. Die Berufsförderungswerke sind in ihrer fachlichen Struktur und Organisation mit den Berufsbildungswerken vergleichbar. Sie bieten in der Regel durchschnittlich 400 Ausbildungsplätze an, manche halten sogar bis zu 900 Plätzen vor. Das Netz von 28 Einrichtungen mit über 14 500 Ausbildungsplätzen umfasst auch 7 Berufsförderungswerke mit rund 2 500 Plätzen in den neuen Bundesländern, die nach der deutschen Wiedervereinigung in kürzester Zeit ihren Betrieb aufgenommen haben (vgl. Bundesminister für Arbeit und Sozialordnung, 1996, S. 3)

Personenkreis
Berufsförderungswerke nehmen erwachsene Behinderte auf, die wegen einer gesundheitlichen Schädigung oder Behinderungsauswirkung nicht mehr in der Lage sind, ihren erlernten Beruf bzw. ihre bisherige Tätigkeit auszuüben und einer Rehabilitation bedürfen.

Aufgaben und Leistungsangebot
Die Rehabilitation wird nach einem *Eingliederungsplan* durchgeführt, der in Zusammenarbeit mit dem Arbeitsamt erstellt wird. In der Regel gehen fachpsychologische und ärztliche Gutachten voraus. *Medizinische, psychologische* und *soziale Dienste* begleiten die Rehabilitation.

Da die Rehabilitationsteilnehmer häufig sehr lange Anfahrtswege haben, ist der größte Teil in Wohnheimen und Wohngruppen untergebracht. Die Betreuung erfolgt dort durch sozialpädagogische Fachkräfte (Erzieher, Sozialpädagogen, Heilerziehungspfleger, Heilerziehungshelfer).
Die angebotenen Berufe sind den Berufsfeldern und Berufsrichtungen zugeordnet.

Beispiele:
Kaufmännische-, Datenverarbeitungs- und Verwaltungsberufe: Industriekaufmann, Bürokaufmann, Sozialversicherungsangestellter für Renten- oder Krankenversicherung, Programmierer.
Berufe der Druckindustrie: Druckvorlagenhersteller, Reprofotograf, Siebdrucker, Schriftsetzer, Buchbinder.
Einige Berufsförderungswerke haben sich spezialisiert auf Ausbildungsmaßnahmen für Querschnittsgelähmte, Hirnverletzte, Sehbehinderte und Blinde.
Eine differenzierte Beschreibung der Berufsförderungswerke und Adressenliste findet sich in der Broschüre des Bundesministers für Arbeit und Sozialordnung: „Berufsförderungswerke. Einrichtungen zur beruflichen Eingliederung erwachsener Behinderter", Bonn 1996.

2.4.3 Übungsfragen

Berufsbildungswerke und Berufsförderungswerke
1. Für welchen *Personenkreis* bieten die Berufsbildungswerke ihre Hilfe an?
2. Welche *spezifischen Aufgaben* haben die Berufsbildungswerke im Gegensatz zu Ausbildungsstätten der freien Wirtschaft?
3. Klären Sie die Begriffe
a) Berufsberatung,
b) Berufsfindung,
c) Berufsvorbereitung,
d) Arbeitserprobung,
e) Berufsausbildung,
und zeigen Sie auf, welche Ziele jeweils verfolgt werden.
4. In welchen *Berufsfeldern* kann ein Jugendlicher im BBW ausgebildet werden? Welche Berufe sind einem solchen Berufsfeld zugeordnet?

5. Welche *Berufsabschlüsse* können in einem Berufsbildungswerk erworben werden und welche Rolle spielen dabei die *Werkerausbildungen?*
6. Sie begleiten einen jungen Menschen mit einer Lern- und Körperbehinderung und wollen seine berufliche Bildung und Eingliederung fördern. Welche *Institutionen* sind für die *Beratung* zuständig?
7. Wer führt die notwendigen *Tests* und *Eignungsuntersuchungen* durch?
8. Wer ist für die *Rehabilitationsplanung* und *Aufnahme* in ein Berufsbildungswerk zuständig?
9. Welche *Fachdienste* begleiten einen jungen Menschen im BBW und welche *Aufgaben* nehmen HeilerziehungspflegerInnen und HeilerziehungshelferInnen wahr?
10. Für welchen *Personenkreis* sind die *Berufsförderungswerke* eingerichtet worden?
11. Welche *spezifischen Aufgaben* hat ein Berufsförderungswerk?
12. Welche *Aufgaben* nehmen HeilerziehungspflegerInnen und HeilerziehungshelferInnen in einem Berufsförderungswerk oder Berufsbildungswerk wahr,
a) im Internat,
b) im Freizeitbereich,
c) im Wohnbereich/Wohntraining,
d) im Sozialdienst?

2.4.4 Weiterführende Literatur

Arbeitsgemeinschaft der Berufsbildungswerke (Hrsg.), c/o Pastor Rudolf Lotze, Wetter, Orthopädische Anstalten Volmarstein: BBW-Berufsbildungswerke. Rehabilitation junger Menschen mit Behinderungen, 1984

Arbeiten und Lernen. Die Berufsausbildung, Verlag Friedrich, Postfach 10 01 50, Seelze (Zeitschrift)

Bach, H. u. a.: Berufsbildung behinderter Jugendlicher, Bonn-Bad Godesberg 1973

Berufliche Eingliederung Behinderter, Rehabilitationstechnik GmbH, Steinbeißstraße 21, Esslingen (Zeitschrift)

Berufliche Rehabilitation. Beiträge zur beruflichen und sozialen Eingliederung junger Menschen mit Behinderung, Freiburg, Lambertus Verlag (Zeitschrift).

Beschäftigungstherapie und Rehabilitation. Verlag Modernes Lernen, Postfach 748, Dortmund (Zeitschrift)
Bleidick, U., Ellger-Rüttgardt, S.: Berufliche Bildung behinderter Jugendlicher, Stuttgart 1982
Bundesarbeitsgemeinschaft der Berufsbildungswerke: Rehabilitation junger Menschen mit Behinderungen, Freiburg, 1994
Bundesminister für Arbeit und Sozialordnung: Berufsbildungswerke, Bonn 1995
Ders.: Berufsförderungswerke, Bonn 1996
Dreisbach, D.: Berufsbildungswerke. Sozialer Lernort für Behinderte, Freiburg 1986
Degen, U. u. a.: Berufliche Bildung Behinderter. Schwerpunkte und Probleme der Ausbildung. Umschulung und Fortbildung in Betrieben und Rehabilitationseinrichtungen. Berichte zur beruflichen Bildung, Heft 43, 1982
Oppl, H. u. a.: Sozialarbeit und berufliche Rehabilitation. Bedarf – Maßnahmen – Durchführung – Rechtliche Grundlagen – Forschungsergebnisse für die Praxis. Freiburg 1985
Tübinger Rundbrief, Internationaler Bund für Sozialarbeit, Ludolfstraße 2, Frankfurt/M. (Zeitschrift)
Zielniok, W. J.: Berufsvorbereitung mit Lernbehinderten, Düsseldorf 1981

2.5 Werkstätten für Behinderte

Arbeit und Beruf sind nicht nur Möglichkeiten, Geld zu verdienen, um sich wirtschaftlich erhalten zu können. Eine Arbeit und einen Beruf zu haben, bedeutet, in die Auseinandersetzung mit dieser Welt einbezogen zu sein, in Kontakt zu anderen Menschen zu treten und so Bestätigung zu erfahren.

Im Sinne des Normalisierungsprinzips ist für möglichst viele Menschen mit Behinderungen ein Arbeitsplatz in der freien Wirtschaft anzustreben. Der Gesetzgeber verpflichtet alle öffentlichen und privaten Arbeitgeber mit mindestens 16 Arbeitsplätzen, 6 % seiner Plätze mit Schwerbehinderten zu besetzen. Geschieht dies nicht, sind monatlich 150 DM Ausgleichsabgabe an die Hauptfürsorgestelle zu zahlen. Mit diesen Mitteln werden dann Arbeitsplätze für Behinderte gefördert. Die hohen fachlichen Anforderungen der freien Wirtschaft und der rasche Wandel der Arbeitsplätze machen es schwer, entsprechende Arbeitsplätze zu finden und zu erhalten.

Werkstätten für Behinderte (WfB) wurden geschaffen, um Menschen mit Behinderungen aufzunehmen, die wegen der *Art oder Schwere ihrer Behinderung* noch nicht oder noch nicht wieder auf dem allgemeinen Arbeitsmarkt tätig sein können (vgl. dazu § 54 Schwerbehindertenge-

setz). Sie sind zuständig für behinderte Menschen eines Einzugsgebietes, unabhängig von Ursache, Art und Schwere der Behinderung.
Die Anzahl der Werkstätten in den alten und neuen Bundesländern beträgt insgesamt ca. 1 050, einschließlich der Zweigwerkstätten. Hauptwerkstätten gibt es ca. 600, wobei die meisten aus den neuen Bundesländern erst vorläufig anerkannt sind. In den WfB arbeiten insgesamt ca. 140 000 behinderte Mitarbeiter, wobei ca. 10 % im Arbeitstrainingsbereich tätig sind. Rund 80 % der behinderten Mitarbeiter sind geistig, 12 % seelisch, 5 % körperlich behindert, 2 % haben sonstige Behinderungen. (WfB-Handbuch der Bundesvereinigung Lebenshilfe 1992, S. V)

Arbeit für Behinderte
Die WfB stellt Arbeitsplätze für Behinderte bereit, die nicht auf dem freien Arbeitsmarkt tätig sein können. Die Arbeitsangebote beziehen sich auf Montagearbeiten für die Industrie, Herstellung eigener Produkte und Verkauf, Holz-Metallbearbeitung, Textilverarbeitung, Gärtnerei und Pflanzenzucht u. a. mehr.

Förderung der Leistungsfähigkeit der Behinderten
Die WfB muss den Behinderten Möglichkeiten bieten, ihre Leistungsmöglichkeiten zu entwickeln und zu trainieren; entsprechende Fachkräfte sollen dies fördern.

Abb. 11: Finanzierungsplan Werkstatt für Behinderte

Bruttoarbeitserlös der Werkstatt für Behinderte
– *produktionsbezogene Kosten*
= *Nettoerlös*
– Beteiligung am *Tagessatz* (ca. 25 % des Nettoerlöses)
– *Ausgleichsrücklage* (ca. 3 Monatszahlungen für die behinderten Mitarbeiter müssen als Rücklage gebildet werden)
– *Rücklage für Investitionen* im WfB-Bereich
= *Lohnsumme* für behinderte Mitarbeiter

Wirtschaftlichkeit
Die WfB ist nach wirtschaftlichen Grundsätzen zu organisieren und soll dem behinderten Menschen ein an seinem Leistungsvermögen angemessenes Arbeitsentgelt ermöglichen. Da die Produktivität der Werkstatt im Vergleich zur freien Wirtschaft geringer ist, ist der Ver-

dienst niedrig. Im Bundesdurchschnitt liegt die Höhe der gezahlten monatlichen Entgelte für behinderte Mitarbeiter in der WfB bei etwa 250,– DM.

Die behinderten Mitarbeiter sind sozialversichert und tragen durch ihre Beiträge zur Renten- und Krankenversicherung bei. Angestrebt wird, dass die behinderten Mitarbeiter einen eigenen Rentenanspruch erwerben. Der durchschnittliche Arbeitslohn liegt im Arbeitstrainingsbereich bei ca. 100,– DM und im Arbeitsbereich bei ca.

Abb. 12: Aufbau und Ausstattung einer Werkstatt für Behinderte

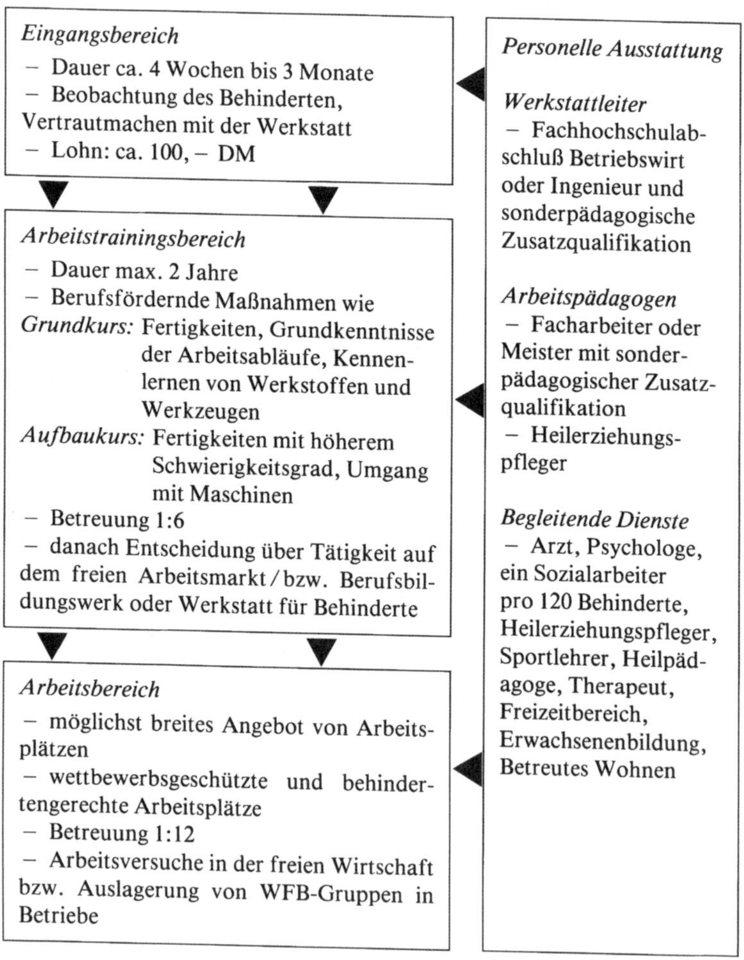

250,– DM. Einige Behinderte erreichen zwar höhere Löhne, doch sind für alle deutlich höhere Bezüge gefordert, will man nicht die Entlohnung auf einem Taschengeldniveau festschreiben.

Begleitende pädagogische, medizinische und soziale Hilfen
Sie sollen der Erhaltung und Verbesserung der Leistungskraft und der Weiterentwicklung der Persönlichkeit des Behinderten dienen (vgl. Ministerium für Arbeit, Gesundheit, Familie und Sozialordnung, 1987, S. 6 ff.).

Aufbau einer Werkstatt für Behinderte
Eine Werkstatt für Behinderte soll mindestens 120 Plätze haben. Für diese Größe ist folgende Ausstattung vorgesehen (siehe Abb. 12): Heilerziehungspfleger sind in WfB als Gruppenleiter im Eingangs- und Trainingsbereich tätig und begleiten insbesondere Menschen mit schweren Behinderungen. Die Chancen einer Beschäftigung erhöhen sich deutlich für Heilerziehungspfleger und Heilerziehungshelfer, die vorher in einem handwerklichen oder industriellen Beruf tätig waren. In vielen Fällen haben Meister eine Ausbildung als Heilerziehungshelfer durchlaufen, um so eine sonderpädagogische Zusatzqualifikation zu erreichen.

2.5.1 Übungsfragen

Werkstatt für Behinderte
1. Welchen *Auftrag* hat die Werkstatt für Behinderte, und welche Ziele verfolgt sie?
2. Wie ist die Werkstatt für Behinderte aufgebaut? Beschreiben Sie die Aufgaben des
a) *Eingangsbereiches,*
b) *Arbeitstrainingsbereiches,*
c) *Arbeitsbereiches.*
3. Welche *Fachkräfte* begleiten die Arbeit in der WfB, und welche *Aufgaben* hat die jeweilige Berufsgruppe?
4. Wie schätzen Sie die *Beschäftigungsmöglichkeiten* für behinderte Menschen auf dem *freien Arbeitsmarkt* ein, und welche *Verpflichtungen* hat ein Arbeitgeber bezüglich der *Beschäftigung von Schwerbehinderten?*

5. Was verdient ein Behinderter in einer WfB, und wovon ist die *Höhe der Vergütung* abhängig?
6. Welche *versicherungsrechtliche Situation* besteht für einen behinderten Mitarbeiter in einer WfB?
7. Hat ein Behinderter einen *Anspruch auf Leistungen der Krankenkasse* und kann er eine *Rente* bekommen?
8. Wie *finanziert* sich eine Werkstatt für Behinderte, und welche Möglichkeiten der *Ausschüttung der Arbeitserlöse* an behinderte Mitarbeiter sind möglich? Zeigen Sie dies an einem *Finanzierungsplan* auf.
9. Beurteilen Sie die *Beschäftigungschancen für HeilerziehungspflegerInnen und HeilerziehungshelferInnen* in einer WfB. Welche weiteren Qualifikationen sind nützlich?

2.5.2 Weiterführende Literatur

Der Beauftragte der Bundesregierung für die Belange der Behinderten: Eingliederung Behinderter in Arbeit und Beruf, Bonn o. J.

Bernhart, P.: Pädagogische Förderung in der Werkstatt für Behinderte. Ein Beitrag zur Praxis der Arbeit mit geistig behinderten Erwachsenen, München, Basel 1977 (Behindertenhilfe durch Erziehung, Unterricht und Therapie, Bd. 4)

Berichte, Informationen, Meinungen: Bundesarbeitsgemeinschaft der Werkstätten für Behinderte, Sonnemannstraße 5, Frankfurt/M. (Zeitschrift)

Bundesarbeitsgemeinschaft der Werkstätten für Behinderte: Dokumentation des Werkstättentages 1986, Frankfurt 1986

Bundesvereinigung Lebenshilfe für geistig Behinderte (Hrsg.): Musterförderplan für den Arbeitstrainingsbereich der Werkstatt für Behinderte. Eine Empfehlung. Marburg 1983[3]

Bundesvereinigung Lebenshilfe für geistig Behinderte (Hrsg.): Werkstatt für Behinderte (WfB). Ergänzbares Handbuch. Marburg, 1992

Der Erzieher am Arbeitsplatz (Hrsg.): Berufsverband der Erzieher am Arbeitsplatz, Goethestraße 11, Geisingen (Zeitschrift)

Deutscher Caritasverband, Verband Katholischer Einrichtungen für Lern- und Geistigbehinderte: Muster-Verträge für Heime und Werkstätten in der Behindertenhilfe, Freiburg 1984

Dialog. Zeitschrift für Berufstherapeuten (Hrsg.): Bundesverband der Berufstherapeuten in der Rehabilitation, Münstertalstraße 11, Ettenheim

Dieterich, M.: Die humane Werkstatt für Behinderte. In: Geistige Behinderung. Jg. 22, 4/1983. S. 259–270

Krueger, F.: Lebensbegleitendes Lernen behinderter Werktätiger, Freiburg, 1990

Ministerium für Arbeit, Gesundheit, Familie und Sozialordnung: Politik für Behinderte. Betriebswirtschaftliche und technische Innovation in Werkstätten für Behinderte, Stuttgart 1987
Schmitz, G.: Anforderung und Eignung in einer Werkstatt für Behinderte. Inaugural-Dissertation zur Erlangung des akademischen Grades eines Doktors der Fakultät für Psychologie und Sportwissenschaft der Universität Bielefeld. Detmold: Lebenshilfe für geistig Behinderte 1982
Verband evangelischer Einrichtungen für geistig und seelisch Behinderte (Hrsg.): Informationen und Arbeitshilfen. 2. aktualisierte Aufl. Bad Oeynhausen: Wittekindshof, Werkstatt für Behinderte 1981. Materialien zur Werkstatt für Behinderte, Bd. 1
Verband evangelischer Einrichtungen für geistig und seelisch Behinderte (Hrsg.): Materialien zur Werkstatt für Behinderte, Bd. II. Berufsbildung Behinderter. Bad Oeynhausen: Wittekindshof, Werkstatt für Behinderte, 1980
Werkstättenverordnung Schwerbehindertengesetz (SchbWV) v. 13. 8. 1980

2.6 Erwachsenenbildungsstätten/Volkshochschulen für behinderte Menschen

Das Erwachsenenalter behinderter Menschen erfährt erst in den letzten Jahren verstärktes Interesse. In den Nachkriegsjahren bis in die 70er Jahre hinein lag das Augenmerk auf dem Wohl des „behinderten Kindes", das einen Sonderkindergarten oder eine Sonderschule benötigte. Erwachsene Behinderte wurden weitgehend als lern- und bildungsunfähig gesehen, sie lebten, so die gängige Überzeugung, abseits von der Gesellschaft in Heim und Anstalt. Die Bildung erwachsener Behinderter stieß in Literatur und Praxis kaum auf Interesse, ein Arbeitsplatz in einer Werkstatt für Behinderte schien das höchste der zu erringenden Ziele.
Die Notwendigkeit „lebenslangen Lernens" ist heute unbestritten. Wenn es dem modernen Menschen nicht gelingt, sich an die rasch verändernden Lebensbedingungen anzupassen, droht er überflüssig zu werden. Behinderte Menschen dürfen aus diesem Prozess der Erwachsenenbildung nicht ausgeklammert werden, sonst verringern sich ihre gesellschaftlichen Chancen noch zusätzlich. Geistigbehinderte haben besondere Schwierigkeiten, sich dem raschen Wandel anzupassen und benötigen zusätzliche Anpassungshilfen. Erziehungswissenschaftliche Untersuchungen zeigen aber, dass erwachsene Behinderte sehr wohl noch lernfähig sind, sogar verpasste Bildung nachholen können (vgl. Nihira, K. 1976; Gunzburg, H. C., 1974).

„Während die Gesellschafts- oder allgemeinen Erziehungswissenschaften das lebenslange Lernen vor allem zur beruflichen Weiterbildung und Emanzipation des Menschen für notwendig halten, versteht die Geistigbehindertenpädagogik die Erwachsenenbildung in erster Linie als eine organisierte und gezielte Lern- und Lebenshilfe, die die konkrete Situation geistigbehinderter Menschen, ihre Sozialisationsgeschichte, Problemlage und ihre individuellen und kollektiven Bedürfnisse betrifft (...) Sie geht von der Erfahrung und der Erkenntnis aus, daß Erwachsene mit geistiger Behinderung im Unterschied zu Nichtbehinderten erhebliche Schwierigkeiten haben, die Möglichkeiten einer Weiterbildung selbständig zu nutzen, ihre Bildungsinteressen zu erkennen und selbst zu steuern."(Theunissen, G., 1991, S. 26)

Einige Behinderteneinrichtungen führen sogenannte „Ruhestandsvorbereitungen" für Behinderte durch, die bald die Werkstatt für Behinderte verlassen und in den Ruhestand gehen. Auch der Umgang mit der freien Zeit im Ruhestand muss gelernt werden. Volkshochschulen haben begonnen, Kurse für behinderte Menschen anzubieten. Daneben sind eigene Bildungsinstitutionen für diesen Personenkreis geschaffen worden. Einige Institutionen sollen beispielhaft genannt werden:
- Theodor-Heckel-Bildungswerk München
- Bildungszentrum der Stadt Nürnberg
- Oldenburger Volkshochschule
- Heidelberger Modell
- Wohnschulen und Wohntraining

Theodor-Heckel-Bildungswerk München
Das Theodor-Heckel-Bildungswerk (Hirschgartenallee 2, 80639 Oberschleißheim) bietet Kurse für Behinderte an, die das 18. Lebensjahr vollendet haben, in Werkstätten für Behinderte arbeiten und eine Möglichkeit der Fortbildung suchen.
Es führt folgende Kurse durch:
- Wir entdecken München
- Wie helfe ich mir selbst?
- Näh-, Koch-, Bastelkurse
- Wir lernen lesen
- Umgang mit Geld
- Tanzkurse
- Wir halten uns fit mit Gymnastik

– Wir gehen ins Theater
– Wanderungen, Bergtouren, Ski-Langlauf
(vgl. Programm des Bildungswerkes)

Die Teilnehmer zahlen eine Gebühr, die Referenten kommen aus den Bereichen der Erwachsenenbildung und der Sonderpädagogik. Die Kurse werden ganztägig oder als Abendkurse angeboten. Das Theodor-Heckel-Bildungswerk, 1977 eingerichtet, versteht sich als spezielle Bildungseinrichtung für geistig behinderte Erwachsene analog zu regulären Bildungsstätten (vgl. Kuhn, R., 1982).

Bildungszentrum der Stadt Nürnberg
Das Bildungszentrum der Stadt Nürnberg bietet seit ca. zwanzig Jahren Kurse für Behinderte und Nichtbehinderte an.

> „Offeriert werden die Kurse von Dozenten unterschiedlicher Profession (Lehrer, Sonderschullehrer, Sozialpädagogen, Sozialarbeiter, Künstler, Beschäftigungstherapeuten, Dipl.-Pädagogen, Gymnastiklehrer, Studenten) in enger Zusammenarbeit mit Familienangehörigen oder Betreuern aus WfB, Tagesstätten oder Wohnheimen, die den Lernbedarf, die Teilnehmerwünsche und Interessen erkunden, die den Ausgangspunkt des Unterrichts bilden." (Theunissen, 1991, S. 55; vgl. dazu auch Hambitzer, 1987)

Oldenburger Volkshochschule
In Oldenburg wird im Rahmen einer Volkshochschule das sogenannte „Oldenburger Projekt" angeboten. Hier werden Kurse für Behinderte und Nichtbehinderte durchgeführt. Es sollen geistig behinderte Menschen angesprochen und Lernbarrieren abgebaut werden. Die zunächst eigenständigen Kurse sind als Einstieg zu verstehen; das Ziel ist aber nicht eine Sonder-Volkshochschule, sondern die Schaffung von Teilnahmemöglichkeiten an allgemeinen Kursen, die von den Behinderten allein oder zusammen mit einem Partner besucht werden können (vgl. Anneken u. a., 1987).

> „Die Realisierung der Ziele erfolgt in einem breiten Kursangebot, das durch Befragung der potentiellen Teilnehmer ermittelt wurde und in Freizeitkurse (Kreativkurse), Kurse zur Problembewältigung, zur Alltagsbewältigung und sog. Lernkurse gegliedert ist. Kernstück der Didaktik und Methodik ist der handlungsbezogene Ansatz, der die Lebens- als Lernsituation begreift und großen Wert auf Lernstoffe legt, die praktisch erfahrbar, ‚begreifbar' sind." (Theunissen, 1991, S. 57)

Das Heidelberger Modell

Das Heidelberger Modell der Erwachsenenbildung für geistig Behinderte begann 1980 mit den ersten Kursen. Das Angebot umfasste zunächst Lese- und Rechtschreibkurse sowie Kurse zum Umgang mit Geld; heute werden angeboten: Singen, Musizieren, Kochen, Englisch, Schwimmen, Werken, Literatur u. a. Kursleiter sind ehemalige Studenten der Sonderpädagogik Heidelberg. Ab 1982 wurde das Bildungsangebot regional neu gegliedert und Orte wie Bruchsal, Mosbach, Karlsruhe, Ludwigsburg einbezogen (vgl. Höss, Goll, 1987 a).

Wohnschulen und Wohntrainingsgruppen

Betreute Wohngruppen für Behinderte werden immer zahlreicher, sie haben sich als moderne kleine Wohnstätten bewährt. Um ein Scheitern in diesen offenen Wohnformen zu verhindern, wurden Wohnschulen bzw. Wohntrainingsgruppen eingerichtet.

Bisher sind vier Projekte bekannt: Der Begriff der „Wohnschule" für erwachsene Behinderte tauchte 1978 auf, nachdem die Gemeinnützige Gesellschaft für Paritätische Sozialarbeit in Wilhelmshaven ihr Konzept der Öffentlichkeit vorstellt (vgl. Freitag/Niermann, 1978). Die gleiche Bezeichnung verwendet die „Wohnschule Bad Dürkheim", eine Einrichtung der Lebenshilfe (vgl. Bollinger u. a., 1984, S. 1–24). Das dritte Projekt ist die seit 1985 existierende Wohntrainingsgruppe in St. Gallen/Schweiz, getragen von der Vereinigung Pro infirmis (vgl. Pro infirmis, 1988, 1991).

Diese Wohnschulen haben Trainingskurse eingerichtet, um behinderte Menschen auf das Leben in einer offenen Wohnstätte, wie Wohngruppe, Wohngemeinschaft oder betreuten Einzelwohnbereich, vorzubereiten. Die Lerninhalte der Kurse, die teilweise in eigens eingerichteten Trainingswohnungen durchgeführt werden, erstrecken sich auf Sozialkunde, Haushaltsführung, Kommunikation, Freizeit, Kulturtechniken, Umgang mit Geld, Hygiene und Verkehrserziehung.

Diese Einrichtungen der Erwachsenenbildung sind Tätigkeitsfelder der HeilerziehungspflegerInnen und HeilerziehungshelferInnen, vor allem in den Wohntrainingsgruppen sind sie gesuchte Mitarbeiter.

2.6.1 Übungsfragen

Erwachsenenbildungsstätten/Volkshochschulen für Menschen mit Behinderungen

1. Welche *Ziele* verfolgt die Erwachsenenbildung für behinderte Menschen heute?
2. Welche *Bildungsinstitutionen* für behinderte Menschen existieren, und welche inhaltlichen Angebote haben sie?
3. Was versteht man unter *Wohnschule* oder *Wohntrainingsgruppe* und welche Lerninhalte werden dort vermittelt?
4. Wie schätzen Sie die *Beschäftigungsmöglichkeiten* für HeilerziehungspflegerInnen und HeilerziehungshelferInnen im Bereich der Erwachsenenbildung ein?
5. Übungsaufgabe: Entwerfen Sie ein Bildungsangebot für geistig behinderte Menschen und berücksichtigen Sie dabei folgende Faktoren:
   1. Thema (verständlich formuliert)
   2. Personenkreis (Eignung)
   3. Ziele
   4. Anzahl der Treffen
   5. Raumbedarf
   6. benötigte Mittel/Materialien
   7. Personalbedarf
   8. Kalkulation der Kosten für Material und Personal
   9. Methodische Prinzipien
   10. Entwurf eines Plakates/Handzettels

2.6.2 Weiterführende Literatur

Albers, R.; Anneken, G.; Gossel, E.; Schäfer, U.: Erwachsenenbildung mit Menschen, die als geistig behindert gelten, in: Geistige Behinderung, 2/89

Anneken, G. u. a.: Das Oldenburger Projekt „Erwachsenenbildung mit (geistig) behinderten und nichtbehinderten Menschen“ an der Volkshochschule Oldenburg, in: Höss, H.; Goll, H.: Heidelberger Kolloquium: Erwachsenenbildung für Menschen mit geistiger Behinderung, Heidelberg 1987, Selbstverlag

Dies.: Erwachsenenbildung mit (geistig) behinderten und nichtbehinderten Menschen an der Volkshochschule Oldenburg, in: Geistige Behinderung, 2/1989

Bach, H.: Grundlagen der Förderung behinderter Erwachsener unter pädagogischem Aspekt, in: Bundesfachgruppe der Heilpädagogen im BSH

(Hrsg.): Heilpädagogik heute: Theorie und Praxis heilpädagogischer Arbeit mit jungen Erwachsenen, 1987
Baumgart, E.: Bildungsclub. Erwachsenenbildung für Menschen mit geistiger Behinderung an einer Züricher Modelleinrichtung (Hrsg.): Schweizerische Zentralstelle für Heilpädagogik, Luzern 1985
Ders.: Schulung und Fortbildung für geistig behinderte Erwachsene, in: SHR, Schweizerische Heilpädagogische Rundschau, 1/1983
Ders.: Durchblicken – Anpacken. Bericht über die 1. Internationale Tagung der Gesellschaft zur Förderung der Erwachsenenbildung für Menschen mit geistiger Behinderung, Stuttgart 1991
Bernath, K.: Erwachsenenbildung für Menschen mit einer geistigen Behinderung in der Schweiz, in: Höss, H., Goll, H.: Heidelberger Kolloquium. Erwachsenenbildung für Menschen mit geistiger Behinderung, Heidelberg 1987, Selbstverlag
Billis, J.: Erwachsenenbildung – von der Theorie zur Praxis, in: Bundesvereinigung Lebenshilfe: Normalisierung – eine Chance für Menschen mit geistiger Behinderung, Marburg 1986
Bollinger, C.; Kühnemund, V.; Rademacher, F.; Semler, M.: Ein Weg zum selbstständigen Leben. Die Wohnschule Bad Dürkheim, in: Geistige Behinderung, 3/84
Burow, O. / Neumann, M.: Zukunftswerkstatt in Schule und Unterricht, Hamburg 1995
Dalkner, D. u. a.: Friesland-Kolloquium. Erwachsenenbildung für Menschen mit geistiger Behinderung, Oldenburg 1988, Selbstverlag
Erwachsenenbildung und Behinderung, Verlag Konrad Wittwer, Postfach 10 53 43, 7000 Stuttgart 10 (Zeitschrift)
Freitag, E.; Niermann, G.: Wohnschule für erwachsene geistig Behinderte. Eine Einrichtung zur Verbesserung der sozialen Kompetenz und angemessener Eigensteuerung, in: Nachrichten des Deutschen Vereins für öffentliche und private Fürsorge, 8/1978
Grampp, G. (Hrsg.): Lernen heißt, entdecken, was möglich ist. Projekte der Erwachsenenbildung für Menschen mit geistiger Behinderung und ihre Betreuer/innen, Stuttgart 1991
Gunzburg, H. C.: Further Education for the Mentally Handicapped, in: Clarke, A. D.; Clarke, A. E. (Hrsg.): Clarke/Clarke: Mental Deficiency, London 1974
Hambitzer, M.: Erwachsenenbildung geistigbehinderter Menschen im Rahmen einer Volkshochschule, in: Höss. H.; Goll, H. (Hrsg.): Heidelberger Kolloqium. Erwachsenenbildung für Menschen mit geistiger Behinderung, Heidelberg 1987, Selbstverlag
Ders.: Geistigbehinderte in der Erwachsenenbildung. Aufbau eines Modells an der Volkshochschule der Stadt Nürnberg, in: Vierteljahresschrift Lebenshilfe, 4/1976
Hammerschmidt, M. (Hrsg.): Bildung statt Therapie, Gesellschaft für Erwachsenenbildung und Behinderung e. V., Mainz 1995

Höss, H.; Goll, H. (Hrsg.): Heidelberger Kolloquium. Erwachsenenbildung für Menschen mit geistiger Behinderung, Heidelberg 1987, Selbstverlag
Ders.: Das Heidelberger Modell – Erwachsenenbildung für Menschen mit geistiger Behinderung, in: Geistige Behinderung, 3, 1987 a
Jakobs, H.: Erwachsen-werden, Erwachsen-sein bei geistiger Behinderung, in: Jakobs, H. u. a. (Hrsg.): Lebensräume – Lebensperspektiven. Erwachsene mit geistiger Behinderung in der BRD, Frankfurt/M. 1987
Kuhn, R.: Konzept einer Institution zur Erwachsenenbildung von Personen mit geistigen Behinderungen, in: Speck, O. (Hrsg.): Erwachsenenbildung bei geistiger Behinderung, München 1982
Künz, B.: Therapeutische Wohntrainingsgruppen für Körperbehinderte, in: Bundesverband für spastisch Gelähmte und andere Körperbehinderte e. V. (Hrsg.): Wohngruppen/Wohngemeinschaften für Behinderte und Nichtbehinderte, Stuttgart 1978
Meyer-Jungclaussen, V.: Geistige Behinderung und Erwachsenenbildung, Berlin 1985
Nihira, K.: Dimensions of Adaptive Behavior in Institutionalized Mentally Retarded Children and Adults, in: American Journal of Mental Deficiency, 3/1976
Pro Infirmis: Projektbericht Wohntrainingsgruppe für geistig behinderte Erwachsene, St. Gallen 1988, Eigenverlag
Ders.: Auf eigenen Füßen. Erwachsene mit einer geistigen Behinderung lernen selbständiger zu leben, Zürich 1991
Rieg-Pelz, A.: Die Zukunftswerkstatt. Menschen mit geistiger Behinderung gestalten ihr Leben, In: Zur Orientierung, 2/1995, S. 32–35
Speck, O.: Standortbestimmung und Perspektiven der Erwachsenenbildung bei Menschen mit geistiger Behinderung, in: Erwachsenenbildung und Behinderung, 1/1990, S. 3 ff.
Ders.: Erwachsenenbildung bei geistiger Behinderung. Grundlagen, Entwürfe, Berichte, München, Basel 1982
Theunissen, G.: Soziales Lernen. Ein Beitrag zur pädagogisch-therapeutischen Arbeit mit geistig behinderten Erwachsenen in Vollzeiteinrichtungen, in: Geistige Behinderung, 1/1983
Ders.: Heilpädagogik im Umbruch, Freiburg 1991
Verband Kath. Einrichtungen für Lern- und Geistigbehinderte e. V.: Bildungswege. Wege zur Bildung – wir bilden Wege. Tagungsbericht der Arbeitstagung vom 1.–3. 7. 1996 in Bergisch-Gladbach.
Zielniok, W. J.: Freizeit und Bildungswerk für Behinderte, in: Zielniok, W. J.; Schmidt-Thimme, D.: Gestaltete Freizeit mit geistig Behinderten, Heidelberg 1983

3. Wohnstätten und Wohnformen für Menschen mit Behinderungen

Lernziele
Der Studierende soll einen Überblick über die verschiedenen Arten und Formen von Wohnstätten für Menschen mit Behinderungen erhalten, um die in diesen Einrichtungen möglichen Tätigkeiten als HeilerziehungspflegerIn und HeilerziehungshelferIn erkennen und für die Entwicklung eigener beruflicher Perspektiven nutzen zu können.
Er soll einen Einblick in die Entwicklungsgeschichte der Wohnstätten bekommen und die heutige Bedeutung für die Behindertenhilfe einschätzen können.
Der Studierende soll die Notwendigkeit einer Vielfalt von Wohnformen für Menschen mit unterschiedlichen Behinderungen erkennen und für eine differenzierte Beratung von Eltern und von Behinderung betroffenen Menschen nutzen können.

Wo leben und wohnen Menschen mit Behinderungen in der Bundesrepublik Deutschland? Bietet die Familie genügend Sicherheit und Entwicklungsraum oder müssen die staatliche Verwaltung bzw. andere gesellschaftliche Kräfte einspringen, um menschenwürdige Wohn- und Lebensformen zu gewährleisten? Ein Vergleich mit den Lebensbedingungen behinderter Menschen in anderen Ländern, z. B. in Skandinavien oder den USA, zeigt, dass Alternativen zum Leben in einem Heim oder in einer Anstalt existieren. Betrachtet man die Entwicklung der offenen Wohnformen, z. B. Betreute Wohngruppen, Kleinstwohnheime, Wohnfamilien u. a., so erkennt man, dass es *die* Wohnform für Menschen mit Behinderungen nicht gibt.
Ein Rückblick auf die Entstehungsgeschichte der Wohnstätten und Einrichtungen lässt erkennen, dass die systematische Versorgung behinderter Menschen außerhalb ihrer Herkunftsfamilie eine lange Tradition hat und eng mit der Ausbreitung des Christentums verbunden ist. Die frühen christlichen Gemeinden übernahmen diese Aufgaben. Später sorgten Klöster und Ordensgemeinschaften für behinderte und beeinträchtigte Menschen, was zur Institutionalisierung und Professionalisierung dieser Hilfen beitrug.

Bei der Unterbringung von Menschen mit einer Behinderung in Sondereinrichtungen ging es stets auch darum, sie von der Gesellschaft der „Normalen" fernzuhalten und sie in Siechenhäusern oder später in Anstalten einzusperren (vgl. Kapitel II). So hielt man in der Zeit des Mittelalters Kranke und Behinderte für vom Teufel verhext und die Begegnung schwangerer Frauen mit ihnen für gefährlich, da man fürchtete, dass diese dann missgestaltete Kinder auf die Welt bringen würden (vgl. Forster/Schönewiese, 1976).
Mit der Entwicklung der Naturwissenschaften und der Medizin verstand man Behinderung zunehmend als Krankheit und weniger als Strafe Gottes oder Werk des Teufels. Es entstanden Spitäler, in denen man versuchte, spezielle Krankheiten und Behinderungen medizinisch durch Spezialisten zu therapieren und in medizinische Kategorien zu fassen (vgl. Foucault, 1976). Auch pädagogische Motive führten zu institutionellen Hilfen in Form von Sondereinrichtungen für Blinde, Taubstumme, Körperbehinderte. Die Bildbarkeit des Menschen, der Glaube an eine Veränderbarkeit und an die Lernfähigkeit gaben hier die Anstöße.
Bis ins 19. Jahrhundert lebten Menschen mit Behinderung, wenn sie nicht in einer Anstalt untergebracht waren, in einer Großfamilie, die als bäuerliche oder handwerkliche Lebens- und Arbeitsgemeinschaft existierte. Die Versorgung von Alten und Kranken oblag dem Hoferben. Ein behindertes Familienmitglied wurde „zum Hof geschrieben", d. h. es hatte Wohnrecht und Anspruch auf Versorgung und Pflege. Mit zunehmender Industrialisierung und Veränderung der sozialen Strukturen zerfiel die Großfamilie, mehr und mehr hilfsbedürftige Menschen mussten außerfamiliär versorgt werden (vgl. Thesing, 1990, S. 56 ff.).

> „Für die Behinderten bedeutete dies oftmals die Asylierung in den Pflege-, Zucht- und Verwahranstalten, die in der Frühzeit der bürgerlichen Gesellschaft als Sammelbecken für die verschiedensten Gruppen von Ausgestoßenen und Verarmten entstanden waren." (Haaser, 1975, S. 20)

Mitte des 19. Jahrhunderts bis zum Ersten Weltkrieg entstanden in Europa alle zehn Jahre rund 40 neue „Anstalten für Schwachsinnige". Verlassene Klöster und ähnlich große Gebäude dienten als Räumlichkeiten. Als Gründer traten vor allem Pfarrer, Ärzte, aber auch Pädagogen auf. Träger waren überwiegend Kirchen und kirchliche Stiftungen (vgl. Haaser, 1975, S. 20). Diese Einrichtungen führten Bezeichnun-

gen wie „Rettungsanstalten für Schwachsinnige“ oder „Heil- und Pflegeanstalten für Schwachsinnige und Epileptiker“.
In der Zeit des Nationalsozialismus gerieten sie in große Bedrängnis. Die Machthaber verfügten durch das sogenannte „Euthanasieprogramm“, dass „Schwachsinnige und unheilbar Kranke“ in eigens eingerichteten Vernichtungslagern getötet wurden.
Nach dem Zweiten Weltkrieg und der Zerschlagung des Nationalsozialismus nahmen die Anstalten ihre Arbeit wieder auf und entwickelten diese Institutionen zu heilpädagogischen Einrichtungen. Mit dem Ausbau der Werkstätten für Behinderte in den 60er Jahren wurden auch Wohnheime notwendig, da viele Eltern aus Altersgründen nicht mehr in der Lage waren, die Versorgung ihrer jetzt erwachsenen Kinder zu sichern. Die sogenannte „Wohnheimphase“ führte zu einem raschen Ausbau von Wohnheimen, in Verbindung mit den Werkstätten. Kleine Wohngemeinschaften und ausgelagerte Wohngruppen entwickelten sich erst in den 80er Jahren in nennenswerter Zahl. Das Heimverzeichnis von Schmidt-Baumann zeigte 1997 ca. 580 Nennungen kleiner Wohnstätten, die tatsächliche Zahl dürfte erheblich größer sein. Die Forschungsstelle „Lebenswelten behinderter Menschen“ der Universität Tübingen errechnete 1995, dass 14,9 % aller Plätze in der Behindertenhilfe dem *Wohnangebot mit selbstständiger Lebensführung* zuzurechnen sind, was auf ca. 21 000 Plätze hinweisen würde (vgl. Hornung u. a. 1995, S. 44).
Die Bundesrepublik Deutschland verfügt heute über ein differenziertes System von Wohnstätten für Behinderte mit unterschiedlichen Aufgabenstellungen, Schwerpunkten und Bezeichnungen.
Häufig wird zwischen *offenen* und *geschlossenen* Formen des Wohnens unterschieden. Wohnstätten im offenen Bereich werden auch als gemeindenahe oder gemeinwesenorientierte Wohnformen bezeichnet, wozu Betreute Wohngruppen, Wohngemeinschaften, Gastfamilien und kleine Wohnheime gehören.
Als Wohnstätten im geschlossenen Bereich werden Institutionen bezeichnet, die umfassende Hilfen in einem Gesamtangebot bereitstellen, also Therapie, Wohnen, Ausbildung und Arbeit. Diese Wohnstätten sind gekennzeichnet durch einen hohen Grad an Spezialisierung und Organisation sowie durch ihre Größe. Hierzu gehören Anstalten, Pflegeheime, Dorfgemeinschaften und Wohnsiedlungen mit einem hohen Versorgungsgrad.

HeilerziehungspflegerInnen und HeilerziehungshelferInnen sollten die unterschiedlichen Formen der Wohnstätten schon deshalb kennen, da sie Tätigkeitsfelder und somit mögliche Perspektiven der beruflichen Entwicklung darstellen. Eine differenzierte Kenntnis der Lebensorte der Menschen mit Behinderung ist aber auch notwendig, um Eltern behinderter Kinder bei der Auswahl einer geeigneten Wohnstätte beraten zu können.
Die nachfolgende Beschreibung und Darstellung der Wohnstätten orientiert sich weitgehend an einer früheren Schrift des Verfassers „Betreute Wohngruppen und Wohngemeinschaften für Menschen mit geistiger Behinderung“ (1997).

3.1 Das Wohnen im Elternhaus oder in der Geschwisterfamilie

Bei der Diskussion über Wohnstätten und Wohnformen wird oft übersehen, dass ein großer Teil der Menschen mit Behinderung auch im Erwachsenenalter in der eigenen Familie lebt oder in der Familie eines Bruders oder einer Schwester betreut wird. Sagi schätzt, dass ca. 70 % der geistig behinderten Menschen in der eigenen Familie leben (Sagi, 1985, S. 134–139).
Ob die Herkunftsfamilie für erwachsene Behinderte der richtige Ort ist, ist indes umstritten. Kritiker führen an, dass die behinderten Menschen unselbstständiger bleiben, durch die familiäre Behütung mehr als nötig isoliert werden und ihre Persönlichkeit „kindlich“ bleibt, da die Eltern oft ihr Kind nicht „loslassen“ können und so sein Erwachsenwerden verhindern (vgl. Thomae, 1982, S. 27). Die Bundesvereinigung Lebenshilfe fordert, dass ein Mensch mit geistiger Behinderung die Möglichkeit haben muss, sich von der Familie abzulösen und mit Gleichaltrigen in einer offenen Wohnform, z. B. in einer betreuten Wohnung, Wohngruppe oder Wohngemeinschaft, zu leben.

> „Geistig behinderte Erwachsene haben Anspruch auf ein eigenes Zuhause. Sie müssen die Möglichkeit haben, ihr Elternhaus im selben Alter zu verlassen, wie andere junge Leute auch. Wohnen bedeutet nicht nur Versorgung, Unterkunft und Verpflegung, sondern Geborgenheit und Eigenständigkeit, Privatheit und Gemeinschaft, die Möglichkeit des Rückzugs und Offenheit nach außen.“ (Grundsatzpapier der Lebenshilfe, 1990)

Ein Verbleiben in der Familie bringt für die Eltern mit zunehmendem Alter Probleme, wenn ihre Kräfte nicht mehr ausreichen und wenn keine familienentlastenden Dienste vorhanden sind.

> „Die eigene Familie bietet die unkomplizierteste Lösung, die jedoch auf Dauer zu einer starken Belastung, auch auf emotionaler Ebene, führen kann. Deshalb sind mit zunehmender Schwere der Behinderung vermehrte familienentlastende Dienste notwendig. Viele Familien wären bereit, einen behinderten Angehörigen oder Verwandten bei sich zu behalten oder zu sich zu nehmen, wenn die damit verbundenen Belastungen von anderen mitgetragen würden.“ (Deutscher Caritasverband, 1979, S. 20)

Viele Landesbehindertenberichte heben die besonderen Belastungen hervor, denen eine Familie mit behinderten Kindern oder Angehörigen ausgesetzt ist und schlägt eine rechtzeitige Ablösung vom Elternhaus vor, um unnötige Spannungen zu vermeiden, die Selbstständigkeit des behinderten Familienmitgliedes zu fördern und eine mögliche familiäre Hospitalisierung zu vermeiden (vgl. Behörde für Arbeit, Jugend und Soziales, 1986, S. 32/33).

Entgegengesetzte Positionen verdächtigen die Forderung nach Zusammenleben von Gleichaltrigen in Wohnheimen oder Wohngruppen als familienfeindlich und institutionshörig und damit gesellschaftliche Ausgrenzung fördernd.

Ein generelles Ausspielen von Heim kontra Familie ist problematisch, verfestigt nur ideologische Positionen und hilft vor allem nicht den Eltern, denen unterstellt wird, die Entwicklung ihrer Kinder zu behindern.

Von einem interessanten Versuch berichtet Schaller, der Wohngruppen in den Häusern der Eltern behinderter Kinder eingerichtet hat, damit weiterhin den engen Kontakt zwischen Eltern und behindertem Sohn oder Tochter erhält, eine Lebensgemeinschaft Gleichaltriger ermöglicht und für weitere Personen eine neue Heimat schafft. Die Eltern können bei dieser Lösung auch das Gefühl haben, dass ihr oft mühsam erspartes Haus dem behinderten Kind zukommt und nicht für eine Heimunterbringung aufgezehrt wird. Diese Verbindung von Erhaltung familiärer Bindung, altersgemäßem Wohnen und Sicherung der Betreuung durch professionelle Helfer wird bisher wenig erprobt und ist wenig bekannt (vgl. Schaller, 1987, S. 34–40).

3.2 Die Gastfamilie

Die Aufnahme eines Kindes in eine fremde Familie ist weitgehend bekannt; sie wird als Pflegeverhältnis in einer Pflegefamilie bezeichnet. Die Aufnahme erwachsener (geistig behinderter) Menschen in Familien ist dagegen selten und weniger bekannt. Haaser hat dafür die Bezeichnung „Gastfamilie“ vorgeschlagen (Haaser, 1975). Von Lüpke hat diesen Wohnstättentyp noch weiter differenziert (vgl. v. Lüpke, 1974).

Abb. 13

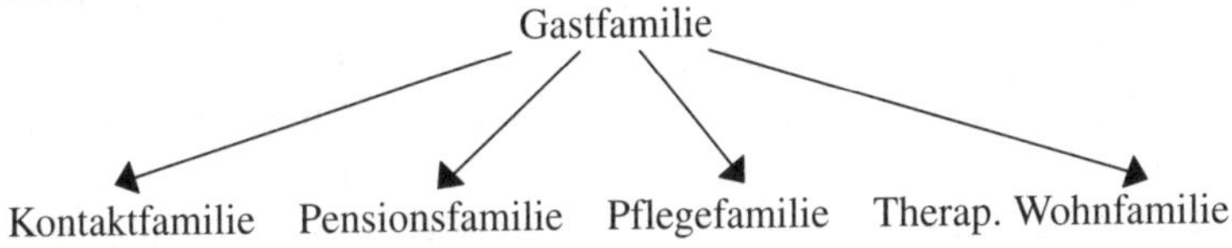

Die *Kontaktfamilie* betreut einen in der Nachbarschaft wohnenden behinderten Menschen in lockerer Form, man achtet auf ihn, bemüht sich um regelmäßigen Kontakt. Sie übernimmt aber keine direkte Betreuungsverantwortung.
In einer *Pensionsfamilie* wohnt ein Mensch mit Behinderung in einem Untermietsverhältnis. Er erhält Wohnung und Verpflegung, vielleicht wird die Wäsche versorgt und ein gewisses Maß an Familienanschluss ermöglicht, es werden aber keine direkten Pflegeleistungen erbracht.
Die *Pflegefamilie* nimmt einen oder mehrere Menschen mit Behinderung bei sich auf und bietet eine volle Lebensgemeinschaft.
Kontaktfamilie, Pensionsfamilie und Pflegefamilie kennzeichnen einen unterschiedlichen Grad an Betreuung, Pflegeleistungen und Familienkontakten. Haaser weist darauf hin, dass in Schweden 1973 bereits über 500 geistig behinderte Menschen in solchen Gastfamilien lebten, aus England, USA und Kanada werden ähnliche Bedingungen berichtet. In der Bundesrepublik Deutschland versuchten in den letzten Jahren die psychiatrischen Krankenhäuser solche Gastfamilien zu finden, um im Rahmen der Öffnung der Psychiatrie dort Langzeitpatienten unterzubringen oder die Rehabilitation behinderter Menschen zu fördern.
Therapeutische bzw. Heilpädagogische Wohnfamilien werden von Ehepaaren geführt, die mit ihren eigenen Kindern und bis zu zehn weiteren geistig behinderten Menschen in einem Haus und mitten in einem Wohngebiet leben. Die Wohnfamilie stellt eine Haushalts-, Lebens- und Freizeitgemeinschaft dar und ist vergleichbar mit einer Großfamilie (Elstner, 1985, S. 145).

3.3 Das Leben in der eigenen barrierefreien Wohnung

Die vielfältigen Formen von Behinderungen und Beeinträchtigungen lassen eine einfache Aussage darüber nicht zu, welche Personen mit einer Behinderung in einer eigenen Wohnung leben können. Der Wunsch ist sicher bei vielen, vor allem bei körperbehinderten und seelisch behinderten Menschen, vorhanden. Ob dieser Wunsch realisiert werden kann, ist davon abhängig, wie weit ein Mensch mit geistiger Behinderung seine Lebensbereiche erfassen, gestalten und seine Alltagsverrichtungen ohne fremde Hilfe bewältigen oder wie weit ein primär körperbehinderter Mensch, durch Service-Leistungen unterstützt, sich in einer eigenen Wohnung selbst versorgen kann.
Die Wohnungen müssen für den jeweiligen beeinträchtigten Menschen geeignet sein, bzw. für ihn besonders ausgestattet werden.

> Die Richtlinien für behindertenfreundliche und für behindertengerechte Wohnungen wurden 1992 überarbeitet und als Mindestanforderungen in DIN-Normen für „Barrierefreien Wohnraum" definiert (vgl. Deutsches Institut für Normung, 1992).
> DIN 18025, Teil 1 beinhaltet Anforderungen an den Wohnraum für schwerstbehinderte Menschen – Rollstuhlfahrer/innen, die auch mit einer Beeinträchtigung in der Bewegungsfreiheit des Oberkörpers leben.
> DIN 18025, Teil 2 zeigt Mindeststandards für Wohnungen auf, in denen *Menschen mit geringen bewegungseinschränkenden Behinderungen* und *alte Menschen* selbständig wohnen können.
> „Für Menschen, die auf die Nutzung eines Rollstuhls angewiesen sind, ist z. B. die Breite der Türen und Durchgänge, die Vermeidung von Schwellen und Stufen sowie die Erreichbarkeit von Schaltern und Griffen (z. B. an Fenstern) von besonderer Bedeutung. Für Menschen, die einen Rollstuhl benutzen müssen, sind Bewegungsflächen von 150 cm x 150 cm notwendig, damit vorhandene Einrichtungen, z. B. in Küchen, Sanitärraum oder Fahrstuhl problemlos genutzt werden können. Moderne Küchen werden als Überecklösungen geplant, damit von der Arbeitsplatte zur Spüle bzw. zum Kochbereich nur eine 45°-Drehung notwendig ist. Herd und Arbeitsplatte und Spüle müssen unterfahrbar sein. Oberschränke werden abgesenkt angeboten." (Der Ratgeber, 1996, S. 93/94)

Diese Wohnungen sind ausgestattet mit ausreichenden Bewegungs- und Stellflächen und weisen spezielle Zusatzeinrichtungen in Küchen- und Sanitärbereich auf, visuelle Signalgeber statt akustischer Klingeln für Gehörlose sowie rollstuhlbefahrbare Toilettenräume und Duschen ergänzen die Ausstattung.

Die Schaffung barrierefreier Wohnungen in genügender Zahl ist Voraussetzung dafür, Menschen mit Behinderungen zu ermutigen, selbständig zu wohnen. In einigen Städten wird bei der Stadt- und Bauplanung bereits ein bestimmter Prozentsatz solcher Wohnungen eingeplant.

3.4 Das Leben in der eigenen Wohnung ergänzt durch Assistenz

Viele (körperbehinderte) Menschen können allein in ihrer eigenen Wohnung leben, wenn sie für bestimmte Verrichtungen des Alltags eine Hilfe bekommen, z. B. bei der Körperpflege, im Haushalt oder eine Begleitung beim Verlassen der Wohnung. Erfahrungen gibt es bereits mit sogenannten „Service-Wohnungen" für Schwerbehinderte, in denen ein Pflegedienst rund um die Uhr zur Verfügung steht (vgl. Söderlundh, 1986, S. 159 ff.). Teilzeitkräfte, Zivildienstleistende oder Pflegekräfte von Sozialstationen übernehmen hier diese Assistenzdienste.
Dieses selbstständige Alleinwohnen birgt aber auch Gefahren der Isolation und der Vereinsamung. Die Service-Leistungen beziehen sich z. B. häufig auf die Hilfe bei der Intimpflege und sind rund um die Uhr erforderlich, was eine Aufgabenteilung durch mehrere Pflegekräfte bedeutet und das Vertrauensverhältnis zwischen Klient bzw. Kunde und Helfer (Assistent) erschwert. Verschiedene Konzepte sind unterscheidbar:

Abb. 14:

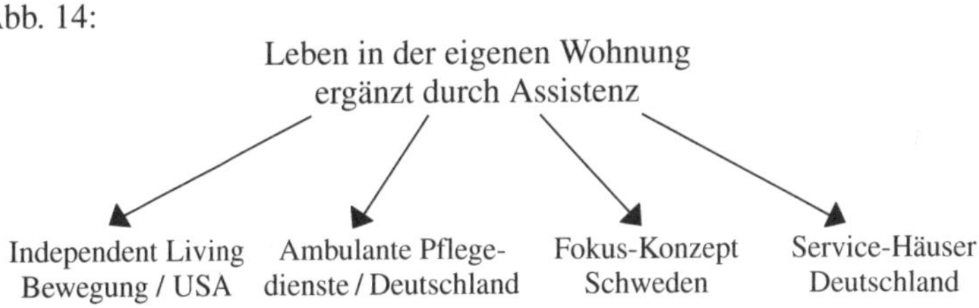

3.4.1 Independent-Living-Bewegung

Die „Bewegung für autonomes Leben" in Deutschland hat ihre Wurzeln in der amerikanischen Bürgerrechtsbewegung (vgl. Kap. V 1.4).

Die Selbsthilfegruppen in vielen Städten der Bundesrepublik organisieren Vermittlungsstellen für Hauspflegedienste, damit Menschen mit Behinderung in der eigenen Wohnung leben können. Diese politisch motivierten Gruppen sehen das „unabhängige Leben" (Independent-Living) als Gegenbewegung zu Heimunterbringung, Absonderung, Institutionalisierung und Unterbringung in Spezialeinrichtungen.

3.4.2 Ambulante Pflegedienste in Deutschland

In der Bundesrepublik Deutschland entstanden in den letzten Jahren einige Projekte ambulanter Pflege:
- Ambulante Dienste e. V. Berlin
- Individualhilfe e. V. Heidelberg
- Vereinigung Integrationsförderung (VIF) München
- Individuelle Schwerstbehindertenbetreuung (ISB) (vgl. dazu Kapitel V. 1.2 Selbstorganisierte Hilfsdienste für Behinderte und V. 1.3 Individuelle Schwerstbehindertenbetreuung)

Diese Selbsthilfegruppen unterhalten Büros zur Vermittlung von Kontaktadressen zwischen freiwilligen Helfern und schwerbehinderten Menschen. Ihr Ziel ist vor allem, Menschen mit Behinderung vom Helfer und vom Berater möglichst unabhängig zu halten (vgl. Fussek, 1986, S. 35).

3.4.3 Das Fokus-Konzept (Schweden)

Das Fokus-Konzept wurde in Schweden entwickelt, ist vor allem für Menschen mit Körperbehinderung erprobt worden und geht von dem Grundsatz aus, dass behinderte Menschen die gleichen Bedürfnisse haben wie Nicht-Behinderte auch. Fokus bietet einen 24-Stunden-Service. Drei wesentliche Elemente dieses Konzepts für integriertes Leben sind:

> „Angepaßte, flexible, eingestreute Wohnungen. Ein Service-System, das den Bedarf nach persönlichem Kontakt abdeckt und den Rund-um-die-Uhr-Service garantiert. Ein Transportsystem, das den behinderten Mietern die Möglichkeit gewährt, an Arbeitswelt, Ausbildung und gesellschaftlichem Leben teilzunehmen." (Brattgart, 1982, S. 48)

Solche Service-Häuser gibt es inzwischen auch in Deutschland.

3.4.4 Verbundsysteme von barrierefreien Wohnungen und Gemeinschafts- und Behandlungsräumen

> „Als gute Verbindung von eigenständigem Wohnen einerseits und rationeller Bauweise und späterer effektiver Pflege und Versorgung der behinderten Menschen andererseits bieten sich mehrere rollstuhlgerechte Wohnungen in einem Haus oder in unmittelbarer Nachbarschaft an. Um einen Ghettocharakter zu vermeiden, sollten auf eine rollstuhlgerechte Wohnung wenigstens zwei, möglichst drei Normalwohnungen kommen." (Deutscher Caritasverband, 1979, S. 32)

Diese Verbundsysteme sind Versuche, die traditionellen Anstalten und Behindertenzentren zu überwinden, stoßen aber an ähnliche Grenzen. Deutlich ist das Spannungsfeld zwischen der Konzentration von Menschen mit Behinderungen in einem Wohngebiet und der damit verbundenen Gefahr der Stigmatisierung einerseits, dem Angebot eines sinnvollen Versorgungssystems und der Möglichkeit zur Kommunikation andererseits.
Dieses Konzept weist Ähnlichkeiten mit den schwedischen Service-Häusern auf. Die Service-Leistungen bestehen aus Gemeinschaftsräumen, Cafeteria, Versorgung bei den Hauptmahlzeiten, Therapieräumen, Notrufanlagen und einer 24-Stunden-Service-Station (vgl. Scheel, 1987, S. 25).
Betrachtet man das Konzept kritisch, so nähert es sich einem Behindertenzentrum, denn aus Kostengründen ist eine entsprechend hohe Zahl von Menschen mit Behinderungen erforderlich und prägt die Wohnanlage und das äußere Bild.

3.5 Anstalten und Behindertenzentren

Der Begriff der Anstalt ist alt. Er wird seit dem 18. Jahrhundert für große Einrichtungen verwendet, und auch heute noch wird diese Bezeichnung von den entsprechenden Einrichtungen geführt.

> „Anstalten sind dadurch gekennzeichnet, daß sie für eine größere Gruppe von Behinderten Arbeit, Wohnen, Freizeit, Therapie usw. auf einem Fleck, d. h. auf einem einzigen mehr oder weniger abgeschlossenen Gelände, vereinen." (Haaser, 1975, S. 17)

Abb. 15: Behindertenzentrum / Anstalt

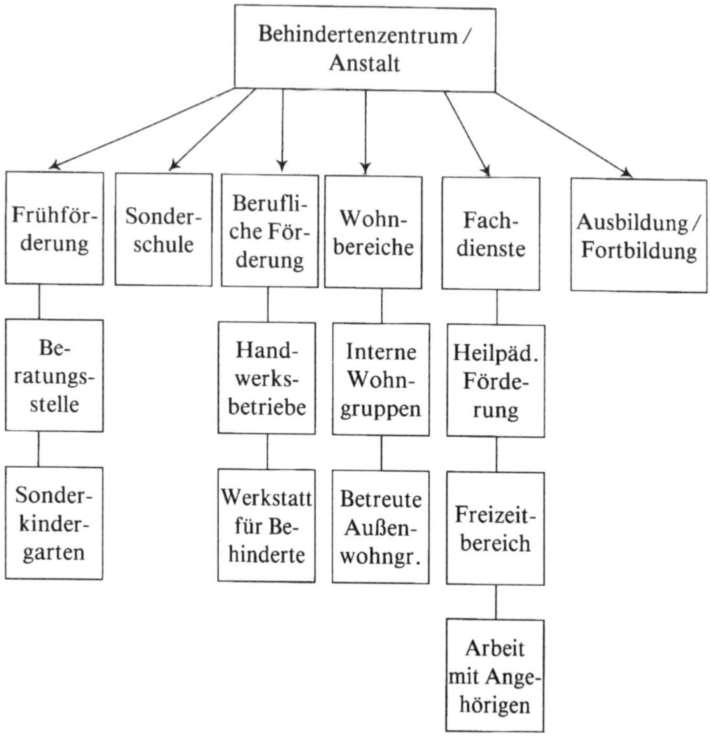

Viele Anstalten entwickelten sich als Großeinrichtungen Mitte des letzten Jahrhunderts. In ihnen leben heute jeweils mehrere hundert, z. T. über tausend behinderte Bewohner (z. B. Stiftung Liebenau am Bodensee, Ursberg in Bayern, Bethel bei Bielefeld) und eine ähnliche große Zahl von Mitarbeitern. Sie stellen von der Größe her Gemeinwesen dar und zeigen mit angeschlossener Landwirtschaft und Handwerksbetrieben einen hohen Grad an Selbstversorgung.

Die Anstalt bietet nicht nur ein „Heim“ und ein „Zuhause“, sondern versteht sich als Lebensgemeinschaft, als eigene kleine Welt, als „Soziotop“ für Menschen, die nicht so leben können, wie der Durchschnitt der Bevölkerung. Die Behindertenzentren verfügen heute über differenzierte Fachdienste, wie Frühförderungs- und Beratungsstellen, Fachkrankenhäuser, ausgelagerte Wohngruppen und Wohnheime, Be-

rufsförderungswerke und Werkstätten, die meist über die Anstaltsbewohner hinaus für die jeweilige Region zuständig sind.
Kritisiert wird an diesen Großeinrichtungen, dass sie dazu neigen, sich hierarchisch zu strukturieren, also dirigistisch und zentralistisch zu arbeiten und daher zu Bürokratisierung tendieren (Kaempf, 1982, S. 65). Dezentralisierungs- und Umstrukturierungsprozesse sind aber in vielen Einrichtungen weit fortgeschritten.

3.6 Dorfgemeinschaften und Wohnsiedlungen

Dorfgemeinschaften und Wohnsiedlungen werden häufig von religiös motivierten Gesellschaftsgruppen geschaffen, die eine bestimmte Lebensidee und Lebensform auch für beeinträchtigte Menschen realisieren wollen. Dorfgemeinschaften von Anthroposophen gehen auf den Arzt und Heilpädagogen Karl König zurück, der in der Zeit des Nationalsozialismus nach England emigrierte und dort die „Camphill-Bewegung" gründete. In den Camphilldörfern leben „Wahlfamilien", d. h. eine natürliche Familie wird durch weitere behinderte Mitglieder erweitert. Das Dorf bietet Arbeitsmöglichkeiten, ist häufig weitgehend wirtschaftlich autark, d. h. Landwirtschaft, Gartenbau, Bäckerei werden in kollektiver Arbeit betrieben. Camphill-Einrichtungen existieren in England, der Schweiz, Südafrika, den Niederlanden und in Deutschland (vgl. Müller-Wiedemann, 1970, S. 28 bis 31; Schmock, 1982, S. 67–71).
Eine ähnliche Gemeinschaftsidee trägt die „Arche-Bewegung", ausgehend von Frankreich, dann in Irland, Kanada, Indien und auch in Deutschland realisiert. Die Arche ist eine Lebensgemeinschaft von behinderten und nichtbehinderten Christen, die von Jean Vanier gegründet wurde (vgl. Vanier, 1983). Das Leben in einer familienähnlichen Gemeinschaft, der Dorfgedanke und ein Leben aus dem christlichen Geist prägen die Arche-Kommunitäten.
Dorfgemeinschaften bilden „Sonderwelten" oder „Sondergesellschaften", sie versuchen wirtschaftlich unabhängig zu sein und bieten alle notwendigen Hilfen unter einem Dach bzw. auf einem Gelände an. Den Vorwurf, sie würden eine scheinbar „heile Welt" anbieten, beantworten sie mit der Vorstellung einer „heilenden Welt". Ihr Ziel ist nicht primär die gesellschaftliche Integration der Menschen mit Behinderung, sondern die Bereitstellung von Oasen, von geschützten Lebens-

welten. Ihre Stärke liegt im persönlichen Beziehungsangebot, der Alltag wird nicht strukturiert durch Dienstpläne, Schichtdienste und hohe Personalfluktuation.

3.7 Gruppengegliederte Wohnheime

Wohnheime sind in der Regel an Werkstätten für Behinderte angegliedert, bzw. mit ihnen organisatorisch verbunden. Während in den 60er Jahren noch Großwohnheime mit Platzzahlen von 80–100 gebaut wurden, liegt die Standardgröße heute bei maximal 30 Plätzen.

> „Beim gruppengegliederten Wohnen (z. B. Wohnheime, Wohnstätten, Wohnhäuser) sind kleine Einrichtungen anzustreben (max. 3 Gruppen). In einer Gruppe sollten nicht mehr als 6–8 Bewohner leben." (Lebenshilfe, 1994, S. 22)

Diese Wohnheime sind zusammen mit den Werkstätten für Behinderte finanziert worden, haben so den Status von Werkswohnungen. Das bedeutet, dass ein Mensch mit Behinderung, der aus Altersgründen aus der Werkstatt ausscheiden muss, auch den Wohnplatz räumen müsste. Für den betroffenen Menschen bedeutet dies den Verlust einer vertrauten Umgebung. Pensionierte Werkstattmitarbeiter werden sich schwer tun, eine neue Heimat aufzubauen. Heftige Proteste der Freien Wohlfahrtspflege führten inzwischen zu einer Änderung. Großwohnheime (über 40 Plätze) sind in größerer Zahl in der Bundesrepublik vorhanden, einige wurden in den letzten Jahren umgebaut und bieten heute ein gestuftes Wohnen an, interne Wohngruppen, Kleinstwohnbereiche, externe Wohngruppen, Wohngemeinschaften, Betreutes Einzel- oder Paarwohnen und Plätze für ältere Menschen, die die weitgehende Selbstversorgung in Außenwohngruppen nicht mehr leisten können (vgl. Schaller, 1987, S. 34–40).

3.8 Betreute Wohngruppen und Wohngemeinschaften für Menschen mit Behinderung

Wohngruppen und Wohngemeinschaften sind institutionelle Wohnformen in den Bereichen der Jugendhilfe, der Jugendsozialarbeit, der Suchtkrankenhilfe, der Behindertenhilfe und im Bereich der psychotherapeutisch/psychiatrischen Hilfen zu finden.

Abb. 16: Übersicht über Wohngruppentypen im Bereich Sozialarbeit / Sozialpädagogik

Wohnkollektive und Kommunen	Beschütztes Wohnen	Therapeutische Wohngemeinschaften	Wohngruppen/ Wohngemeinschaften für Behinderte	Sozialpädagogisch betreutes Jugendwohnen
– historische Kommunen religiös oder politisch motiviert (USA) – Sozialistische Wohn-Kollektive/ Studentenbewegung der 60er Jahre in Deutschland – Kollektive der Wandervogelbewegung zu Beginn des 20. Jahrhunderts – Kibbutz/Israel – Jugendwohnkollektive ohne sozialpädagogische Betreuung	– Arbeitskreis „Beschütztes Wohnen“ ab 1982 – Wohngemeinschaften für psychisch Kranke/seelisch Behinderte – Richtlinien des Deutschen Vereins für öffentliche und private Fürsorge 1983 – Übergangswohngemeinschaften – Wohntrainingsgruppen – Beschützte Wohnungen – Beschütztes Einzelwohnen	– Bereich psychiatrisch/ psychotherapeutische Hilfen – Suchtkrankenhilfe – 1932 1. Therapeutische Wohngruppe durch Moreno – therapeutische Gemeinschaft als Prinzip – Release-Gruppen (Laientherapie) ab 1960	– Bereich Behindertenhilfe – verstärkte Entwicklung ab 1977 – Dauerwohnplätze – Trainingsgruppen – Betreutes Wohnen – Kleinstwohnheime – Wohngemeinschaften für Behinderte und Nichtbehinderte – Betreute Wohngruppen für geistig und körperlich behinderte Menschen	– Bereich Jugendhilfe – Alternative zur traditionellen Heimerziehung – Formen der stufenweisen Ablösung vom Heim (Ergänzung) – Heilpädagogische Wohngemeinschaften für Kinder und Jugendliche – betreutes Einzelwohnen – verstärkte Entwicklung ab 1970

Für den Bereich der Betreuten Wohngruppen für Menschen mit Behinderung lassen sich folgende Formen unterscheiden:

Abb. 17:

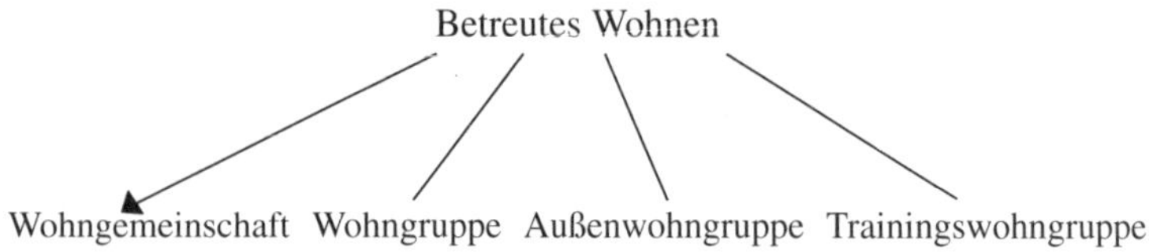

Als gemeinsame Merkmale für alle diese Wohnformen haben Davids und Storm folgende Kriterien erstellt:

> „Die Behinderten leben in Gruppen von 2–7 Bewohnern in einem normalen Wohnhaus (Ein- oder Mehrfamilienhaus). Die Wohnung liegt nicht auf dem Gelände der Institution oder in einem nur vom Träger genutzten Haus. Die Behinderten wohnen ohne ihre professionellen Helfer zusammen und werden zu festgelegten Zeiten betreut. Alle in der Wohnung benötigten Hausarbeiten und Besorgungen werden von den Behinderten allein oder gemeinsam mit den Betreuern erledigt. Die Regeln für das Gemeinschaftsleben werden in der Gruppe gemeinsam mit den Betreuern aufgestellt." (Davids/Storm, 1985, S. 7/8)

Wohngemeinschaft

> „Als Wohngemeinschaft wird das Zusammenleben von mehreren Personen bezeichnet, die keine Familie sind, sondern sich aufgrund übereinstimmenden Willens der Mitglieder zu dieser Form des Zusammenlebens in Selbstverantwortung für die Regelung der eigenen Angelegenheiten zusammengeschlossen haben. Sie regeln eine Mithilfe fremder Personen bei den Angelegenheiten des täglichen Lebens eigenverantwortlich." (Bundesarbeitsgemeinschaft der Überörtlichen Träger der Sozialhilfe, 1987, S. 2)

Eine schwere Behinderung muss das Leben in einer solchen Wohngemeinschaft nicht ausschließen, sofern die Bewohner den Einsatz von Helfern selbst organisieren können.

Wohngruppe

> „Die Bezeichnung Wohngruppe wird für verschiedenartige Wohnformen verwandt. Gemeinsam sind für so bezeichnete Wohnformen folgende Kriterien: Es handelt sich um eine kleine Einheit, die von einem Dritten (Träger) organisiert ist. Die Zusammensetzung wird nicht von den Bewohnern, sondern entscheidend vom Träger bestimmt. Es leben Personen zusammen, die durch Verantwortung und Pflichten zur Selbstversorgung überfordert

wären und deshalb nicht selbständig leben können; sie wirken jedoch nach ihren individuellen Fähigkeiten und Kräften bei der Selbstversorgung und dem Leben der Gruppe mit. Es ist eine je nach Bedarf der Bewohner gestaffelte Betreuung rund um die Uhr möglich; dafür hat der Träger entsprechende Vorkehrungen getroffen." (Bundesarbeitsgemeinschaft ..., 1987, S. 4)

Außenwohngruppe

„Als Außenwohngruppe sind Wohngruppen eines Trägers von Wohnstätten zu bezeichnen, deren Bewohner über ein verhältnismäßig hohes Maß lebenspraktischer Fähigkeiten verfügen. Die Außenwohngruppe ist räumlich von der Grundversorgungseinheit (Kerneinheit) getrennt. Die Bewohner benötigen das umfassende Förderangebot zwar auch regelmäßig und nicht nur gelegentlich, jedoch nur in Teilbereichen. Für ihre Betreuung ist in der Regel ein geringerer Personaleinsatz erforderlich." (Bundesarbeitsgemeinschaft ..., 1987, S. 5)

Wohntrainingsgruppe
Eine Wohntrainingsgruppe, auch als Wohnschule bezeichnet, ist eine Wohnung, die von einem Träger bereitgestellt wird, um in ihr zeitlich begrenzt die Verselbstständigung von Menschen mit Behinderung zu trainieren. Der direkte Schritt aus dem Elternhaus oder aus dem Wohnheim ist für viele behinderte Menschen eine Überforderung. Der Wechsel in einen offenen Wohnbereich verursacht bei den Bewohnern Ängste, oft ist kein realistisches Bild von der zukünftigen Lebenswelt vorhanden. Ein begleitetes Training soll ein Scheitern verhindern (vgl. dazu Bollinger u. a., 1984 sowie Kapitel 2.6 sowie Thesing, 1998, S. 185–195).

3.8.1 Ambulant betreutes Wohnen

Betreutes Wohnen kann als Einzel- oder Paarwohnen oder als Wohngemeinschaft realisiert werden. Werden diese Wohnformen in Organisationseinheit mit einer Kerneinrichtung (z. B. Außenwohngruppe eines Heimes) angeboten und obliegt dem Einrichtungsträger auch die Gesamtverantwortung, so handelt es sich um eine stationäre Hilfe im Sinne des § 100 Abs. 1 BSHG.

Ambulant betreutes Wohnen unterscheidet sich davon wie folgt:
- der Bewohner besitzt eine hohe Selbstständigkeit und benötigt lediglich betreuende Hilfe
- der Bewohner ist eigenständiger Mieter der Wohnung

Abb. 18: Wohngruppenverbund der Gustav-Werner-Stiftung zum Bruderhaus, Burgstraße 2, Reutlingen

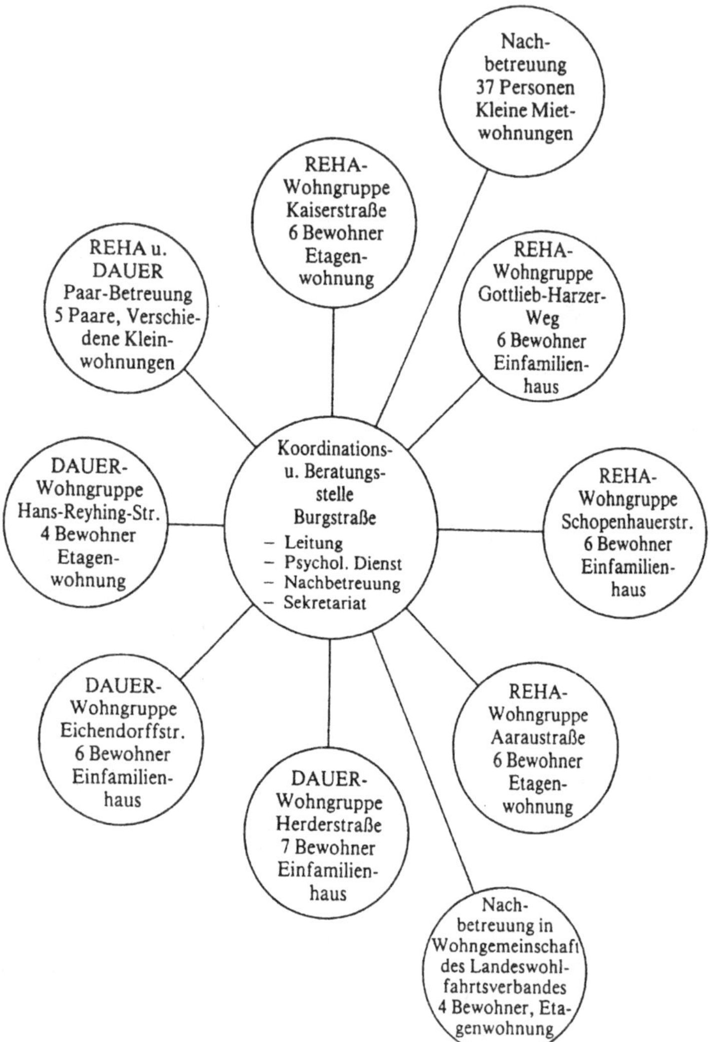

- der Bewohner ist in vielen Lebensbereichen selbstständig
- der Bewohner verfügt über ein eigenes Einkommen (evtl. Hilfe zum Lebensunterhalt) und erhält keine finanziellen Mittel durch die Einrichtung
- der Träger des Wohnangebotes trägt nicht die Gesamtverantwortung für die tägliche Lebensführung, was sich in den geringen Betreuungs- und Präsenzzeiten ausdrückt
- der Bewohner fordert (eigenverantwortlich) selbst Hilfe für bestimmte Bereiche und bestimmte Situationen an.

Entscheidend für die Abgrenzung *Betreutes Wohnen* und *Ambulant betreutes Wohnen* ist die Frage, wer die Gesamtverantwortung für die Lebensführung übernimmt (vgl. Betreutes Wohnen, LWV Sachsen 1997, S. 4)

3.8.2 Eltern-Kind-Wohnungen

Eine besondere Wohnform stellen die sogenannten „Eltern-Kind-Wohnungen" dar. Es handelt sich um eine sozialpädagogisch betreute Wohnform, in der Eltern oder Alleinerziehende mit einer geistigen Behinderung gemeinsam mit ihrem Kind bzw. ihren Kindern leben (vgl. Lebenshilfe 1996 a, S. 6). Wenn Sexualität und Partnerschaft für Menschen mit einer geistigen Behinderung bejaht wird, so ist der Wunsch nach einer Familie und einem Kind die logische Folge, wenn auch mit einer Vielzahl von Problemen verbunden. Die Erziehung eines Kindes setzt in der Regel die Geschäftsfähigkeit und Erziehungsfähigkeit der Eltern bzw. des Elternteiles voraus, Aufsichtspflicht, wirtschaftliche Versorgung und emotionale Sicherheit sind von seiten der Erziehenden erforderlich, wenn sich ein Kind gut entwickeln soll. Für Menschen mit geistiger Behinderung gibt es hier Grenzen, da die Liebe zu einem Kind nicht nur eine emotionale Hinwendung beinhaltet oder ein Verwöhnen bedeutet, sondern auch Grenzen setzen und weitreichende Bildungs- und Erziehungsaufgaben wahrnehmen. Ein Problem, wenn der behinderte Elternteil selbst Betreuung oftmals ein Leben lang benötigt. Diese Wohnform erfordert vom sozialpädagogischen bzw. heilerzieherischen Betreuer eine doppelte Verantwortung und ist hochkomplex. Literaturhinweise und Praxisberichte dazu sind kaum vorhanden.

Wohnstätten und Wohnformen für Menschen mit Behinderungen

1. *In welcher Zeit sind erste Ansätze einer systematischen Versorgung* und *Betreuung* kranker und behinderter Menschen festzustellen?
2. Welche gesellschaftlichen Gruppen übernahmen diese Dienste und an welchen *Leitideen* orientierten sie sich?
3. Welche *gesellschaftlichen Gründe* bzw. Zustände begünstigten eine *Isolation und Hospitalisierung* beeinträchtigter und behinderter Menschen?
4. Welche Zeit wird als die sogenannte „*Wohnheimphase*" bezeichnet und welche Bedürfnisse führten dazu?
5. Wie hoch wird der *Anteil* behinderter Menschen geschätzt, die *in ihrer Familie leben* und welche Gründe sprechen für oder gegen das Verbleiben eines erwachsenen behinderten Menschen in seiner Herkunftsfamilie?
6. Nennen Sie die verschiedenen *Formen* von Gastfamilien und zeigen die damit verbundene Art der Betreuung auf.
7. Welche *architektonischen Bedingungen* müssen gegeben sein, damit ein Mensch mit Behinderung in einer eigenen Wohnung leben kann? Unterscheiden Sie dabei DIN 18025, Teil 1 + 2
8. Welche verschiedenen Konzepte des „*Lebens in der eigenen Wohnung, ergänzt durch Assistenz*", lassen sich im europäischen Raum unterscheiden?
   Welche Leitziele liegen diesen Konzepten zugrunde?
9. *Anstalten* und *Behindertenzentren* bieten vielfältige Hilfen in einer Organisationseinheit an.
   a) Welche Hilfen werden angeboten?
   b) Welche Chancen und Probleme liegen in der Größe und Differenziertheit eines Behindertenzentrums?
   c) Was bedeutet in diesem Zusammenhang der Begriff der Dezentralisierung?
10. Was sind *Dorfgemeinschaften* für Menschen mit Behinderungen und welche Leitideen liegen ihnen zugrunde?
11. Definieren Sie „*Betreutes Wohnen*". Welche Formen haben sich entwickelt?

12. Unterscheiden Sie *offene und geschlossene Formen der Wohnstätten* und zeigen Sie die entwicklungsgeschichtlichen Wurzeln auf.

3.10 Weiterführende Literatur

Andritzky, M.; Selle, G.: Lernbereich Wohnen Bd. 1: Wohnweisen, Wohnraum und Wohnung, Hamburg, 1987; Bd. 2: Wohnumgebung, Hamburg 1983

Bayrisches Staatsministerium für Arbeit und Sozialordnung: Wohnfibel für Behinderte. Finanzhilfen, München 1987

Birtsch, V.; Eberstaller, M.; Halbleib, E.: Außenwohngruppen – Heimerziehung außerhalb des Heims (Hrsg.): Institut für Sozialarbeit und Sozialpädagogik, Frankfurt/M. 1980

Brattgart, S. O.: Fokus – Brennpunkte der Integration in Schweden, in: Hilfen zum Autonom-Leben: Behindernde Hilfe oder Selbstbestimmung der Behinderten. Neue Wege gemeindenaher Hilfen zum selbständigen Leben, München 1982

Bollinger, C. u. a.: Ein Weg zu einem selbständigen Leben: Die Wohnschule Bad Dürkheim, in: Geistige Behinderung, 23. Jg., 3/1984, S. 1–24

Bundesvereinigung Lebenshilfe für geistig Behinderte: Aufgaben der Mitarbeiter in Wohnstätten für geistig Behinderte, Marburg 1986

Dies.: Einrichtung und Führung von Wohnstätten für geistig Behinderte, Marburg 1982

Dies.: Humanes Wohnen – seine Bedeutung für das Leben geistig behinderter Erwachsener, Marburg 1982

Dies.: Selbständigkeitstraining in Wohnstätten für geistig Behinderte, Marburg 1984

Dies.: Wohnstätte und Werkstatt/Elternhaus und Wohnstätte, Marburg 1984

Dies.: Wohnstätten für geistig Behinderte. Empfehlungen und Materialien des Wohnstättenausschusses, Marburg 1981

Bundesarbeitsgemeinschaft der überörtlichen Träger der Sozialhilfe: Wohnformen für Behinderte und sachliche Zuständigkeit nach dem Bundessozialhilfegesetz, Karlsruhe 1990

Behörde für Arbeit, Jugend und Soziales Hamburg: Rehabericht, Hamburg 1986

Deutscher Caritasverband: Behinderte Menschen – Auftrag, Aufgaben und Dienste der Caritas. Denkschrift zur Behindertenhilfe der Caritas, Freiburg 1980

Ders.: Gemeindenahe Wohnformen für erwachsene Körperbehinderte – Überlegungen, Anregungen, Modelle, Freiburg 1979

Davids, S.; Storm, H.: Wohngruppen für Behinderte, Betreute Wohngruppen für körperlich und geistig Behinderte, Bonn 1985

Elstner, G.: Die Wohnfamilie für geistig Behinderte, in: Was heißt hier wohnen? Wohnprobleme körperlich und geistig Behinderter (Hrsg.): Hamburger Spastikerverein, Hamburg 1985

Forster, R. / Schönewiese, V.: Behindertenalltag. Wie man behindert wird, in: Geisteswissenschaftliche Studien, Bd. 11, Wien 1976[2]

Foucault, M.: Die Geburt der Klinik. Eine Archäologie des ärztlichen Blicks, in: Lepenies, W.; Ritter, H.: Anthropologie, Berlin 1976[2]

Fussek, C.: Behindert – Kein Grund zum Abschieben, in: Hilfen zum Autonom-Leben: Behindernde Hilfe oder Selbstbestimmung der Behinderten, München 1982, S. 34–38

Haaser, A.: Wohnstätten für geistig behinderte Erwachsene im Literaturüberblick, in: Richtlinien für die Errichtung von Wohnstätten für erwachsene geistig Behinderte (Hrsg.): Institut für Sozialrecht der Ruhr-Universität, Bochum 1975

Hornung, C. u. a.: Möglichkeiten und Grenzen selbständiger Lebensführung in Einrichtungen – Wohn- und Betreuungseinrichtungen der Behindertenhilfe. Strukturergebnisse einer bundesweiten Stichprobenerhebung, Tübingen, 1995

Jantzen, W.: Sozialisation und Behinderung, Gießen 1974

Kaempf, K.: Wohnformen für erwachsene geistig Behinderte. Erfahrungen und Überlegungen im Vollzeitbereich, in: Humanes Wohnen – seine Bedeutung für das Leben behinderter Erwachsener (Hrsg.): Bundesvereinigung Lebenshilfe für geistig Behinderte, Marburg 1982, S. 58–66

Kiehn, E.: Sozialpädagogisch betreutes Jugendwohnen, Freiburg 1990

Laurie, G.: Independent Living, in: Hilfen zum Autonom-Leben: Behindernde Hilfe oder Selbstbestimmung der Behinderten, München 1982

Lüpke, K. von: Wohnstätten für erwachsene geistig behinderte Menschen: Entwicklungen in den USA, Kanada, Schweden, Niederlande und BRD, Marburg 1974

LWV Sachsen: Betreutes Wohnen, 1997

Müller-Wiedemann, H.: Die Camphill-Dorfgemeinschaft Lehenhof, in: Lebenshilfe, 9/1970, S. 28–31

Der Ratgeber, Behörde für Arbeit, Gesundheit und Soziales, Hamburg, 1996

Sagi, A.: Kostenexplosion in der Behindertenhilfe, in: Jugendwohl, 4/1985

Scheel, K.: Das „Service-Haus" – eine Alternative zum Pflegeheim, in: Behindertenzeitschrift, 6. Nov., 1987, S. 25 ff.

Schaller, K. H.: Von draußen nach drinnen. Gestuftes Wohnangebot für erwachsene geistig Behinderte in Lahr, in: Zur Orientierung, 2, 1987

Schmidt-Baumann, U. u. a.: Heimverzeichnis – Wohnheime, Internate, Anstalten, Dauer- und Kurzzeitheime, Betreutes Wohnen und Wohngruppen für behinderte Menschen, 1997, 8. Aufl.

Schmock, S.: Erfahrungen und Überlegungen in Dorfgemeinschaften und sonstigen Einrichtungen auf anthroposophischer Grundlage, in: Bundesvereinigung Lebenshilfe für geistig Behinderte: Humanes Wohnen ..., Marburg 1982, S. 67–71

Söderlundh, E.: Service-Wohnungen. Alleinwohnend, in: Was heißt hier Wohnen? Wohnprobleme körperlich und geistig Behinderter, Hamburg 1985

Thesing, T.: Betreute Wohngruppen und Wohngemeinschaften für Menschen mit geistiger Behinderung, Freiburg 1998, 3. Auflage

Ders.: Betreute Wohngruppen und Wohngemeinschaften für Behinderte in der Bundesrepublik Deutschland – Forschungsergebnisse, Dissertationen, Diplomarbeiten, Praxisberichte, Jugendwohl, 8/9, 1990 a

Thomae, I.: Das Wohnen geistig behinderter Erwachsener im Elternhaus und Geschwisterfamilie, in: Bundesvereinigung Lebenshilfe für geistig Behinderte, Humanes Wohnen ..., Marburg 1982, S. 22 ff.

Vanier, J.: Gemeinschaft. Ort der Versöhnungen und des Festes, Salzburg 1983

Wohngruppenverbund der Gustav-Werner-Stiftung zum Bruderhaus: Symposium „Wer behindert wen – wie können Behinderte in unsere Gesellschaft integriert werden?“, 6./7. 10. 1988, Reutlingen, Burgstraße 2

VI. Träger der Heime und Einrichtungen (Anstellungsträger)

Lernziele:
Der Studierende soll einen Überblick über öffentliche, freie und private Träger der Behindertenhilfe erhalten und die Gründe des Vorranges der Freien Träger erfahren.
Er soll Grundzüge der Entstehungsgeschichte der Träger kennen und auf diesem Hintergrund die heutigen Organisationsformen verstehen können.
Der Studierende soll die unterschiedlichen weltanschaulichen Grundlagen der Freien Träger erkennen und daraus resultierende allgemeine und besondere Anforderungen an ihn als Mitarbeiter realistisch einschätzen können.

Die vielfältigen Einrichtungen der Behindertenhilfe (Heime, Beratungsstellen, Tagesstätten, Wohnheime u. a.) werden von einer Vielfalt von Trägern unterhalten. Zu unterscheiden sind drei Arten von Trägern:

1. Öffentliche, freie und private Träger

Abb. 19:

Träger der Behindertenhilfe

Öffentliche Träger
- Gemeinde/Stadt
- Kreis
- Land

Freie Träger
- Deutscher Caritasverband
- Diakonisches Werk
- Arbeiterwohlfahrt
- Deutscher Paritätischer Wohlfahrtsverband
- Deutsches Rotes Kreuz
- Zentralwohlfahrtsstelle der Juden in Deutschland

Private Träger
- Privatpersonen
- Juristische Personen (Vereine, Stiftungen, GmbH)

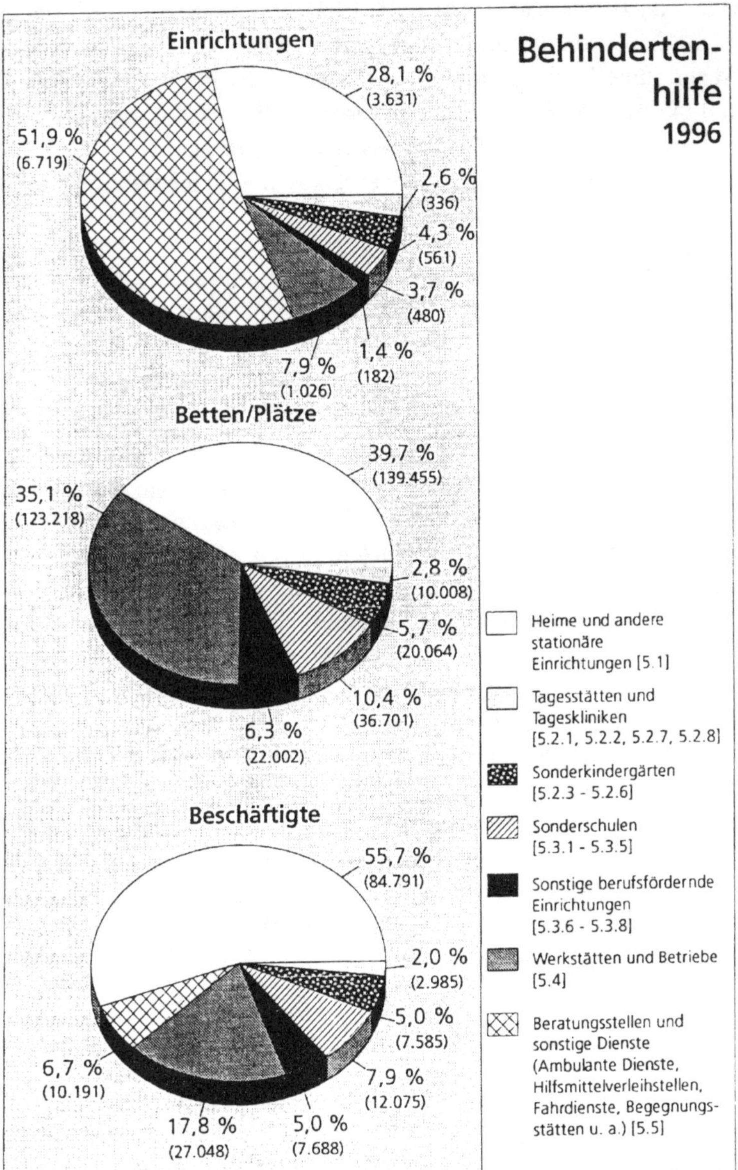

Gesamtstatistik der Bundesarbeitsgemeinschaft der Freien Wohlfahrtspflege 1996

Man schätzt, dass ca. 60–70 % der Einrichtungen von freien Trägern, ca. 20–25 % von öffentlichen Trägern und ca. 10–15 % von privaten Trägern unterhalten werden. Die Träger der Freien Wohlfahrtspflege sind in Orts-, Kreis- und Landesverbände (bei katholischen Trägern auch in Diözesanverbände) gegliedert, die als direkte Träger von Einrichtungen fungieren. Die „Dachverbände" der Freien Wohlfahrtspflege haben sich in der

> Bundesarbeitsgemeinschaft der Freien Wohlfahrtspflege e. V. (BAGFW)
> Oranienburger Straße 13–14, 10178 Berlin
> www.freie wohlfahrtspflege.de

zusammengeschlossen.
Die Bundesarbeitsgemeinschaft stimmt die Aufgabenbereiche der Sozialarbeit ab, wirkt bei Gesetzen mit und sucht die Zusammenarbeit mit den Behörden des Bundes, der Länder, Kreise und Kommunen. Die Freien Wohlfahrtsverbände betreiben bundesweit ca. 91 000 Einrichtungen mit über 3,2 Mill. Plätzen. Darüber hinaus sind ihnen ca. 35 000 Selbsthilfe- und Helfergruppen angeschlossen. Mit insgesamt 1,12 Mill. hauptamtlichen Mitarbeitern (ca. 720 000 Vollzeit- und 400 000 Teilzeitbeschäftigte) beschäftigen die Wohlfahrtsverbände rund 3 % aller Erwerbstätigen in der Bundesrepublik Deutschland. Zusätzlich engagieren sich schätzungsweise 2,5–3 Mill. Menschen freiwillig und ehrenamtlich in den Verbänden, Initiativen und Selbsthilfegruppen. (Pressemitteilung der BAGFW, 14. 11. 97)
Für Menschen mit Behinderungen sowie psychisch Kranke unterhalten die Wohlfahrtsverbände ca. 350 000 Plätze in ca. 13 000 Einrichtungen und Diensten mit ca. 150 000 Beschäftigten. In 1 500 Bildungsstätten mit über 100 000 Plätzen bieten die Wohlfahrtsverbände Aus-, Fort- und Weiterbildung für soziale Berufe an (vgl. Gesamtstatistik der BAGFW, Stand 1. 1. 96, S. 22).

> „Unter freier Wohlfahrtspflege wird die Gesamtheit aller auf freigemeinnütziger Grundlage und in organisatorischer Form erfolgenden Hilfe- und Selbsthilfeleistungen verstanden ... Eine ihrer stärksten Wurzeln hat die freie Wohlfahrtspflege in der jüdischen und christlichen Lehre von der Nächstenliebe. Schon in den ersten christlichen Jahrhunderten bilden sich in engem Zusammenhang mit kirchlichen Gemeinden Organisationsformen einer die Familie, Sippe und Nachbarschaft überschreitenden Sorge für die Armen und Notleidenden." (Bundesarbeitsgemeinschaft der Freien Wohlfahrtspflege, 1983, S. 10)

Ab der Mitte des 19. Jahrhunderts zwangen die negativen sozialen Folgen der Industrialisierung (Massenarmut, Arbeitslosigkeit, Jugendverwahrlosung) in den Städten die schon bestehenden Hilfsorganisationen zu einem Gestaltwandel von der „Armenpflege“ zur konzeptionellen „Fürsorge“. Daneben wurden viele neue Organisationen gegründet.

> „Freie Wohlfahrtspflege wird jetzt nachhaltig beeinflußt durch Impulse aus den sozialen Reformbewegungen dieser Zeit wie Arbeiterbewegung, Frauenbewegung, Jugendbewegung und Reformpädagogik, zugleich aber auch durch die Erneuerungsbewegungen in den Kirchen.“ (BAG der Freien Wohlfahrtspflege, 1983, S. 11)

Heute wird ein großer Teil der Sozialarbeit und damit auch der Behindertenhilfe von den sechs großen freien Trägern der Wohlfahrtspflege getragen, die unterschiedliche weltanschauliche Grundlagen haben und dadurch auch dem Hilfesuchenden gewisse Wahlmöglichkeiten einräumen, von wem er sich helfen lassen will.

2. Das Subsidiaritätsprinzip

Das Subsidiaritätsprinzip ist ein Grundgedanke des Helfens, der sich, vor allem in den letzten vierzig Jahren, im Bereich der Sozialarbeit und der Behindertenhilfe durchgesetzt hat. Der Grundsatz lautet: der Einzelne hat Vorrang vor der Gemeinschaft, die kleine Gemeinschaft vor der großen. Was der Einzelne oder die Familie aus eigener Kraft tun kann, soll der Staat nicht leisten. Dieses Prinzip räumt der Freien Wohlfahrtspflege einen bedingten Vorrang vor dem Staat ein, der aber die Gesamtverantwortung, z. B. die Planungshoheit, behält. 1967 wurde dieses Prinzip vom Bundesgerichtshof in Karlsruhe bestätigt.

> „Das in den Sozialgesetzen subsidiär geregelte Rangverhältnis spricht den zuständigen Behörden die Verantwortung für die Sicherstellung eines Grundangebotes sozialer Leistungen zu, während die Durchführungsverantwortung zunächst bei den freien Trägern liegt (...) Die Grundlagen dafür bietet das Vertrauen des Gesetzgebers in die sozialen Handlungskompetenzen der öffentlichen und der freien Träger. Erst das Zusammenwirken beider ergibt die angemessene Handhabung des Subsidiaritätsprinzips.“ (BAG der Freien Wohlfahrtspflege, 1983, S. 26)

Welche Bedeutung hat das Subsidiaritätsprinzip in der Praxis?

Beispiele:

Eltern haben das Recht und die Pflicht, ihre Kinder zu erziehen (Art. 6 Grundgesetz); sie haben auch das Recht, ein Heim ihres religiösen Bekenntnisses für ihr Kind auszusuchen, wenn dadurch nicht unvertretbare Mehrkosten entstehen.

Wenn in einer Stadt ein Heim für Behinderte errichtet werden muss, so hat die Landesbehörde (LWV) die Planungshoheit, muss aber die Freien Träger fragen, ob sie bereit sind, die Einrichtung zu schaffen und zu unterhalten. Der öffentliche Träger sichert die Finanzierung.

Die Geschichte des Sozialwesens zeigt, dass fast alle Entwicklungen im sozialen Bereich durch die Initiative freier gesellschaftlicher Kräfte angestoßen wurden, die mit ehrenamtlichen und hauptamtlichen Kräften neue Aufgaben in Angriff nahmen und auch heute häufig „innovative Schübe" in die Sozialarbeit bringen. Die vielfältigen sozialen Berufe, so auch die Berufe des Heilerziehungspflegers und des Heilerziehungshelfers, wurden durch die freien Träger geschaffen, und diese tragen heute den größten Teil der Ausbildungsstätten.

3. Die Träger der Freien Wohlfahrtspflege

3.1 Deutscher Caritasverband (DCV)

caritas

Sitz: 79104 Freiburg, Karlstraße 40
Tel. 07 61/200-0
Internet: www.caritas.de

Der Deutsche Caritasverband ist der Wohlfahrtsverband der Katholischen Kirche in Deutschland. Er wurde 1897 von Prälat Lorenz Werthmann (1858–1921) gegründet. In seiner föderalistischen Struktur gliedert er sich in Orts-, Kreis-, Diözesan- und Landesverbände, angeschlossen sind rechtlich selbstständige caritative Fachverbände (z. B. Sozialdienst Kath. Männer) und Ordensgemeinschaften. Caritas (Nächstenliebe) ist neben der Verkündigung und der Feier der Eucharistie eine Grundaufgabe der Katholischen Kirche.
Die Caritas ist in allen Bereichen der Sozialarbeit tätig (z. B. Altenhilfe, Familienhilfe, Drogenabhängige, Nichtsesshaftenhilfe, Jugendhilfe u. a.).

Caritaseinrichtungen allgemein:
ca. 25 000 Einrichtungen mit ca. 1,2 Mill. Plätzen,
ca. 460 000 hauptberufliche Mitarbeiter, ca. 500 000 ehrenamtlich Tätige

Behindertenhilfe:
ca. 33 Fach-Krankenhäuser mit ca. 6 600 Betten und 540 Heime für Behinderte mit ca. 33 000 Plätzen,
362 Tagesstätten und Schulen für behinderte Kinder und Jugendliche mit ca. 25 000 Plätzen,
175 Werkstätten für Behinderte mit ca. 30 000 Plätzen.

Ausbildung sozialer Berufe:
ca. 59 000 junge Menschen bereiten sich in über 700 Ausbildungsstätten (Fachschulen für Heilerziehungspfleger, Jugend- und Heimerzieher, Pflege, Altenpflege, Fachhochschulen für Sozialarbeit) auf einen sozialen oder pflegerischen Beruf vor.
(Angaben entnommen aus: Deutscher Caritasverband. Zahlen, Daten, Fakten, 1. 1. 1996 u. Internet 6/2000)

Medien:
Videofilm „Notwendig: Caritas in Deutschland“, 45 Min., 1989
v. Erich Kock und Wilfried Kaute.
Vertrieb: Kath. Filmwerk, 60327 Frankfurt/M.

3.2 Diakonisches Werk (DW)

Diakonie

Sitz: 70184 Stuttgart, Stafflenbergstraße 76
Tel. 07 11/21 59-0
Inernet: www.diakonie.de

Das Diakonische Werk ist das Hilfswerk der Evangelischen Kirche in Deutschland und wurde 1849 als „Centralausschuß für die innere Mission der Evangelischen Kirche“ von Johann Hinrich Wichern (1808–1881) gegründet. 1945 gründete Eugen Gerstenmaier (früher Bundestagspräsident) das Zentralbüro der Evangelischen Kirche. Beide Werke wurden 1957 zum Diakonischen Werk zusammengefasst und 1975 im Diakonischen Werk der EKD vereint. Am 19. 3. 1991 sind die Diakonischen Werke derjenigen EKD-Gliedkirchen, die seit 1969 im Bund der Evang. Kirchen in der DDR zusammengeschlossen

waren, dem Diakonischen Werk der EKD beigetreten. Die Diakonie versteht sich als Sozialgestalt und Wesens- und Lebensäußerung der Evangelischen Kirche.
Das Diakonische Werk ist in allen Bereichen der Sozialarbeit tätig und unterhält auch alle Formen von Ausbildungen im sozialen und pflegerischen Bereich, sowohl auf Fachschul- als auch auf Fachhochschulebene. So sind die Berufe des Heilerziehungspflegers und Heilerziehungshelfers in der Anstalt Stetten bei Stuttgart in einer Einrichtung der Diakonie entstanden.

> „Die Dekanats- bzw. Kreisstellen des Diakonischen Werkes tragen in der Hauptsache die Verantwortung für die offene Sozialarbeit der Kirche (...) Die Landesverbände des Diakonischen Werkes werden zum einen aus der Diakonie der Kirchengemeinden und der Kirchenkreise und zum anderen aus den selbständigen Heimen, Anstalten und Einrichtungen in ihrem Gebiet gebildet.“ (Bauer, 1978, S. 317/318)

Diakonieeinrichtungen allgemein:
ca. 31 000 Einrichtungen mit ca. 900 000 Plätzen.
ca. 400.000 hauptamtliche Mitarbeiter
ca. 400.000 ehrenamtliche Mitarbeiter
32 Fachschulen für Heilerziehungspflege

Behindertenhilfe:
ca. 550 Einrichtungen mit ca. 47 000 Plätzen.
(Angaben entnommen: Statistische Informationen des Diakonischen Werkes Nr. 1/90 u. Internet 6/2000)

3.3 Arbeiterwohlfahrt (AWO)

Sitz: 53119 Bonn, Oppelner Straße 130
Tel. 02 28/66 85-0
Internet: www.awo.org

Eng verbunden mit den politischen, besonders den sozialpolitischen Zielen der Arbeiterbewegung ist die Arbeiterwohlfahrt. Marie Juchacz (Sozialdemokratisches Mitglied des Reichstages) gründete 1919 den Hauptausschuss für Arbeiterwohlfahrt.

> „In der Geschichte machte die Arbeiterwohlfahrt Wandlungen durch, die bis heute nachwirken: Als sie 1919 gegründet wurde, trat sie erklärterma-

> ßen mit der Absicht an, sich und die freie Wohlfahrtspflege überflüssig zu machen, weil ihrer damaligen Überzeugung nach Wohlfahrtspflege weithin Aufgabe von Staat und Kommunen sein sollte. Insofern befand sie sich seinerzeit in einer Gegenposition zur „bürgerlichen" Wohlfahrtspflege. 1919 bis 1933 war die Arbeiterwohlfahrt eine Art Untergliederung der SPD, seit 1945 versteht sie sich als (partei)politisch unabhängiger Verband, der jedoch die sozialethischen Grundpositionen des demokratischen Sozialismus weiterhin voll bejaht." (Niedrig, 1990, ohne Seitenzahl)

Wichtige Aufgaben in der Zeit nach dem Ersten Weltkrieg (Inflation, Massenarbeitslosigkeit, Weltwirtschaftskrise) waren die Beratung für alle in Not geratenen Menschen und Gewährung wirtschaftlicher Hilfen. Eine besondere Bedeutung hatte die Gesundheits- und Erholungsfürsorge für Kinder und Erwachsene aus den Industrie- und Arbeitergebieten. 1933 wurde die Arbeiterwohlfahrt verboten und 1945 neu gegründet.

Einrichtungen allgemein:
9 740 Einrichtungen mit ca. 260 000 Plätzen,
ca. 100 000 hauptamtliche Mitarbeiter,
ca. 640 000 Mitglieder, davon ca. 100 000 ehrenamtliche Mitarbeiter.

Einrichtungen der Behindertenhilfe:
261 Heime, Wohngemeinschaften und betreute Wohngruppen für Behinderte/Psych. Kranke.

Aus- und Fortbildung:
85 Aus-, Fort- und Weiterbildungsstätten

3.4 Deutsches Rotes Kreuz (DRK)

Sitz: 53113 Bonn, Friedrich-Ebert-Allee 71
Tel. 02 28/541-1

Die Aufgaben des Roten Kreuzes sind international und national. Die Organisation bietet „Hilfen für Opfer bewaffneter Konflikte" und „Hilfen für die Opfer von Naturkatastrophen". Die Gründung geht zurück auf Henry Dunant (1828–1910), der durch seine Erlebnisse in der Schlacht von Solferino (1859) begann, die Bergung und Pflege Verwundeter zu organisieren. 1863 wurde in Deutschland die „Gesellschaft vom Roten Kreuz" gegründet, 1876 das „Internationale Komitee vom Roten Kreuz“ ins Leben gerufen. Dunant setzte als Schweizer (rote Fahne und weißes Kreuz) die weltanschauliche Neutralität als Prinzip durch. In moslemischen Ländern zeigt die Organisation den roten Halbmond. Der Einsatz des Roten Kreuzes wird durch die „autonome Rotkreuzordnung“geregelt, welche zusammen mit dem humanitären Völkerrecht als „Internationales Rotkreuzrecht“ Rechte und Pflichten aller nationalen Gesellschaften bestimmt (vgl. dazu: Helms, 1990).

Aufgaben allgemein:
Rettungsdienste auf der Straße, auf dem Wasser, in den Bergen, Blutspendedienst, Suchdienst, Hilfen für Kriegsopfer, Krankenpflege, Behindertenhilfe, Zivil- und Katastrophenschutz, Ausbildung Erster Hilfe, Migrationsarbeit.

Einrichtungen:
Ca. 4,7 Mill. Mitglieder, davon ca. 290 000 aktive ehrenamtliche Mitarbeiter (Schwestern, Helfer, Sanitäter u. a.), 60 Wohnheime, Betreute Wohnformen für geistig behinderte Menschen, 82 Tagesstätten, WFB, Berufsbildungswerke (Stand 1996).

Aufgaben der Behindertenhilfe:
Beratungsstellen, ambulante Dienste, Fahrdienste, Hilfsmitteldepot, Mobile Frühbehandlung von Kindern mit zerebralen Bewegungsstörungen, Werkstätten für Behinderte, Berufsbildungs- und Berufsförderungswerke, Tagesstätten, Wohnstätten für Menschen mit Behinderungen.

3.5 Deutscher Paritätischer Wohlfahrtsverband (Der Paritätische)

PARITÄT

Sitz: 60528 Frankfurt/M.,
Heinrich-Hoffmann-Str. 3
Tel. 0 69/67 06-0
Internet: www.paritaet.org

Der Deutsche Paritätische Wohlfahrtsverband ist der jüngste der sechs Spitzenverbände. Seine Entstehung fällt in die Zeit nach dem Ersten Weltkrieg. 1919 schlossen sich in Berlin die nichtkonfessionellen und nichtöffentlichen Krankenanstalten zusammen und gaben sich den

Namen „Vereinigung der freien und privaten gemeinnützigen Kranken- und Pflegeanstalten“. 1930 wählte man die Bezeichnung „Paritätischer Wohlfahrtsverband“. *Paritätisch* bedeutet: gleiche Kraft im Verhältnis zu Kirche und Staat (Gleichgewicht) und gleiche Möglichkeiten für alle Mitgliedsorganisationen. 1934 wurde der Verband mit der NSV (Nationalsozialistische Wohlfahrt) gleichgeschaltet und sein Vermögen eingezogen, 1945 lebte er wieder auf.

„Der Paritätische Wohlfahrtsverband hat seine eigene Geschichte. Wir leiten unseren Auftrag zu sozialem Handeln nicht aus einer weltanschaulichen oder politischen Grundrichtung ab, im Zentrum unseres Tuns steht nicht eine spezielle Aufgabe, wie beim Deutschen Roten Kreuz. Vielmehr verstehen wir uns seit 1924 als einen Verband, in dem sich Organisationen zusammenschließen, die – einem aufgeklärten Humanismus verpflichtet – aus besonderen sozialen Notlagen heraus Probleme aufgreifen, seien dies die Gebrechen oder Leiden einzelner Menschen, seien dies gesellschaftliche Benachteiligungen ganzer Personengruppen – bei einem Großteil dieser Organisationen geschieht dies ausdrücklich mit dem Ziel der Hilfe zur Selbsthilfe.“ (Der Deutsche Paritätische Wohlfahrtsverband, 1989, S. 16/17)

Der DPWV hatte 1951 als Sammelverband 377 Mitglieder und weist einen Stand von 9 000 Mitgliedsorganisationen auf, er ist heute von der Kapazität her gesehen der drittgrößte freie Wohlfahrtsverband mit ca. 300 000 hauptamtlichen Mitarbeitern sowie 250 000 ehrenamtlichen Mitarbeitern.

„Der Paritätische Wohlfahrtsverband war und ist ein Verband sozialer Bewegungen. In ihm sammelte sich schon immer die nachdrängende, nach sozialer Verbesserung strebende Kraft einzelner gesellschaftlicher Gruppen. Die Spannweite ist groß, sie reicht – ohne dies werten zu wollen – von der Anthroposophie über den Guttemplerorden, das Deutsche Jugendherbergswerk, den Verband der Kriegs- und Wehrdienstopfer Behinderter und Sozialrentner Deutschlands, dem Verband alleinstehender Mütter und Väter, dem Deutschen Kinderschutzbund, der Pro Familia bis hin zu Selbsthilfeinitiativen in großer Vielfalt vor allem auch im Gesundheitsbereich.“ (Der Deutsche Paritätische Wohlfahrtsverband, 1989, S. 16/17)

Einrichtungen der Behindertenhilfe (Stand 1988):

672 Heime und Wohngemeinschaften,
381 Tagesstätten, Sonderkindergärten,
215 Werkstätten für Behinderte,
1 525 Beratungsstellen, mobile Dienste, Fahrdienste, Hilfsmittelverleihdepots.

Mitgliedsverbände im Bereich der Behindertenhilfe:

Arbeiter-Samariter-Bund Deutschland e. V.
Arbeitsgemeinschaft der Blindenhörbüchereien e. V.
Arbeitsgemeinschaft der Gruppenleiter in Werkstätten für Behinderte e. V.
Arbeitsgemeinschaft Spina bifida und Hydrocephalus e. V.
Bund der Kriegsblinden e. V.
Bund Deutscher Hirnbeschädigter e. V.
Bundesarbeitsgemeinschaft der Clubs Behinderter und ihrer Freunde e. V.
Bundesarbeitsgemeinschaft der Elternvertreter und Förderer Deutscher Gehörlosenschulen e. V.
Bundeselternvereinigung für Anthroposophische Heilpädagogik und Sozialtherapie e. V.
Bundesgemeinschaft der Eltern und Freunde schwerhöriger Kinder e. V.
Bundesverband Contergangeschädigter e. V.
Bundesverband der Kehlkopflosen e. V.
Bundesverband für die Rehabilitation der Aphasiker e. V.
Bundesverband für spastische Gelähmte und andere Körperbehinderte e. V.
Bundesverband Hilfe für das autistische Kind e. V.
Bundesverband Legasthenie e. V.
Bundesverband Selbsthilfe Körperbehinderter e. V.
Bundesverband Skoliose-Selbsthilfe e. V.
Bundesvereinigung Stotterer-Selbsthilfe e. V.
Bund zur Förderung Sehbehinderter Bundesverband e. V.
Deutsche Gesellschaft Bekämpfung der Muskelkrankheiten e. V.
Deutsche Gesellschaft zur Bekämpfung der Mucoviscidose e. V.
Deutsche Multiple Sklerose Gesellschaft e. V.
Deutsche Parkinson Vereinigung Bundesverband e. V.
Deutsche Retinitis Pigmentosa Vereinigung e. V.
Deutsche Rheuma-Liga e. V.
Deutscher Blindenverband e. V.
Deutscher Gehörlosenbund e. V.
Deutscher Rollstuhl-Sportverband e. V.
Deutscher Schwerhörigenbund e. V.
Deutscher Verein der Blinden und Sehbehinderten in Studium und Beruf e. V.
Deutscher Wohlfahrtsverband für Gehör- und Sprachgeschädigte e. V.
Deutsches Sozialwerk e. V.
Freimaurerisches Hilfswerk e. V.
Hilfe für Blinde in Israel e. V.
Kuratorium ZNS für Unfallverletzte mit Schäden des zentralen Nervensystems e.V.
Lernen fördern – Bundesverband zur Förderung Lernbehinderter e. V.
Schutzverband für Impfgeschädigte e. V.

Sozialwerk des Deutschen Schwerhörigenbundes e. V.
Stiftung für das behinderte Kind zur Förderung von Vorsorge und Früherkennung
Verband der Kriegs- und Wehrdienstopfer, Behinderten und Sozialrentner Deutschlands e. V.

3.6 Zentralwohlfahrtsstelle der Juden in Deutschland (ZWST)

Sitz: 60318 Frankfurt/M., Hebelstraße 6
Tel. 0 69/94 43 71-0

Im Jahre 1917 wurde in Berlin die Zentralwohlfahrtsstelle der Juden in Deutschland e. V. gegründet, damals lebten ca. 600 000 Juden in Deutschland (ca. 1 % der Bevölkerung). Bis 1933 hatte dieser Verband ca. 200 Anstalten, 82 Einrichtungen der halboffenen und rund 150 Einrichtungen der offenen Fürsorge (Beratungsstellen usw.). 1943 wurde der Verband zwangsaufgelöst, 1951 neugegründet. Viele Einrichtungen waren in der Zeit des Nationalsozialismus zerstört, die übrigen enteignet worden. Als Folge der nationalsozialistischen Vertreibungs- und Vernichtungspolitik lebten nur noch ca. 27 000 jüdische Mitglieder. Inzwischen hat sich der Verband fast völlig auf ambulante Sozialarbeit umgestellt.

> „Wegen der Überalterung der jüdischen Gemeinschaft (mehr als ein Drittel der Mitglieder der jüdischen Gemeinden ist über 60 Jahre alt) stellt die offene Altenarbeit einen Schwerpunkt der Arbeit dar. Ein anderer Akzent ist durch die Zuwanderung von Flüchtlingen aus den Ostblockstaaten gegeben. Schließlich bildet die Jugendarbeit einen weiteren Schwerpunkt. So werden ca. 1 000 Jugendliche in den Jugendzentren betreut und 900 Ferienplätze im Jahr belegt.“ (ZWST, Selbstdarstellungspapier, 1980)

Einrichtungen:

geschlossene Fürsorge (Heime, Altenheime)	14	ca. 1 250 Plätze
halboffene Fürsorge (Kindergärten, Jugendzentren, Altenclubs)	26	ca. 1 960 Plätze
offene Fürsorge (Beratungsstellen, Sozialabteilungen)	81	

Die Arbeit wird von ca. 165 hauptamtlichen und über 700 ehrenamtlichen Helfern durchgeführt.
(Daten entnommen: ZWST: Die Zentralwohlfahrtsstelle, Jüdische Wohlfahrtspflege in Deutschland, Frankfurt/M. 1987, S. 89.)

4. Bundesarbeitsgemeinschaft Hilfe für Behinderte e. V. (BAGH)

Die Bundesarbeitsgemeinschaft Hilfe für Behinderte ist eine Dachorganisation von *Selbsthilfeverbänden.* Sie vertritt ca. 700 000 körperlich-, geistig-, psychisch-, sinnes- und stoffwechselbehinderte Menschen. Sie ist im Gegensatz zu den sechs Freien Wohlfahrtsverbänden weltanschaulich und konfessionell ungebunden. Die BAGH setzt sich für ein gleichberechtigtes Leben in einer humanen Gesellschaft ein. Sie kämpft insbesondere für folgende Ziele:

„Solidarität
Eine humane Gesellschaft braucht das gegenseitige Verständnis und Eintreten behinderter und nichtbehinderter Menschen füreinander.

Integration
Behinderte und chronisch kranke Menschen wollen so normal wie möglich leben. Normalität entsteht erst durch Integration, durch die selbstverständliche Zugehörigkeit Behinderter in allen Lebensbereichen, unabhängig von Art und Schwere einer Behinderung.

Selbsthilfe
Nur aus der Betroffenheit lassen sich individuell erforderliche Hilfen feststellen und vermitteln. Betroffene leisten Hilfe durch Selbsthilfe bei der Bewältigung von Alltagsproblemen und der Wahrnehmung gemeinsamer Interessen. Sie werden darin von Helfern unterstützt. Staat und Gesellschaft müssen die erforderlichen Rahmenbedingungen der Selbsthilfearbeit sichern und fördern.

Mitwirkung
Zur Durchsetzung der berechtigten Anliegen behinderter Menschen muss ihre Stimme in Bund, Ländern, Gemeinden und bei den Rehabilitationsträgern gehört werden und zählen. Die Mitwirkung ist sowohl bei der Planung als auch bei der Durchführung von Maßnahmen zu fordern.

Soziale Hilfe
Soziale Hilfen müssen den Bedürfnissen der Betroffenen entsprechen und bürgernah gestaltet werden. Die Leistungen sollen einen sozialen und materiellen Ausgleich für nachteilige Auswirkungen der Behinderung schaffen.“ (BAGH, Kurzinformation 1997)

Die Bundesarbeitsgemeinschaft Hilfe für Behinderte vermittelt die Adressen ihrer Mitgliedsverbände, die (z. T. kostenlos) Informationen, Broschüren und Zeitschriften herausgeben. Dieses Material ist für die Ausbildung von Heilerziehungspflegern und Heilerziehungshelfern bedeutsam, ein Studierender kann sich damit seine kleine eigene Hausbibliothek sinnvoll ergänzen.

Bundesarbeitsgemeinschaft
Hilfe für Behinderte,
Kirchfeldstraße 149,
40215 Düsseldorf
Tel. 02 11/31 00 60
Internet: www.bagh.de

Mitgliedsverbände der Bundesarbeitsgemeinschaft „Hilfe für Behinderte"

Allergiker- und Asthmatikerbund e. V.
Arbeitsgemeinschaft Allergisches Kind – Hilfen für Kinder mit Asthma, Ekzem oder Heuschnupfen e. V.
Arbeitsgemeinschaft Spina bifida und Hydrocephalus e. V.
Arbeitskreis Down-Syndrom e.V.
Arbeitskreis Kunstfehler in der Geburtshilfe e. V.
Arbeitskreis überaktives Kind e. V.
Bundesarbeitsgemeinschaft hörbehinderter Studenten und Absolventen e. V.
Bundeselternvereinigung für anthroposophische Heilpädagogik und Sozialtherapie e. V.
Bundesselbsthilfeverband für Osteoporose e. V.
Bundesverband Contergangeschädigter e. V., Hilfswerk vorgeburtlich Geschädigter
Bundesverband der Angehörigen psychisch Kranker e. V.
Bundesverband der Kehlkopflosen e. V.
Bundesverband der Organtransplantierten e. V.
Bundesverband für die Rehabilitation der Aphasiker e. V.
Bundesverband für Körper- und Mehrfachbehinderte e. V.
Bundesverband Hilfe für das autistische Kind – Vereinigung zur Förderung autistischer Menschen e. V.
Bundesverband Kleinwüchsiger Menschen und ihre Familien e. V.
Bundesverband Legasthenie e. V.
Bundesverband Selbsthilfe Körperbehinderter e. V.
Bundesverband Skoliose Selbsthilfe e. V.
Bundesvereinigung Lebenshilfe für Menschen mit geistiger Behinderung e. V.
Bundesvereinigung Stotterer Selbsthilfe e. V.

Bund zur Förderung Sehbehinderter e. V.
Dachverband Psychosozialer Hilfsvereinigungen e. V.
Deutsche Aidshilfe e.V.
Deutsche Alzheimer Gesellschaft e. V.
Deutsche Epilepsievereinigung e. V.
Deutsche Gesellschaft für Muskelkranke e. V.
Mukoviszidose e. V.
Deutsche Gesellschaft zur Förderung der Gehörlosen und Schwerhörigen e. V.
Deutsche Gesellschaft für Osteogenesis imperfecta Betroffene e. V.
Deutsche Hämophiliegesellschaft zur Bekämpfung von Blutungskrankheiten e. V.
Deutsche Heredo Ataxie Gesellschaft – Bundesverband e. V.
Deutsche Huntington-Hilfe e. V.
Deutsche Ileostomie-Colostomie-Urostomie-Vereinigung e. V.
Deutsche Interessengemeinschaft Phenylketonurie (PKU) und verwandten angeborenen Stoffwechselstörungen e. V.
Deutsche Interessengemeinschaft für Verkehrsunfallopfer e. V. – Dignitas
Deutsche Leukämie-Forschungshilfe, Aktion für krebskranke Kinder e. V.
Deutsche Morbus Crohn/Colitis ulcerosa Vereinigung (DCCV), Bundesverband für entzündliche Erkrankungen des Verdauungstraktes
Deutsche Multiple Sklerose Gesellschaft e. V.
Förderverein für Taubblinde e.V.
Deutsche Narkolepsie Gesellschaft
Deutsche Parkinson Vereinigung – Bundesverband e. V.
Deutsche Retinitis Pigmentosa Vereinigung e. V.
Deutsche Rheuma Liga e. V.
Deutsche Sarkoidose-Vereinigung e. V.
Deutsche Tinnitus-Liga e. V.
Deutsche Vereinigung Morbus Bechterew e. V.
Deutsche Zöliakie-Gesellschaft e. V.
Deutscher Blindenverband e. V.
Deutscher Diabetiker-Bund e. V.
Deutscher Gehörlosenbund e. V.
Deutscher Neurodermitiker Bund e. V.
Deutscher Psoriasisbund e. V.
Deutscher Schwerhörigenbund e. V.
Deutscher Verein der Blinden und Sehbehinderten in Studium und Beruf e. V.
Dialysepatienten Deutschlands e. V.
Frauenselbsthilfe nach Krebs – Bundesverband e. V.
Freundeskreis Camphill e. V.
Gesellschaft zur Förderung behinderter türkischer Kinder e. V.
Lernen Fördern – Bundesverband zur Förderung Lernbehinderter e. V.
Selbsthilfegruppe Sklerodermie in Deutschland e. V.

Schutzverband für Impfgeschädigte
Verein kleinwüchsiger Menschen e. V.
Selbsthilfevereinigung für Lippen-Gaumen-Fehlbildungen e. V., Wolfgang Rosental Gesellschaft
Verband Deutscher Sonderschulen e.V., Fachverband für Behindertenpädagogik

5. Öffentliche Träger

Öffentliche Träger sind Städte und Gemeinden (z. B. Gemeindekindergarten), die Kreise (z. B. Kreiskrankenhaus) und die Bundesländer (z. B. Rehabilitationszentrum eines Landeswohlfahrtsverbandes). Die staatlichen Behörden haben die Aufgabe der regionalen, fachlichen und finanziellen Planung der notwendigen Hilfen. Unbeschadet des Vorranges der Freien Träger (Subsidiaritätsprinzip) unterhalten die öffentlichen Träger auch eigene Einrichtungen.

6. Private Träger

Private Träger sind Privatpersonen, Vereine oder andere juristische Personen (z. B. eine GmbH), die als freie Unternehmer Kinderheime, Altenwohnanlagen o. ä. betreiben. Inzwischen sind auch freiberufliche Sozialarbeiter und Heilpädagogen in der Betreuung von Menschen mit Behinderungen, als Drogenberater oder in der heilpädagogischen Behandlung von Kindern tätig. Die Erlaubnis zum Betrieb einer privaten Einrichtung erteilen die staatlichen Behörden, die auch die fachliche Kontrolle ausüben.

7. Übungsfragen

Träger der Heime und Einrichtungen der Behindertenhilfe
1. Wer kann Träger eines Heimes oder einer Einrichtung für Menschen mit Behinderungen werden?
2. Wie hoch ist der *Anteil der Freien Träger* an der Gesamtträgerzahl und wodurch ist diese Zahl begründet?
3. Definieren Sie „*Freie Wohlfahrtspflege*“ und stellen Sie diesen Begriff im Zusammenhang mit dem Gesellschaftsbegriff dar.

4. *Was ist das Subsidiaritätsprinzip* und welche Bedeutung hat es für die heutige Praxis?
5. Beschreiben Sie die sechs Freien Träger der Wohlfahrtspflege nach folgenden *Kriterien:*
a) Bezeichnung und Sitz,
b) Gründungszeitrum und wichtige Epochen,
c) Schwerpunktaufgaben,
d) Aufgaben im Bereich der Behindertenhilfe,
e) weltanschauliche Ausrichtung,
f) Bedeutung für die Ausbildung sozialer Berufe und speziell für die Ausbildung von HeilerziehungspflegerInnen und HeilerziehungshelferInnen.

8. Weiterführende Literatur

Arbeiterwohlfahrt Bundesverband: AWO-Hilfe zur Selbsthilfe, Bonn, 1997

Bundesarbeitsgemeinschaft Hilfe für Behinderte: Jahresspiegel 97, Düsseldorf, 1997

Bundesarbeitsgemeinschaft der Freien Wohlfahrtspflege: Die Freie Wohlfahrtspflege im Sozialstaat, Bonn, 1993

Bauer, R.: Wohlfahrtsverbände in der Bundesrepublik. Materialien und Analysen zu Organisation, Programmatik und Praxis. Ein Handbuch, Weinheim und Basel 1978

Deutscher Caritasverband: 100 Jahre Deutscher Caritasverband. Not sehen und handeln. Caritas, Freiburg, 1996

Helms, U.: Sozial- und gesellschaftspolitische Grundpositionen des Deutschen Roten Kreuzes, in: Theorie und Praxis der sozialen Arbeit, 3/1990

Niedrig, H.: Gesellschaftliche Grundpositionen der Arbeiterwohlfahrt, in: Theorie und Praxis der sozialen Arbeit, 3/1990

Der Paritätische Wohlfahrtsverband. Informationsschrift, Frankfurt 1989

Zentralwohlfahrtsstelle der Juden in Deutschland: Die Zentralwohlfahrtsstelle. Jüdische Wohlfahrtspflege in Deutschland, Frankfurt 1987

(Alle Wohlfahrtsverbände geben kostenlos umfangreiches Informationsmaterial ab. Die Anschriften sind der Beschreibung des jeweiligen Verbandes zu entnehmen.)

VII. Die Rechte und Pflichten des Heilerziehungspflegers/Heilerziehungshelfers als Arbeitnehmer

Lernziele:
Der Studierende soll grundlegende Kenntnisse des Arbeitsrechts erwerben, um seine Rechte als Arbeitnehmer wahrnehmen zu können.
Er soll verschiedene Vertragsarten für sozialpädagogische Fachkräfte unterscheiden und die Folgen für ein Beschäftigungsverhältnis ableiten können.
Er soll erkennen, dass ein Arbeitsvertrag im Rahmen der Vertragsfreiheit der Partner einen Gestaltungsspielraum hat, auf den er als Arbeitnehmer vor Aufnahme der Tätigkeit Einfluss nehmen kann.
Der Studierende soll differenzierte Kenntnisse seiner Pflichten als Arbeitnehmer erwerben, um den Folgen möglicher Dienstpflichtverletzungen (z. B. Schweigepflicht, Aufsichtspflicht, Annahme von Geschenken) einschätzen zu können.

1. Das Arbeits- bzw. Dienstverhältnis

HeilerziehungspflegerInnen und HeilerziehungshelferInnen werden in der Regel als Angestellte bei einem *öffentlichen* (Gemeinde, Kreis, Land), einem *privaten* (Privatperson, Verein, Stiftung) oder einem *Freien Träger* (Caritasverband, Arbeiterwohlfahrt) tätig. Die Beschäftigung als Angestellter wird im Arbeitsrecht als abhängige Tätigkeit definiert, im Gegensatz zu freiberuflicher oder selbstständiger Tätigkeit.
Das Arbeits- bzw. Dienstverhältnis wird durch einen Arbeitsvertrag begründet, in dem Rechte und Pflichten des Heilerziehungspflegers bzw. Heilerziehungshelfers, aber auch Rechte und Pflichten des Arbeitgebers geregelt sind. Der Arbeitnehmer stellt seine Arbeitskraft zur Verfügung und wird dafür vergütet. Der Dienstgeber hat bezüglich

der zu leistenden Arbeit ein Weisungsrecht. Die im Wesen des Arbeits- und Dienstverhältnisses liegende Abhängigkeit muss durch arbeitsrechtliche Normen geschützt werden.
Aus diesem Grund muss der Arbeitnehmer seine Rechte und Pflichten kennen, will er nicht Nachteile (Höhe der Vergütung, Arbeitsbedingungen) hinnehmen.

1.1 Arten der Arbeits- bzw. Dienstverhältnisse (Ausbildungs-, Praktikanten-, Arbeits- und Werksvertrag)

Die Beschäftigung sozialpädagogischer Fachkräfte in einem Heim oder einer anderen Facheinrichtung ist durch verschiedene Vertragsarten geregelt:

Arbeits- und Dienstvertrag (§ 611 ff. BGB)
Hier stellt der Arbeitnehmer seine Arbeitskraft zur Verfügung. Zeit, Dauer, Ort und Art der Arbeit werden durch das Direktionsrecht des Arbeitgebers bestimmt (vgl. 1.3).

> *Beispiel:*
> Ein Heilerziehungspfleger mit staatlicher Prüfung und staatlicher Anerkennung als Gruppenleiter ist Arbeitnehmer.

Praktikantenvertrag
„Praktikanten sind Personen, die berufliche Kenntnisse, Fertigkeiten und Erfahrungen in einem Betrieb oder einer Einrichtung erwerben sollen, weil sie diese im Rahmen ihrer Gesamtausbildung nachweisen müssen“ (Hundmeyer, 1979, S. 169).

> *Beispiel:*
> Schüler oder Studenten an Fach- und Fachhochschulen während ihres Block- bzw. Berufspraktikums. Diese Praktikanten sind keine Arbeitnehmer.

Schul- bzw. Ausbildungsvertrag
Dabei handelt es sich um ein schulisches Ausbildungsverhältnis als HeilerziehungspflegerIn bzw. HeilerziehungshelferIn in Teilzeitform. Der Vertrag ist zeitlich bis zum Ende der Ausbildung begrenzt; eine Weiterbeschäftigung ist zwar möglich, aber nicht zwingend. Somit besteht kein Arbeitsverhältnis.

Werksvertrag (§ 631 BGB)
Dieser Vertrag wird gewählt, wenn eine Beschäftigung von geringem Umfang vorliegt und die Vergütung unterhalb der Sozialversicherungsgrenze liegt.

> *Beispiel:*
> Gelegentliche Aushilfe in der Gruppe am Wochenende. Die Einrichtung zahlt ein Honorar, aber keinen Anteil zur Sozialversicherung und kein Weihnachts- oder Urlaubsgeld.

1.2 Der Arbeitgeber

Arbeitgeber und damit Anstellungsträger können Privatpersonen (z. B. ein privates Kinderheim), juristische Personen (z. B. ein Verein zur Förderung Körperbehinderter e. V.), öffentliche (z. B. eine Tagesstätte für Behinderte einer Stadt) oder Freie Träger (z. B. ein Wohnheim der Lebenshilfe) sein.

Geltungsbereich des Bundesangestelltentarifs (BAT)
Die Beschäftigung von HeilerziehungspflegerInnen und HeilerziehungshelferInnen als Angestellte eines öffentlichen Trägers ist nach dem Bundesangestelltentarif (BAT) geregelt. Tarifvertragsparteien sind die Bundesrepublik Deutschland, die Tarifgemeinschaft deutscher Länder, die Vereinigung der kommunalen Arbeitgeberverbände (VkA) auf der Arbeitgeberseite und die Gewerkschaft Öffentliche Dienste Transport und Verkehr (ÖTV), die Deutsche Angestelltengewerkschaft (DAG) auf der Arbeitnehmerseite. Dieser Tarifvertrag gilt für alle Arbeitnehmer des Bundes, der Länder, Kommunen und Kommunalverbände (Gemeinden, aus Gemeinden gebildete Zusammenschlüsse, Städte, Landkreise und Bezirke), sofern sie tarifgebunden sind (vgl. Hundmeyer, 1979, S. 174). Der Einzelvertrag erfolgt dann im Rahmen des BAT, unabhängig davon, ob nun der Heilerziehungspfleger/der Heilerziehungshelfer Mitglied der Gewerkschaft ist oder nicht. Der BAT regelt die Eingruppierung der Mitarbeiter im öffentlichen Dienst, Arbeitszeit, Arbeitsbedingungen, Urlaub, Versetzung, Bewährungsaufstieg u. a. mehr. (Zur Vertiefung s. Dahm, 1989)

Geltungsbereich der Arbeitsvertragsrichtlinien (AVR)
Nach Artikel 140 Grundgesetz haben die Kirchen das Recht, ihre Angelegenheiten selbst zu bestimmen und zu regeln. Sie müssen zwar das

Arbeitsrecht in vollem Umfang beachten, dürfen aber aus ihrem Selbstbestimmungsrecht heraus an ihre Mitarbeiter besondere Anforderungen stellen, z. B. die Orientierung an kirchliche Lehren und einen entsprechenden Lebensstil verlangen. Der Deutsche Caritasverband und das Deutsche Diakonische Werk haben für ihren Bereich Arbeitsvertragsrichtlinien erlassen, die sich jedoch in weiten Bereichen an den Normen des BAT orientieren.

Beispiel: Auszug aus den Arbeitsvertragsrichtlinien des Deutschen Caritasverbandes in der Fassung vom 1. 1. 1981

§ 1 Wesen der Caritas, Dienstgemeinschaft
(1) Die Caritas ist eine Lebens- und Wesensäußerung der katholischen Kirche. Die dem Deutschen Caritasverband angeschlossenen Einrichtungen dienen dem gemeinsamen Werk christlicher Nächstenliebe. Dienstgeber und Mitarbeiter bilden eine Dienstgemeinschaft und tragen gemeinsam zur Erfüllung der Aufgaben der Einrichtung bei. Die Mitarbeiter haben den ihnen anvertrauten Dienst in Treue und in Erfüllung der allgemeinen und besonderen Dienstpflichten zu leisten.
(...)

§ 4 Allgemeine Dienstpflichten
(3) Der Dienst in der katholischen Kirche erfordert von einem katholischen Mitarbeiter, dass er seine persönliche Lebensführung nach der Glaubens- und Sittenlehre sowie den übrigen Normen der katholischen Kirche einrichtet. Die persönliche Lebensführung des nichtkatholischen Mitarbeiters darf dem kirchlichen Charakter der Einrichtung, in der er tätig ist, nicht widersprechen.

Andere religiöse Gemeinschaften oder private Träger regeln ihre Arbeitsverhältnisse durch ähnliche Ordnungen.

1.3 Der Arbeitsvertrag

Der Arbeitsvertrag ist im Bürgerlichen Gesetzbuch (BGB) in den §§ 611–630 geregelt. Der Arbeitsvertrag kommt durch gegenseitige sich entsprechende Willenserklärungen zustande. Eine bestimmte Form ist nicht vorgeschrieben, der Vertrag kann sowohl *mündlich,* als auch *schriftlich* geschlossen werden. Für den Bereich des BAT ist die schriftliche Form vorgeschrieben, im Geltungsbereich der AVR üblich.

Inhalte des Arbeitsvertrages
Die Arbeitsbedingungen können durch beide Vertragspartner durch das Prinzip der Vertragsfreiheit bestimmt werden. Ein Arbeitsvertrag enthält:

- die Daten zur Person des Arbeitnehmers (Name, Geburtsdatum, Konfession),
- die Bezeichnung des Dienstgebers,
- die rechtlichen Grundlagen (z. B. BAT/AVR oder Ordnungen anderer Träger),
- den Zeitpunkt der Arbeitsaufnahme,
- die Probezeit,
- die Vergütungsgruppe mit Eingangsstufe und Ortszuschlag,
- die Kündigungsfristen,
- Vereinbarungen (z. B. Nutzung einer Dienstwohnung oder Präsenzpflicht),
- das Datum des Vertragsabschlusses,
- die Unterschriften beider Vertragsparteien.

Vereinbart werden können Umfang, Art und Ort der Tätigkeit, sowie die Vergütung. Zum Schutz des Arbeitnehmers als schwächerer Vertragspartei können bestimmte zwingende Regelungen *nicht* durch Vereinbarungen außer Kraft gesetzt werden, z. B. die Gehaltsfortzahlung im Krankheitsfall. Das Bundesurlaubsgesetz, das Mutterschutzgesetz, das Jugendarbeitsschutzgesetz und das Kündigungsschutzgesetz *müssen* Anwendung finden.

1.4 Die Probezeit

Die ersten sechs Monate des Arbeitsverhältnisses gelten in der Regel als Probezeit. Während dieser Zeit ist eine ordentliche Kündigung erleichtert, die Kündigung hat in der Regel eine Frist von zwei Wochen.

> „Die Probezeit wird grundsätzlich nicht gehemmt oder unterbrochen durch Erkrankung, Urlaub, Arbeitsbefreiung oder ein vom Angestellten zu vertretendes Arbeitsversäumnis.“ (Dahm, 1989, S. 9)

2. Die Bewerbung

2.1 Die Bewerbungsunterlagen

Bewirbt sich eine ausgebildete Fachkraft um eine ausgeschriebene Stelle, so sollten die von ihr eingereichten Unterlagen „werbend“ sein. Die Form der Bewerbung vermittelt einen Eindruck über die Person und die Fachlichkeit des Bewerbers (Schriftbild, Klarsichthüllen, gutes Lichtbild).

Folgende Unterlagen sind einzureichen:
- Bewerbungsschreiben,
- Lebenslauf,
- Abschlusszeugnis als Heilerziehungspfleger/Heilerziehungshelfer,
- Urkunde über die staatliche Anerkennung,
- Nachweise über Fortbildungen
- (falls der Arbeitgeber es ausdrücklich verlangt: Gesundheitszeugnis und polizeiliches Führungszeugnis)

Die Unterlagen sind nicht im Original, sondern als beglaubigte Fotokopien beizufügen.

2.2 Das Bewerbungsgespräch

Das Bewerbungsgespräch dient dazu, einen Überblick über die fachliche und persönliche Eignung des Bewerbers zu erlangen und diesem einen Eindruck von seiner möglichen künftigen Dienststelle und die an ihn gerichteten Erwartungen zu verschaffen. Der Dienstgeber darf Fragen stellen, die mit der zu leistenden Arbeit in Verbindung stehen (nach der beruflichen Qualifikation, Abschlüsse, frühere Arbeitsverhältnisse, Zeugnisse und Noten, Fortbildung), außerdem Fragen zur Person (Alter, Familienstand, Kinderzahl, Konfession). Nicht gestellt werden dürfen dagegen Fragen nach Gewerkschaftszugehörigkeit oder Mitgliedschaft in einer Partei.

> „Die Frage, ob ein Bewerber oder eine Bewerberin heiraten will, ist unzulässig, ebenso die Frage nach einer bestehenden Schwangerschaft. Die Frage nach einer bestehenden Schwangerschaft ist nach der Rechtsprechung des Bundesarbeitsgerichts eine Diskriminierung weiblicher Arbeitnehmerinnen.“ (BAG, NJW 1993, S. 1154)
>
> „Diese Frage ist nur dann erlaubt, wenn wegen der Art der Tätigkeit eine Beschäftigung einer schwangeren Frau nicht möglich oder das ungeborene Kind gefährdet werden kann. Beispiel: ein Arbeitsplatz mit Einwirkung

von Röntgenstrahlen oder eine Tätigkeit, bei der schwer gehoben oder getragen werden muß." (BAG, NJW 1994, S. 148)

Frühere Krankheiten müssen nicht genannt werden, wohl kann ein aktuelles Gesundheitszeugnis verlangt werden. Vorstrafen, die nicht mehr im polizeilichen Führungszeugnis eingetragen sind, brauchen nicht genannt zu werden.

2.3 Die Bewerbungskosten

Die Kosten der Bewerbung müssen vom zukünftigen Arbeitgeber übernommen werden, wenn er dies nicht frühzeitig und ausdrücklich dem Bewerber mitteilt. Wird er vom Dienstgeber aufgefordert sich vorzustellen, ohne dass die Übernahme der Bewerbungskosten ausdrücklich ausgeschlossen wird, so sind folgende Auslagen zu ersetzen:
- Fahrtkosten (Bundesbahn, 2. Klasse),
- Übernachtungskosten (ortsübliche Kategorie bzw. Unterkunft durch den Arbeitgeber),
- Verpflegungskosten (nach dem Reisekostengesetz).

Außerdem kann der Bewerber die Kosten der Vorstellung beim Finanzamt als Werbungskosten im Rahmen des Lohnsteuerjahresausgleichs geltend machen. Auf Antrag beim Arbeitgeber können die Umzugskosten erstattet werden.

3. Die Pflichten als Arbeitnehmer

Aus dem Arbeitsverhältnis ergibt sich für den Angestellten eine Arbeits- und Treuepflicht, d. h. die Pflicht, die Interessen des Arbeitgebers und seines Betriebes nach besten Kräften wahrzunehmen und alles zu unterlassen, was diese Interessen schädigen könnte (vgl. dazu Dahm, 1989, S. 13).

3.1 Die Arbeitspflicht

Im Arbeitsvertrag werden die Art der Arbeit (z. B. als HeilerziehungspflegerIn im Gruppendienst, der Ort (konkrete Ortsbezeichnung der Einrichtung) und der Zeitumfang (z. B. ein Vertrag mit 75 % Dienstzeit) geregelt. Zur Arbeitspflicht gehören pünktliches und regelmäßiges Erscheinen am Arbeitsplatz, die Bereitschaft zur Arbeit im Schichtdienst und im Nachtdienst bzw. Nachtbereitschaft und die Bereitschaft zur Versetzung. Bei einer Einrichtung mit mehreren Heimen und Wohngruppen ist auch die Versetzung in eine Zweigeinrichtung möglich. Überstunden sind im gesetzlichen Rahmen erlaubt und können vom Arbeitnehmer nicht verweigert werden, sie werden mit Freizeit ausgeglichen oder mit einem Zuschlag vergütet. Die Beschäftigung mit einer anderen Aufgabe, als im Dienstvertrag festgelegt, ist nur in Notfällen und vorübergehend möglich.

3.2 Die Treuepflicht

Die Treuepflicht des Arbeitnehmers gegenüber dem Arbeitgeber bezieht sich auf die Wahrung von dessen Interessen. Sie umfasst unter anderem:
- den sorgsamen Umgang mit dem Eigentum des Arbeitgebers,
- die Meldung von Wasserschäden in der Gruppe, defekte Elektrogeräte, Balkongeländer usw.,
- den Ruf der Einrichtung zu wahren und zu schützen.

Kirchliche Einrichtungen sind sogenannte „Tendenzbetriebe“, die von ihren Mitarbeitern eine „erhöhte Treue“ fordern können.

> Diese „dürfen in ihrem dienstlichen und außerdienstlichen Verhalten nicht den Grundsätzen ihrer Kirche zuwiderhandeln. Sie und ihre Einrichtungen würden sonst gegenüber denen unglaubwürdig, die ihnen z. B. ihre Kinder anvertrauen. Die Träger einer kirchlichen Einrichtung muß, wenn er nicht sein Selbstverständnis preisgeben will, darauf bestehen können, daß die für ihn handelnde Person jene Grundsätze, die sie darstellen und durch ihr Beispiel verkünden sollen, auch selbst beachten.“ (vgl. Hundmeyer, 1979, S. 178)

Beispiel:
Ein Heilerziehungspfleger eines katholischen Heimes lässt sich scheiden und heiratet erneut. Dies verstößt nach Auffassung der kirchlichen Lehre gegen die Unauflösbarkeit der Ehe als Sakrament und kann zur Kündigung führen. Ein Kirchenaustritt wird bei allen christlichen Konfessionen ebenso als Verstoß gegen die Treue- und Loyalitätspflicht gewertet.

Diese „Tendenzklausel“ wird durch die Rechtsprechung in der jüngsten Zeit in Frage gestellt. Das Landesarbeitsgericht Mainz bewertete in einem Urteil den Schutz von Ehe und Familie höher als die Interessen der Kirche. Es wies die Kündigung eines katholischen Trägers zurück, der eine Altenpflegerin aus dem Dienstverhältnis entfernen wollte, die nach der Scheidung von ihrem ersten Mann ihren neuen Gatten standesamtlich geheiratet hatte, der auch Vater ihrer zwei Kinder war.

Trierischer Volksfreund,
23. September 1991

Heirat brachte Konflikt mit kirchlicher Lehre

Landesarbeitsgericht tagte in Trier – Katholische Institution unterlag gegen eine von ihr gekündigte Altenpflegerin

Mit einer Schlappe für den kirchlichen Dienstherrn endete gestern eine Verhandlung des Mainzer Landesarbeitsgerichts in einer Sitzung in Trier: Die Kammer wies eine Kündigung zurück, die eine katholische Wohlfahrtsorganisation gegen eine 32jährige Altenpflegerin ausgesprochen hatte. Der in einem Wittlicher Altenheim beschäftigten Fachkraft und zweifachen Mutter war die Kündigung zugegangen, als sie nach der Scheidung von ihrem ersten Mann ihren neuen Lebensgefährten – den Vater der beiden Kinder – standesamtlich heiratete. Begründet hatte die kirchliche Organisation die Kündigung mit einem schwerwiegenden Verstoß gegen moraltheologische Grundsätze. Die neuerliche Eheschließung einer geschiedenen Person, so hieß es, stelle einen kirchenfeindlichen Akt dar und negiere die Glaubens- und Sittenlehre der katholischen Kirche.

Gegen diese Kündigung hatte die Altenpflegerin in erster Instanz vor dem Arbeitsgericht Bernkastel-Kues geklagt und im November 1990 recht bekommen. Die Kündigung sei sozialwidrig und daher zurückzuweisen, hieß es in der damaligen Begründung der Kammer (TV vom 15. November 1990). Gegen diese Entscheidung hatte der Arbeitgeber Berufung eingelegt, so daß die Sache gestern zur Verhandlung in zweiter Instanz vor das Landesarbeitsgericht kam.

(...)

Im anschließenden Argumentationsaustausch beider Parteien wurden nochmals die schon in erster Instanz vertretenen Standpunkte verteidigt: Nach Ansicht der Arbeitgeberseite habe die Klägerin mit der Wiederverheiratung ganz bewußt gegen die kirchlichen Regeln verstoßen. Niemand wolle ihr die Heirat verwehren, aber sie müsse dann auch die sich daraus ergebenden arbeitsrechtlichen Konsequenzen ziehen. Schließlich habe sie sich mit ihrer Unterschrift unter den Arbeitsvertrag bewußt zur Einhaltung der darin vorausgesetzten kirchlichen Regeln verpflichtet. Dies um so mehr angesichts ihrer Tätigkeit in einem katholischen Altenheim, denn „man könne es nicht verantworten, den dort lebenden und katholisch geprägten alten Menschen eine Pflegerin zur Seite zu stellen, die selbst die kirchlichen Regeln mißachtet“.

In der entgegengesetzten Argumentationskette der klagenden Partei wurde neben den rein arbeitsrechtlichen und verfassungsrechtlichen Aspekten insbesondere auf eine absurd-widersprüchliche Situation hingewiesen: Wenn es die katholische Kirche dulde und es wegen ihrer strikten Ablehnung des § 218 hinnehme, daß uneheliche Kinder geboren würden, dürfe sie es andererseits auch nicht verbieten, wenn eine Mutter diesen für

die Kinder nachteiligen Zustand aufheben und durch Heirat legalisieren wolle.
Es sei nicht Sache dieses Gerichts gewesen zu prüfen, inwieweit kirchliche Glaubensgrundsätze vertretbar sind, so der Vorsitzende abschließend zur Entscheidung der Kammer, die vom Publikum mit unverhohlenem Beifall begrüßt wurde. Gefordert gewesen sei in diesem Fall allein die sachliche Entscheidung über einen konkreten Fall. Dabei habe es sich um die Abwägung in einer Grundrechtskollison zwischen dem besonderen Schutz der Familie und dem vom Bundesgerichtshof bestätigten Verfassungsrecht der Kirche auf Selbstverwaltung gehandelt. Dabei sei man zur Auffassung gelangt, daß im konkreten Einzelfall die Abweichung der Klägerin von kirchlichen Grundsätzen für den Arbeitgeber noch hinzunehmen sei.
Wegen der von Teilen der Rechtsprechung abweichenden Trierer Entscheidung des Mainzer Landesarbeitsgerichts ist allerdings eine Revision vor dem Bundesarbeitsgericht nicht auszuschließen. f. k.

Der kirchliche Träger will eine letztinstanzliche Klärung betreiben, somit besteht heute noch keine eindeutige arbeitsrechtliche Klarheit. Beschäftigte im öffentlichen Dienst, z. B. Heilerziehungspfleger, die als Angestellte in einer Sonderschule für Körperbehinderte arbeiten, legen ein Gelöbnis ab, in dem sie eine gewissenhafte Diensterfüllung und die Wahrung der Gesetze, insbesondere des Grundgesetzes versprechen.

> „Nach § 8 Abs. 2 BAT muß sich der Angestellte durch sein gesamtes Verhalten zur freiheitlich-demokratischen Grundordnung im Sinne des Grundgesetzes bekennen. Mit Bekennen ist nicht ein Lippenbekenntnis gemeint, sondern die stete Bereitschaft, mit seiner ganzen Person für die freiheitlich-demokratische Grundordnung einzutreten." (Dahm, 1989, S. 14)

Die Betätigung für eine extremistische Vereinigung, die die freiheitlich-demokratische Grundordnung abschaffen will, wäre ein Verstoß gegen die politische Treuepflicht gegenüber staatlichen Anstellungsträgern.

3.3 Die Aufsichtspflicht

Sinn der Aufsichtspflicht ist es, die zur Aufsicht Anvertrauten vor Schäden zu bewahren, aber auch zu verhüten, dass sie andere Personen schädigen. § 832 (BGB) bestimmt:

„(1) Wer kraft Gesetzes zur Führung der Aufsichtspflicht über eine Person verpflichtet ist, die wegen Minderjährigkeit oder wegen ihres geistigen oder körperlichen Zustandes der Beaufsichtigung bedarf, ist zum Ersatz des Schadens verpflichtet, den diese Person einem Dritten widerrechtlich zufügt. Die Ersatzpflicht tritt nicht ein, wenn er seiner Aufsichtspflicht genügt oder wenn der Schaden auch bei gehöriger Aufsichtsführung entstanden sein würde.
(2) Die gleiche Verantwortlichkeit trifft denjenigen, welcher die Führung der Aufsicht durch Vertrag übernimmt."

Der Berufserzieher übernimmt die Aufsicht per Vertrag. (Eine ausführliche Beschäftigung mit der vertraglichen Aufsichtspflicht des Heilerziehungspflegers bzw. Heilerziehungshelfers erfolgt im Fach Rechtskunde.)
Viele Behinderteneinrichtungen haben für ihre Betreuten eine persönliche Haftpflichtversicherung abgeschlossen, die Gefahren des täglichen Lebens abdecken soll und aus Mitteln des Pflegesatzes bezahlt wird (z. B. 2 000 000 DM für Personen- und Sachschäden; 20 000 DM für Vermögensschäden). Ebenso wird häufig eine Haftpflichtversicherung für die Mitarbeiter abgeschlossen, die Folgen einer Aufsichtspflichtverletzung abdeckt. Es gehört aber zu den Pflichten eines Arbeitnehmers, sich beim Dienstgeber zu erkundigen, ob eine solche Versicherung besteht und gegebenenfalls selbst eine sogenannte „Pädagogenhaftpflichtversicherung" abzuschließen.

3.4 Die Schweigepflicht

„Die Schweigepflicht erstreckt sich nicht nur auf dienstlich anvertraute Angelegenheiten, sondern auf alles, was dem Angestellten bei oder aus Anlaß seiner dienstlichen Tätigkeit bekanntgeworden ist, damit auch dasjenige, worüber er sich eigenmächtig oder verbotswidrig Kenntnis verschafft hat (...) Die Schweigepflicht beginnt grundsätzlich mit Abschluß des Arbeitsvertrages und dauert (...) über die Beendigung des Arbeitsverhältnisses fort." (Dahm, 1989, S. 17)

Beispiel:
Interne Vorgänge im Heim; Daten und Familienverhältnisse der Behinderten; Informationen über Mitarbeiter (z. B. eine Alkoholkrankheit); Konferenzergebnisse u. a.

3.5 Dienstanweisungen und Direktionsrecht des Arbeitgebers

Der Arbeitgeber hat über die Regelungen im Arbeitsvertrag hinaus ein Direktions- oder Weisungsrecht. Regelungen können damit verbindlich angeordnet werden, dazu gehören:
- die Heim- und Hausordnung,
- die Brandschutzordnung,
- die Dienstanweisung für Gruppenleiter.

Diese Dienstanweisungen erfolgen in der Regel schriftlich und gehören zu den Pflichten des Arbeitnehmers. Häufig werden diese Dienstanweisungen in einer Sammlung vorgehalten (z. B. das sogenannte „Blaue Buch"). Es gehört zu den Pflichten des Arbeitnehmers, diese Dienstanweisungen zu lesen und zu beachten; in der Regel ist diese Verpflichtung im Dienstvertrag vermerkt.

3.6 Annahme von Geschenken

Der Arbeitnehmer darf Geschenke und Belohnungen nur mit Genehmigung des Arbeitgebers annehmen, auch das Angebot solcher Geschenke oder andere Vorteile ist zu melden.

> *Beispiel:*
> Die Eltern eines behinderten Kindes bieten einem Mitarbeiter Geld an, damit das Kind besonders gefördert wird.
> Ein geschenkter Kuchen für die Gruppenmitglieder und für das Gruppenteam ist als geringfügige Zuwendung anzusehen und darf daher ohne Zustimmung des Arbeitgebers angenommen werden.

3.7 Nebentätigkeiten

Nebentätigkeiten bedürfen der Genehmigung des Dienstgebers, diese wird in der Regel nicht versagt, „wenn

1. sie insgesamt einen geringfügigen Umfang hat
2. sie dienstliche Interessen nicht beeinträchtigt
3. sie außerhalb der für den Arbeitnehmer geltenden Dienstzeit ausgeübt wird
4. keine Vergütung gewährt wird oder diese den Betrag von insgesamt 200 DM monatlich (Bruttobetrag) nicht übersteigt" (Kämpfer, 1989, S. 45).

Schriftstellerische oder künstlerische Vortragstätigkeit ist nicht genehmigungspflichtig (z. B. die Abfassung von Fachartikeln), dagegen ist die Anmeldung eines Gewerbes (z. B. Handel mit Antiquitäten) genehmigungspflichtig. Eine durch eine nicht genehmigte Nebentätigkeit entstandene Arbeitsunfähigkeit kann zum Verlust des Anspruches auf Lohnfortzahlung im Krankheitsfall führen.

4. Die Rechte als Arbeitnehmer

Die Rechte als Arbeitnehmer entsprechen zum großen Teil den Fürsorgepflichten des Dienstgebers.

4.1 Die Vergütung

Der Dienstgeber ist verpflichtet, die vereinbarte Vergütung zu zahlen, diese setzt sich zusammen aus:

- der Grundvergütung (geregelt nach Ausbildung, Tätigkeitsmerkmalen und Alter),
- dem Ortszuschlag (berücksichtigt den Familienstand, die Kinderzahl),
- den Zulagen (z. B. Stellenzulagen, Urlaubsgeld, Weihnachtsgeld, Vermögenswirksame Leistungen, Zuschüsse des Arbeitgebers zu einem Baukredit u. a.).

Die einzelnen Beträge der Grundvergütung, des Ortszuschlages und der Zulagen sind aus der Gehaltsabrechnung ersichtlich.

4.2 Die Gehaltsabrechnung

Seiner Gehaltsabrechnung kann der Angestellte verschiedene Informationen entnehmen:

- das Brutto- und Nettogehalt,
- die einbehaltene Lohn- und Kirchensteuer,
- die Abzüge zur Kranken-, Arbeitslosen- und Rentenversicherung, sie werden je zur Hälfte vom Arbeitgeber und Arbeitnehmer getragen),
- abgeführte vermögenswirksame Leistungen.

4.3 Der Erholungsurlaub

Dem Heilerziehungspfleger bzw. Heilerziehungshelfer steht als Arbeitnehmer ein regelmäßiger Erholungsurlaub zu, während des Urlaubs wird das Gehalt weitergezahlt. Ein Urlaubsanspruch besteht erst nach Ablauf des sechsten Monats der Beschäftigung. Der Dienstgeber muss dem Arbeitnehmer ermöglichen, seinen Erholungsurlaub zusammenhängend zu nehmen. Dabei sollten mindestens zwei volle Wochen an einem Stück gewährt werden, damit ein Erholungseffekt eintritt. Der Arbeitnehmer wiederum muss während des Urlaubs Tätigkeiten unterlassen, die der Erholung entgegenstehen (z. B. die Annahme einer gut bezahlten Beschäftigung bei einem Industriebetrieb). Die Höhe des Urlaubs richtet sich nach Alter, Vergütungsgruppe und anderen tariflichen Regelungen.

4.4 Gehaltsfortzahlung im Krankheitsfall

Der Angestellte ist verpflichtet, dem Arbeitgeber seine Arbeitsunfähigkeit und voraussichtliche Dauer *unverzüglich* anzuzeigen. Der Nachweis der Arbeitsunfähigkeit (ärztliche Bescheinigung) ist spätestens am dritten Tag vorzulegen. Sie braucht keine Angaben über die Art der Erkrankung enthalten. Im Einzelfall kann der Angestellte aber zur Angabe der Art der Krankheit verpflichtet sein, wenn diese ansteckend ist und eine Gefahr für die Klienten besteht.

> *Beispiel:*
> Eine schwere Erkältung ist nicht meldepflichtig, wohl dagegen eine Tuberkuloseerkrankung oder eine andere meldepflichtige Krankheit. (Eine Liste meldepflichtiger Krankheiten ist bei jedem Gesundheitsamt zu erhalten.)

Der Arbeitnehmer erhält im Falle eines Unfalls oder Erkrankung eine Fortzahlung seiner Bezüge, soweit er diese Krankheit nicht vorsätzlich oder grob fahrlässig selbst herbeigeführt hat. Eine Fortzahlung der Bezüge wird zunächst für die Dauer von sechs Wochen gewährt, danach erhält der Arbeitnehmer Krankengeld durch die Krankenkasse. Bei längerer Beschäftigungszeit erhöht sich die Dauer der Bezüge im Rahmen der Fortzahlung im Krankheitsfall.

4.5 Gleichbehandlung von Frauen und Männern im Arbeitsverhältnis

Der Grundsatz der Gleichbehandlung von Frauen und Männern (vgl. § 611 BGB, Gleichberechtigungsgesetz v. 24. 6. 94) ist heute ein we-

sentlicher Bestandteil des Arbeitsrechts. Nach der Rechtsprechung des Europäischen Gerichtshofes ist bei allen Regelungen eines Arbeitsverhältnisses zu prüfen, ob der Gleichheitsgrundsatz beachtet, keine Diskriminierung eines Geschlechts vorliegt und vor allem Frauen die gleichen Chancen im Beruf haben.
Schon die Stellenausschreibung muss geschlechtsneutral sein. Ein Arbeitsplatz darf nicht nur für Männen oder nur für Frauen ausgeschrieben werden, es sei denn, dass ein bestimmtes Geschlecht eine unverzichtbare Voraussetzung für eine Tätigkeit ist. (Beispiel: die Stelle einer Betreuerin in einem Frauenhaus) „Nicht nur bei der Begründung, sondern in allen Bereichen und allen Stadien eines Arbeitsverhältnisses ist, wie eine Vielzahl von Urteilen zeigt, auf Gleichbehandlung zu achten. So etwa beim Arbeitsentgelt, bei Voll- und Teilzeitbeschäftigung, beim beruflichen Aufstieg, bei der betrieblichen Altersversorgung, bei Gratifikationen oder bei den Kündigungsfristen.“ (IHK 19/79, S. 19)

5. Die Pflichten des Arbeitgebers (Fürsorgepflichten)

Neben den bereits unter Punkt 4.1–4.4 genannten Pflichten des Arbeitgebers hat dieser noch weitere Fürsorgepflichten:
- Unfallverhütung/Vermeidung von Gefährdungen am Arbeitsplatz (z. B. regelmäßige Kontrolle elektrischer Anlagen, Leitern);
- Sorge für ein gutes Betriebsklima (z. B. Konflikte unter den Mitarbeitern schlichten, Vermittlung anbieten);
- Sorge für ausreichendes Personal (Ausschreibung freier Stellen, Einstellung geeigneter Personen);
- Bereitstellung von Aufbewahrungsmöglichkeiten für Wertsachen des Arbeitnehmers (Handtasche, Geldbörse, Kleidung);
- Anregung und Ermöglichung von Fortbildungen;
- Gestaltung der Arbeitsbedingungen nach sozialen Gesichtspunkten (z. B. Berücksichtigung von Urlaubswünschen bei Mitarbeitern mit schulpflichtigen Kindern);
- Gewährung von Einsicht in die Personalakte (siehe 5.1);
- Ausstellung eines Dienstzeugnisses (siehe 5.2).

5.1 Die Personalakte

In der Personalakte, die für jeden Angestellten getrennt geführt wird, werden alle Aufzeichnungen über die persönlichen und dienstlichen Verhältnisse des Angestellten verwahrt. Zu den Unterlagen gehören die Bewerbungsunterlagen, Beurteilungen, der Schriftverkehr und Eintragungen. Neben der offiziellen Personalakte darf keine weitere Akte geführt werden. Der Arbeitgeber darf keine heimlichen Aufzeichnungen machen, die Akte muss vollständig (d. h. lückenlos) und richtig sein.

Der Mitarbeiter hat ein *Einsichtsrecht* und darf Abschriften bzw. Kopien anfertigen. Der Arbeitgeber bestimmt Zeitpunkt und Ort der Einsicht. Bei Eintragungen, die für den Arbeitnehmer nachteilig sind, ist er anzuhören.

5.2 Das Dienstzeugnis

Der Angestellte hat bei Beendigung seines Arbeitsverhältnisses einen Anspruch auf ein Dienstzeugnis (§ 630 BGB). Man unterscheidet:

- ein einfaches Zeugnis,
- ein qualitatives Zeugnis,
- ein vorläufiges Zeugnis.

Ein *einfaches Zeugnis* enthält Aussagen über Art und Dauer der Beschäftigung. Die Angaben müssen so gehalten sein, dass sie ein klares Bild von der Tätigkeit geben und der nächste Arbeitgeber korrekt über die Eignung informiert wird.

Das *qualitative Zeugnis* enthält darüber hinaus eine Beurteilung der Führung.

Ein *vorläufiges Zeugnis* kann der Arbeitnehmer dann verlangen, wenn er sich in einer anderen Einrichtung bewerben will.

Das Zeugnis muss objektiv und in der Form so gehalten sein, dass sie ein Fortkommen des Arbeitnehmers nicht erschweren (vgl. dazu Dahm, 1989, S. 190 ff.).

5.3 Schutz vor sexueller Belästigung am Arbeitsplatz

Der Gesetzgeber verpflichtet den Arbeitgeber ausdrücklich, die beschäftigten Mitarbeiter vor sexueller Belästigung am Arbeitsplatz zu schützen. (Gesetz zum Schutze der Beschäftigten vor sexueller Belästigung am Arbeitsplatz, Bundesgesetzblatt 1994, S. 1212) Zur sexuellen Belästigung gehören verbale sexistische Äußerungen, aber auch das Anbringen von pornographischen Darstellungen, die von den betroffenen Mitarbeiterinnen oder Mitarbeitern deutlich erkennbar abgelehnt werden.

> „Ergreift der Arbeitgeber keine oder offensichtlich ungeeignete Maßnahmen, um die sexuelle Belästigung zu unterbinden, so können die belästigten Beschäftigten ihre Arbeit ohne Minderung des Arbeitsentgelts einstellen, soweit dies zu ihrem Schutz erforderlich ist." (IHK 19/79, S. 19)

6. Die Beendigung des Arbeitsverhältnisses

Das Arbeitsverhältnis kann durch verschiedene Formen beendet werden, z. B. durch:
- Ablauf der vereinbarten Dienstzeit (Zeitvertrag) (§ 620 BGB),
- Vereinbarung (Auflösungsvertrag),
- ordentliche Kündigung (§ 622 BGB),
- fristlose Kündigung aus wichtigem Grund (§ 626 BGB),
- wegen Berufs- und Erwerbsfähigkeit.

6.1 Die ordentliche Kündigung

Eine ordentliche Kündigung liegt dann vor, wenn berechtigte Gründe vorliegen und die Kündigungsfrist eingehalten wird. Kündigungen müssen „sozial gerechtfertigt" sein.

> „Sozial gerechtfertigt ist eine Kündigung gemäß § 1 Abs. 2 KSchG nur dann, wenn sie entweder durch Gründe in der Person oder in dem Verhalten des Arbeitnehmers oder durch dringende betriebliche Erfordernisse bedingt ist (...)
>
> *Gründe in der Person des Arbeitnehmers können sein:*
> - mangelnde Leistungsfähigkeit,
> - Unzuverlässigkeit,
> - häufige Erkrankungen;
>
> *Gründe im Verhalten des Arbeitnehmers:*
> - mangelnde Leistungen,
> - Verletzung der Aufsichtspflicht,

– Verletzung der Schweigepflicht,
– Verstoß gegen die besondere Treuepflicht;

dringende betriebliche Erfordernisse:
– vor allem Auflösung der Einrichtung,
– Zusammenlegung von Gruppen.“ (Hundmeyer, 1979, S. 180)

Schwäbische Zeitung,
8. Juli 1989

Gericht bestätigt Verfügung des Oberschulamts Tübingen

Haschischrauchendem Erzieher wurde Berufsausübung untersagt

MANNHEIM (pfl). Ein als Erzieher in einer Heimsonderschule für Körperbehinderte in Oberschwaben tätiger Pädagoge darf seinen Beruf fünf Jahre lang nicht ausüben, weil er dreimal wegen dem Besitz geringer Mengen von Haschisch zu Geldstrafen und einer vierwöchigen, zur Bewährung ausgesetzten Freiheitsstrafe verurteilt worden war. Ein Antrag auf Aussetzung einer entsprechenden Verfügung des Oberschulamtes Tübingen wurde vom baden-württembergischen Verwaltungsgerichtshof in Mannheim abgelehnt.

Das Oberschulamt hatte sich zu Recht auf eine Bestimmung des Privatschulgesetzes berufen, wonach niemand als Schulleiter, Lehrer oder Erzieher an einer Ersatzschule tätig sein darf, wenn er für eine solche Position als ungeeignet erscheint. Diese Ungeeignetheit müsse nicht mit absoluter Gewißheit festgestellt werden. Besonders strenge Maßstäbe müßten an die Ausbilder von körperbehinderten Schülern in einer Heimsonderschule gelegt werden. Durch ihren ständigen Kontakt mit den Jugendlichen und ihrer Vorbildfunktion werde die Schutzwürdigkeit der zu betreuenden Schüler noch gesteigert.

Die von dem Erzieher geltend gemachten entlastenden Umstände wie etwa die Ungefährlichkeit von Haschisch bei mäßigem Genuß, die wachsende Sozialakzeptanz des Eigenverbrauchs der Droge, die fehlende Beanstandung seiner Person durch den Arbeitgeber sowie die Versicherung, daß er den Haschischkonsum inzwischen aufgegeben habe, waren nach Ansicht der Richter kein Grund zur Aufhebung des Tätigkeitsverbots (Aktenzeichen: 9 S 781/89).

Die Sozialwidrigkeit einer Kündigung muss innerhalb von drei Wochen beim Amtsgericht geltend gemacht werden, sonst wird die Kündigung wirksam. Da die Rechtsmaterie sehr kompliziert ist, empfiehlt sich in einem solchen Fall die Inanspruchnahme eines spezialisierten Rechtsanwaltes.

Seit 15. 10. 1993 beträgt die Kündigungszeit für Arbeitnehmer 4 Wochen zum 15. oder zum Ende des Kalendermonats. Für eine Kündigung durch den Arbeitgeber verlängern sich die Fristen bei längerer Betriebszugehörigkeit:

2jährige Betriebszugehörigkeit	– 1 Monat zum Monatsende
5jährige Betriebszugehörigkeit	– 2 Monate zum Monatsende
8jährige Betriebszugehörigkeit	– 3 Monate zum Monatsende
10jährige Betriebszugehörigkeit	– 4 Monate zum Monatsende
12jährige Betriebszugehörigkeit	– 5 Monate zum Monatsende
15jährige Betriebszugehörigkeit	– 6 Monate zum Monatsende
20jährige Betriebszugehörigkeit	– 7 Monate zum Monatsende

Für den Geltungsbereich der AVR-DCV bzw. Diakonie gelten andere, z. T. längere Kündigungsfristen.

6.2 Die außerordentliche Kündigung aus wichtigen Gründen

Nach § 626 BGB kann das Arbeitsverhältnis fristlos gekündigt werden, z. B. bei groben Verstößen gegen die Dienstordnung oder grobe Verstöße gegen wesentliche Grundsätze der Kirche (bei einem kirchlichen Träger).

> *Beispiel:*
> Grobe Verletzung der Aufsichtspflicht, Diebstahl im Betrieb, trotz Abmahnung häufiges zu spätes oder nicht entschuldigtes Erscheinen am Arbeitsplatz.

Eine Kündigung hat immer schriftlich zu erfolgen und muss zugestellt werden.

6.3 Der Auflösungsvertrag

Beide Parteien können durch eine Vereinbarung das Dienstverhältnis lösen, dies geschieht durch einen Auflösungsvertrag, von den Kündigungsfristen kann dann einvernehmlich abgesehen werden.

6.4 Beendigung des Arbeitsverhältnisses wegen Berufs- oder Erwerbsunfähigkeit

Aufgrund einer ärztlich festgestellten Berufs- oder Erwerbsunfähigkeit wird das Arbeitsverhältnis beendet. Jeder Arbeitnehmer muss sich, in seinem eigenen Interesse, über die Regelungen der Rentengesetzgebung informieren. Auskunft geben die Rentenberatungsstellen der Versicherungsträger.

7. Mitwirkungs- und Mitbestimmungsrechte des Arbeitnehmers

Die Mitwirkungs- bzw. Mitbestimmungsrechte sind, je nach Träger einer Einrichtung, entweder durch das *Betriebsverfassungsgesetz,* das *Personalvertretungsgesetz* oder durch *Mitarbeitervertretungsordnungen* der Kirchen geregelt.

Betriebsverfassungsgesetz (BetrVG)
Das Betriebsverfassungsgesetz regelt die Mitwirkungs- und Mitbestimmungsrechte in Unternehmen der privaten Wirtschaft, z. B. einer privaten Behinderteneinrichtung. Das Gesetz regelt die Zusammenarbeit zwischen Arbeitgeber und Betriebsrat. Es enthält Bestimmungen über
- die Mitwirkung des Betriebsrates in sozialen Angelegenheiten der Mitarbeiter;
- die Mitwirkung bei der Gestaltung der Arbeitsplätze, der Arbeitszeit, des Arbeitsablaufes;
- die Unterrichtungspflicht der Betriebsräte bei der Personalplanung durch die Betriebsleitung;
- die Notwendigkeit der Zustimmung des Betriebsrates bei Kündigungen, Versetzungen, Umgruppierungen, Aufstellung von Sozialplänen und Betriebsvereinbarungen.

In privaten Einrichtungen mit mindestens fünf ständigen wahlberechtigten Arbeitnehmern ist ein Betriebsrat zu bilden. Betriebsratsmitglieder haben einen besonderen Kündigungsschutz (§§ 15, 16 Kündigungsschutzgesetz).

Personalvertretungsgesetz (BPersVG)
Das Personalvertretungsgesetz regelt die Mitwirkungs- und Mitbestimmungsrechte von Mitarbeitern in Dienststellen, Betrieben und Verwaltungen des Bundes, der Länder und Gemeinden. Das Betriebsverfassungsgesetz findet deshalb in Einrichtungen des öffentlichen Dienstes (z. B. in einem Psychiatrischen Landeskrankenhaus) keine Anwendung, die Regelungen des Personalvertretungsgesetzes sind aber weitgehend mit dem Betriebsverfassungsrecht vergleichbar.

In Einrichtungen von öffentlichen Trägern werden *Personalräte* gewählt, die aus Gruppen der Beamten, Angestellten und Arbeitern bestehen, um den spezifischen Interessen besser entsprechen zu können.

Mitarbeitervertretungsordnungen in kirchlichen Einrichtungen
Die Kirchen können nach Artikel 140 Grundgesetz ihre Angelegenheiten selbst regeln, deshalb gelten in kirchlichen und caritativen Einrichtungen weder das Betriebsverfassungsgesetz noch das Personalvertretungsgesetz. Im katholischen Bereich haben die Diözesen eigene *Mitarbeitervertretungsordnungen (MAVO)* erlassen, in evangelischen Einrichtungen gilt die *Ordnung für die Mitarbeitervertretungen in diakonischen Einrichtungen (MVO).* Die Mitwirkungsrechte sind in diesen Ordnungen teilweise sehr unterschiedlich, orientieren sich am Personalvertretungsrecht, sind aber nicht so weitreichend wie im Betriebsverfassungsgesetz.

8. Berufsverband für Heilerziehung, Heilerziehungspflege und -hilfe in der Bundesrepublik Deutschland e.V.

Bundesgeschäftsstelle: Hans Dieter Prantl
Dorfstraße 3
89438 Holzheim-Ellerbach
Tel. 0 82 96/2 43
Fax 0 82 96/9 01 17

Der „Berufsverband für Heilerziehung, Heilerziehungspflege und -hilfe in der Bundesrepublik Deutschland“ wurde am 25. 4. 1984 in Heubach/Rhön (Hessen) gegründet. Seit 22. 2. 1994 existiert der Verband als erstmals vereinsrechtlich eigenständiger Dachverband unter der Bezeichnung *Berufsverband für Heilerziehung, Heilerziehungspflege und -hilfe in der Bundesrepublik Deutschland.* Dieser strebt durch den Zusammenschluss und die Zusammenarbeit der in den vereinsrechtlich eigenständigen Orts- und Landesberufsverbände organisierten Berufsgruppen der Heilerzieher/innen, Heilerziehungspfleger/innen und Heilerziehungs(pflege)helfer/innen eine bundeseinheitliche Regelung berufsständischer Angelegenheiten an, ist konfessionell, weltanschaulich und parteipolitisch nicht gebunden und verfolgt keine wirtschaftlichen Zwecke. Ihm gehören derzeit elf Landesberufsverbände als Vollmitglieder an. Diese senden Delegierte in die *Bundeskonferenz der Berufsverbände für Heilerziehung, Heilerziehungspflege und -hilfe,* welche als ständige Vertretung aller in den Landesberufsverbänden zusammengeschlossenen Mitglieder nachfolgende in der Bundessatzung formulierten Interessen und Ziele realisiert:

Ziele und Aufgaben des Bundes-Berufsverbandes:
1. Der Berufsverband wirkt in Ausbildungsfragen mit und strebt eine bundeseinheitliche Regelung der Ausbildungen, Prüfungen und staatlichen Anerkennungen von Heilerzieher/innen, Heilerziehungspfleger/innen und Heilerziehungs(pflege)helfer/innen an.
2. Der Berufsverband strebt die Entwicklung und Formulierung eines bundesweit bekannten und staatlich anerkannten Berufsbildes für Heilerzieher/innen, Heilerziehungspfleger/innen und Heilerziehungs(pflege)helfer/innen an und versucht dieses Berufsbild in der Fachöffentlichkeit und in der Gesellschaft bekannt zu machen.
3. Der Berufsverband setzt sich für Strukturverbesserungen in allen Einrichtungen der Behindertenhilfe und in angrenzenden sozialpädagogischen und -pflegerischen Bereichen ein, wie für die Weiterentwicklung der Lebensbedingungen von Menschen mit Behinderungen und die Arbeitsbedingungen in der Behindertenhilfe zu verbessern.
4. Der Berufsverband sucht den Informationsaustausch und die Zusammenarbeit mit allen Fach- und Hilfskräften, sowie mit den Vertreter/innen von Vereinen, Verbänden, Ausbildungsstätten und Einrichtungen der Behindertenhilfe und in angrenzenden sozialpädagogischen und -pflegerischen Bereichen.
5. Der Berufsverband vertritt die fachspezifischen, die berufs- und sozialpolitischen, sowie die arbeits- und tarifrechtlichen Interessen seiner Mitglieder, der Heilerzieher/innen, Heilerziehungspfleger/innen, Heilerziehungs(pflege)helfer/innen und vergleichbar behinderungsspezifisch qualifizierter Fach- und Hilfskräfte.
6. Der Berufsverband setzt sich dafür ein, dass die Berufsbezeichnung und das Berufsbild der Heilerzieher/innen, Heilerziehungspfleger/

innen und Heilerziehungs(pflege)helfer/innen auch in die Tarifvertragswerke des Bundes, der Länder und Kommunen, sowie der sozialen Fachverbände aufgenommen wird.

7. Der Berufsverband setzt sich für eine bundeseinheitliche Eingruppierung und Vergütung der Heilerzieher/innen, Heilerziehungspfleger/innen und Heilerziehungs(pflege)helfer/innen ein, die der behinderungsspezifischen Ausbildung und Qualifikation dieser Berufsgruppe, sowie ihrer in der Regel sehr belastenden Tätigkeit und Verantwortung entspricht.
8. Der Berufsverband setzt sich für eine stärkere horizontale Mobilität der Heilerzieher/innen, Heilerziehungspfleger/innen und Heilerziehungs(pflege)helfer/innen durch eine Erschließung aller Arbeitsfelder in der Behindertenhilfe und in angrenzenden sozialpädagogischen und -pflegerischen Bereichen ein, in denen Menschen mit Behinderungen gefördert und beschult werden, arbeiten und leben, unabhängig von deren Lebensalter oder von der Art und vom Grad der körperlichen, sensorischen, seelischen, geistigen und/ oder mehrfachen Behinderung.
9. Der Berufsverband setzt sich für eine stärkere vertikale Mobilität der Heilerzieher/innen, Heilerziehungspfleger/innen und Heilerziehungs(pflege)helfer/innen durch erweiterte Zulassungsmöglichkeiten zu zusätzlichen und weiterführenden Ausbildungen und Studiengängen ein, für ein System besserer Fort- und Weiterbildungsmöglichkeiten, sowie für verbesserte Aufstiegsmöglichkeiten auch in therapeutische, beratende und leitende Funktionen in allen Arbeitsfeldern der Behindertenhilfe und in angrenzenden sozialpädagogischen und -pflegerischen Bereichen. (Quelle: Selbstdarstellungspapier 20. 1. 98)

Nach Schätzungen des Berufsverbandes wurden seit 1957 an derzeit etwa 225 Ausbildungs-Einrichtungen bisher bundesweit etwa 25 000 Heilerziehungspfleger/innen, bzw. Heilerzieher/-innen und etwa 12 000 Heilerziehungs-(pflege)helfer/innen ausgebildet.
Im Berufsverband sind derzeit 1 329 Mitglieder bundesweit organisiert. Die Anzahl der Landesberufsverbände hat sich seit 1990 von fünf auf elf Landesberufsverbände erhöht. Ebenso stieg die Mitgliederzahl im gleichen Zeitraum von 850 auf 1 329 Mitglieder an, was einem Zuwachs von ca. 50 % entspricht.

Übersicht der Mitglieder-Zahlen der Landes-Berufsverbände bzw. Landes-Arbeitskreise, welche mit Stand vom 31. 12. 1997 von der Bundes-Konferenz anerkannte Mitglieder des Bundes-Berufsverbandes waren:

Landes-Berufsverband, bzw. Landes-Arbeitskreis	Gründung	Aufnahme in den Bundesverband	Zahl der Mitglieder
Bundes-Berufsverband bis 22. 2. 1994	25. 4. 84	entfällt	
Bundes-Berufsverband ab 22. 2. 1994	21. 12. 91	entfällt	7
Baden-Württemberg	4. 11. 75	25. 4. 84	347
Bayern	27. 3. 77	25. 4. 84	208
Berlin	26. 5. 97	13. 10. 97	33
Hessen	19. 9. 95	13. 11. 95	69
Niedersachsen	3. 6. 81	25. 4. 84	351
Nordrhein-Westfalen	1. 7. 97	13. 10. 97	50
Rheinland-Pfalz	7. 11. 86	22. 2. 94	100
Saarland	4. 12. 92	22. 11. 93	19
Sachsen	16. 8. 95	28. 8. 95	57
Sachsen-Anhalt	21. 9. 95	13. 11. 95	33
Thüringen	24. 4. 93	21. 2. 94	55
Insgesamt			1329

Quelle: Selbstdarstellungspapier, 20. 1. 98)

Aktivitäten des Bundes-Berufsverbandes:
Zunehmend wird der Bundesberufsverband in berufspolitischen Themenbereichen von anderen Fachverbänden kontaktiert und hat in diesem Zusammenhang maßgeblich bei der Entstehung der *Blätter zur Berufskunde* und einer *Rahmenvereinbarung über die Ausbildung und Prüfung von Heilerziehungspflegern* mitgewirkt. Der Verband gibt vierteljährlich eine Verbandszeitschrift, die *HEP-Informationen* heraus, welche wegen ihrer Berichte zu behinderungsspezifischen sowie sozial- und berufspolitischen Themen ebenso wie ihrer fachlichen

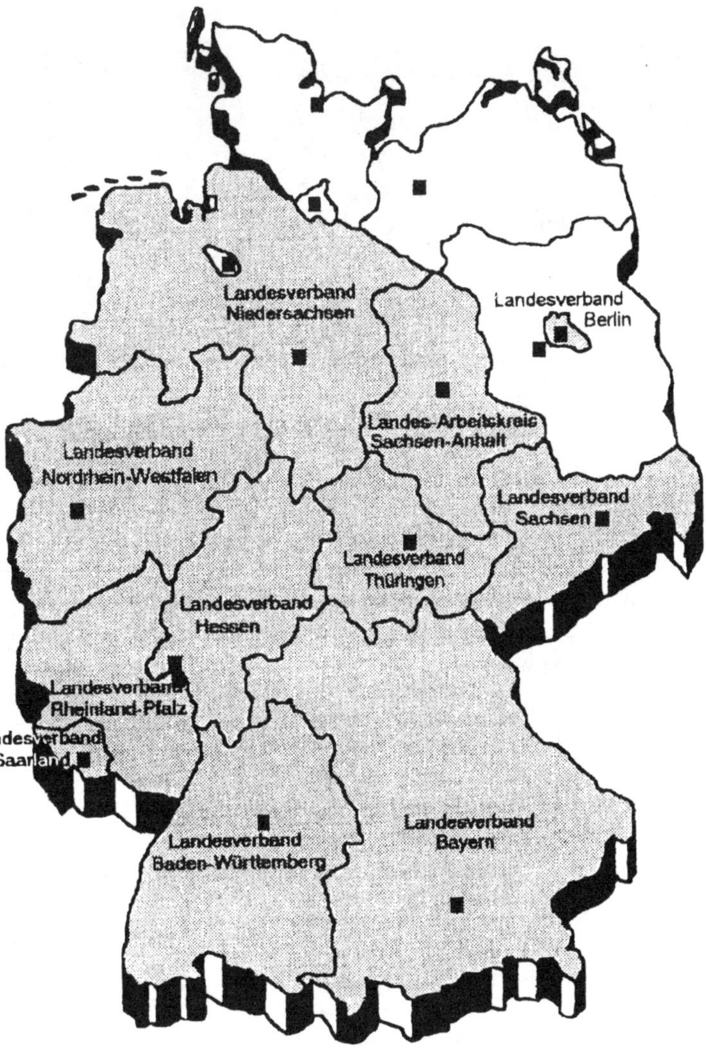

Auseinandersetzung mit arbeits- und tarifrechtlichen Fragestellungen in der Fachöffentlichkeit zunehmendes Interesse findet. Gleichzeitig dient sie den Mitgliedern als Spiegel der in den Landesberufsverbänden und in der Bundeskonferenz geleisteten Arbeit. (Selbstdarstellungspapier 20. 1. 98)

Rechte und Pflichten als Arbeitnehmer

Arbeits- und Dienstverhältnisse

1. Was ist ein *Arbeitsverhältnis* und wie wird es begründet?
2. Definieren Sie *Arbeitgeber* und *Arbeitnehmer.*
3. Unterscheiden Sie die verschiedenen *Vertragsarten,* die möglich sind:
a) Arbeits- und Dienstvertrag
b) Praktikantenvertrag
c) Schul- und Ausbildungsvertrag
d) Werksvertrag
4. Sind Praktikanten (z. B. Vorpraktikanten oder Berufspraktikanten) Arbeitnehmer im Sinne des Arbeitsrechtes? Begründen Sie Ihre Aussage.
5. Was ist ein *Arbeitsvertrag* und welche *Inhalte* können zwischen Arbeitgeber und Arbeitnehmer im Rahmen der *Vertragsfreiheit* vereinbart werden? Was ist nicht vereinbarungsfähig?
6. Welche *Formen des Arbeitsvertrages* gibt es? Ist eine bestimmte Form im Geltungsbereich von AVR oder BAT vorgeschrieben?
7. *Beispiel:* Ein Heilerziehungspfleger vereinbart mit einem Arbeitgeber mündlich einen Einstellungstermin und den Aufgabenbereich als Mitarbeiter im Gruppendienst. Der schriftliche Arbeitsvertrag wird erst nach vier Wochen ausgestellt. Welche Vertragsbedingungen gelten bis dahin?
8. Welchen Sinn hat eine *Probezeit,* für welchen Zeitraum gilt sie?
9. Welche Arbeitnehmer fallen in den Geltungsbereich des *Bundesangestelltentarifs (BAT)?*
10. Welche Bedeutung haben die *Vertragsrichtlinien des Deutschen Caritasverbandes (AVR-DCV)* bzw. die *Arbeitsvertragsrichtlinien des Diakonischen Werkes (AVR-Diakonie)* für einen Mitarbeiter?
11. Welche *besonderen Anforderungen* können kirchliche Träger an ihre Mitarbeiter stellen und wie wird dies begründet?
12. Welche Mitwirkungs- und Mitbestimmungsrechte haben Mitarbeiter nach dem Betriebsverfassungsgesetz, Personalvertre-

tungsgesetz und den Mitarbeitervertretungsordnungen der Kirchen?

Bewerbung

13. Welche *Bewerbungsunterlagen* sollte eine Fachkraft einreichen, wenn ihre Bewerbung Erfolg haben soll?

14. Welche *Fragen* darf ein Arbeitgeber beim *Vorstellungsgespräch* stellen und welche sind *unzulässig?* Begründen Sie die Unzulässigkeit folgender Fragen:
nach einer bestehenden Schwangerschaft
nach einer Aidserkrankung
Vorstrafen
Heiratswunsch

15. Hat ein Bewerber Anspruch auf *Erstattung der Bewerbungskosten* durch den Arbeitgeber? Wenn ja, welche Kosten in welcher Höhe müssen übernommen werden?

Pflichten des Arbeitnehmers

16. Erklären Sie an einem Beispiel folgende Pflichten des Arbeitnehmers:
a) Aufsichtspflicht
b) Schweigepflicht
c) Arbeitspflicht
d) Treuepflicht

17. Welche *besondere Treuepflicht* hat ein Arbeitnehmer in kirchlichen Einrichtungen?

18. Welche Bedeutung hat das *Gelöbnis* im öffentlichen Dienst?

19. Darf ein Arbeitgeber Sie an einen anderen Dienstort versetzen? Ist eine *Versetzung* in eine andere Gruppe möglich?

20. Ist eine *Beschäftigung mit anderen Aufgaben* erlaubt, als im Dienstvertrag festgelegt? *Beispiele:* Beschäftigung einer Heilerziehungspflegerin in der Heimküche? Beschäftigung eines Heilerziehungspflegers mit handwerklicher Vorbildung in einer Ausbildungswerkstatt?

21. Was ist eine *Dienstanweisung,* und was umfasst das *Direktionsrecht* des Arbeitgebers?

22. Darf ein Arbeitgeber *Geschenke annehmen?*

23. Was sind im Sinne des Arbeitsrechtes „*Nebentätigkeiten*“,

und sind diese anzeige- bzw. genehmigungspflichtig? Zeigen Sie Ihre Begründung an Beispielen auf.

Rechte des Arbeitnehmers

24. Aus welchen Positionen setzt sich eine *Vergütung* eines Angestellten zusammen? Verdeutlichen Sie dies an einer Gehaltsabrechnung.
25. Wovon ist die *Höhe einer Vergütung* abhängig?
26. Welche Informationen können Sie einer Gehaltsabrechnung entnehmen?
27. Ab wann steht einem Arbeitnehmer ein *Urlaubsanspruch* zu, und auf wieviel Tage hat er einen Anspruch?
28. Welche *Pflichten* hat ein Arbeitnehmer im *Krankheitsfall,* und steht ihm eine *Gehaltsfortzahlung* zu?

Pflichten des Arbeitgebers

29. Welche *Fürsorgepflichten* hat der Arbeitgeber? Zeigen Sie die jeweiligen Pflichten an einem Beispiel auf.
30. Was ist eine *Personalakte?*
a) Zu welchem *Zweck* wird sie geführt?
b) Was darf eine Personalakte enthalten?
c) Hat der Arbeitnehmer ein *Einsichtsrecht?*
31. Hat ein Arbeitnehmer Anspruch auf ein *Dienstzeugnis?*
a) Welche Inhalte sind notwendig?
b) Welche Form ist möglich und notwendig?
c) Unterscheiden Sie ein *einfaches Zeugnis,* ein *qualitatives Zeugnis* und ein *vorläufiges Zeugnis.*
32. Wie kann ein Arbeitsverhältnis *beendet* werden?
33. Was ist eine *ordentliche Kündigung,* wann ist sie *sozial gerechtfertigt* und wann *rechtswirksam?*
34. Welche *Kündigungsfristen* müssen Arbeitgeber und Arbeitnehmer einhalten?
35. Zeigen Sie an Beispielen auf, wann eine *fristlose Kündigung* möglich ist.

9. Weiterführende Literatur

Arbeitsvertragsrichtlinien des Deutschen Caritasverbandes und des Deutschen Diakonischen Werkes (liegen beim Arbeitgeber zur Einsicht vor)

Bürgerliches Gesetzbuch

Dahm, W.: Das Recht des Angestellten im öffentlichen Dienst (BAT), München 1989

Hundmeyer, S.: Recht für Erzieher, München, 1979[4]

Industrie- und Handelskammer Bodensee – Oberschwaben: Arbeitsrecht, Schriftenreihe Heft 19/97

Kämpfer, H. D.: Verwaltungskunde. Lehr- und Arbeitsbuch für die Fachschule für Sozialpädagogik, Köln, München 1989

VIII. Ethische Fragen und Probleme der Behindertenhilfe

Lernziele:
Der Studierende soll sich mit aktuellen ethischen Fragestellungen der Behindertenhilfe auseinandersetzen. Er soll sensibilisiert werden für neue Gefährdungen des Lebensrechtes behinderter Menschen.
Er soll die historischen und gesellschaftlichen Hintergründe erkennen, die Zwangssterilisation und Massentötung behinderter Menschen in der Zeit des Nationalsozialismus möglich gemacht haben.
Der Studierende soll zugrunde liegende Menschenbilder erkennen, die eine Euthanasiediskussion in den Niederlanden und anderen europäischen Ländern beeinflussen.
Er soll erkennen, dass behindertes Leben immer wieder bedroht ist und ein humanes Leben nur aktiv geschützt werden kann. Er soll erkennen, dass ein Berufserzieher seine berufliche Arbeit nur auf dem Hintergrund ethischer Verantwortung tun kann.
Er soll erfahren, dass Schutz von Minderheiten auch bedeutet, sich mit den Theorien und Argumenten verschiedener gesellschaftlicher Gruppen, sowohl atheistischer als auch christlicher Prägung auseinandersetzen. Dies setzt Bereitschaft voraus zu lernen und sich mit philosophischen und theologischen Fragen zu beschäftigen.

Noch vor einigen Jahrzehnten galt eine geistige Behinderung als „Schicksal", auf das der Mensch keinen Einfluss hatte. Durch die schnelle Entwicklung im Bereich der Medizin, Medizintechnologie und der Humangenetik haben wir heute eine Fülle von Wissen über Ursachen und Entwicklungsverläufe von Behinderungen, sowie über diagnostische und therapeutische Möglichkeiten der Hilfe. Es ist inzwischen möglich, einige Schädigungen schon im Mutterleib festzustellen.

> „Aufgrund der heutigen Möglichkeiten wird man aber nur 1–2 % aller Geburten von geistig behinderten Menschen ‚verhüten' können. Die überwiegende Zahl geistiger Behinderungen entsteht nicht in den ersten drei Schwangerschaftsmonaten, das heißt, sie sind nicht genetisch bedingt, sondern haben ihre Ursache in Störungen während der sogenannten Perinatalzeit, das heißt der Zeit der letzten zwölf Schwangerschaftswochen, während der Geburt und in den ersten vier Lebensmonaten. Die Gründe liegen im Sauerstoffmangel, der wiederum ganz verschiedene Ursachen haben kann." (Schlosser, 1990, S. 3)

Der Wunsch, eine Behinderung durch pränatale Diagnostik (vorgeburtlich) zu verhüten, wirft aber ethische Probleme auf, denn fast immer führt eine positive Diagnose zur Abtreibung des geschädigten Kindes. Heute tun sich darüber hinaus neue Gefährdungen auf, wie das bereits praktizierte „Liegenlassen", d. h. das medizinische und pflegerische Nichtversorgen von Säuglingen mit der Wirkung, dass diese praktisch austrocknen und sterben. Darüber hinaus gibt es Stimmen, die eine aktive Euthanasie behinderter Kinder fordern (vgl. Singer, 1984).

Gleichzeitig gilt in unserer Gesellschaft der junge, gesunde leistungsstarke und perfekte Mensch als Ideal, während für alte, kranke, schwache, beeinträchtigte Menschen kein Platz mehr ist und diese häufig in Sondereinrichtungen (Altenheim, Krankenhaus, Anstalt) leben müssen.

Wir haben zwar ein ausgebautes Rehabilitationssystem, und der Staat gibt enorme Mittel für Pflege, Betreuung, Ausbildung und Begleitung von behinderten Menschen aus, aber es mehren sich (neue?) Anzeichen ablehnender, ausgrenzender und behindertenfeindlicher Haltungen.

> „So sind nach einer Umfrage immerhin 76 % der Bundesbürger nicht bereit, mit einem behinderten Menschen unter einem Dach zu wohnen. Hartnäckig halten sich Vorurteile gegenüber Menschen mit einer geistigen Behinderung. Sie gelten als triebhafte Tiere, bemitleidenswerte Geschöpfe, Narren und gemeingefährliche Verbrecher. Auch das böse Wort von den unnützen Essern macht wieder die Stammtischrunde." (Brüll, M., 1990)

Solange die Wirtschaft floriert, leistet sich die Gesellschaft den „Luxus der Aussonderung" (Sonderschulen, Reha-Zentren, Therapien usw.), bei knappen finanziellen Mitteln überlegt man wieder, ob diese Mittel nicht eingespart und für andere „produktive" gesellschaftliche Bereiche eingesetzt werden sollten.

Viele behinderte Menschen, das gilt insbesondere für die geistigbehinderten, können sich selbst nicht gegen diese Entwicklungen wehren; sie brauchen Menschen, die als „Anwälte" ihre Rechte fordern. Heilerziehungspflege in einem umfassenden Sinn bedeutet daher, sich gesellschaftlich und politisch für den Schutz von Menschen mit Behinderungen einzusetzen. HeilerziehungspflegerInnen und HeilerziehungshelferInnen müssen sich grundlegend informieren und sich mit den *ethischen* Fragen und Problemen ihrer Arbeit auseinandersetzen.

Was ist Ethik?
Ethik ist Moralphilosophie; sie beschäftigt sich mit Fragen nach dem *sittlichen Verhalten* und Wesen von *Gut* und *Böse.* Bei ethischen Grundaussagen handelt es sich um Wertentscheidungen. Ethik versucht Maßstäbe zu setzen für ein *verantwortliches Handeln.*
Beispiel 1: Die Intensivmedizin kann einen Menschen am Leben erhalten, der im Koma liegt und sein Bewusstsein nicht wiedererlangen kann. Darf man die Apparate abstellen? Wer darf sie abstellen?
Beispiel 2: Man kann eine drohende Behinderung durch eine Untersuchung während der Schwangerschaft feststellen. Ist eine Abtreibung gerechtfertigt oder muss man aus ethischen Gründen fordern, dass dieses Kind geboren wird? Zu welchem Zeitpunkt und bei welchem Schweregrad der Behinderung ist ein Abbruch erlaubt?
Beispiel 3: In der Praxis kann der Heilerziehungspfleger vor der Entscheidung stehen, dass ein behinderter Mensch „fixiert", d. h. festgebunden werden soll. Unter welchen Bedingungen sind solche *freiheitbeschränkenden* Maßnahmen erlaubt?

1. Zwangssterilisation und Euthanasie in der Zeit des Nationalsozialismus

Es ist inzwischen mehr als fünfzig Jahre her, dass die Nationalsozialisten die Tötungsmaschinerie der Aktion T 4 (benannt nach der Schaltzentrale in Berlin, Tiergarten 4) in Gang setzten, der ca. 100 000 geistig behinderte und psychisch kranke Menschen zum Opfer fielen. Dieser als „Euthanasie" (Gnadentod) bezeichnete Massenmord wurde in speziell dafür eingerichteten Vernichtungseinrichtungen durchgeführt, so in Grafeneck bei Münsingen, Hadamar bei Limburg, Hartheim bei Linz, Brandenburg, Sonnenstein bei Pirna, Irsee bei Kaufbeuren und Berneburg a. d. Saale. Zu diesem Zweck wurden bestehen-

de Behinderteneinrichtungen umfunktioniert, aber auch neue Tötungseinrichtungen geschaffen. Die Vernichtungsaktionen wurden zunächst streng geheim gehalten, nach Bekanntwerden aber mit wirtschaftlichen und militärischen Gründen (benötigter Lazarettraum) gerechtfertigt.
Mit der Machtergreifung der Nationalsozialisten am 30. 1. 1933 hatte in Deutschland eine Zeit der massiven Gefährdungen mit Bedrohung des Lebensrechtes geistig behinderter und psychisch kranker Menschen begonnen (vgl. dazu Kapitel II). Am 14. 7. 1933 wurde das „Gesetz zur Verhütung erbkranken Nachwuchses" erlassen und damit die Zwangssterilisation Behinderter eingeleitet, ca. 56 000 Menschen wurden zwangssterilisiert (vgl. Jantzen, 1974, S. 66).
Das „Gesetz zur Neuordnung des Meldewesens" folgte am 6. 1. 1938. Durch dieses Gesetz wurden die Behinderteneinrichtungen verpflichtet, die Anzahl ihrer Bewohner und deren Behinderungsgrad (Arbeitsfähigkeit) zu melden, worauf dann bald Anweisung zur „Verlegung" von Heimbewohnern erfolgte, was in der Regel für die betroffenen Menschen den Tod bedeutete.
Am 1. 10. 1939 unterzeichnete Hitler einen Erlass, der die Tötung unheilbar Kranker als „Gnadentod" anordnete, der Erlass wurde später auf den 1. 9. 1939 rückdatiert, dem Tag des Einmarsches nach Polen. Von 280 000–300 000 „Geisteskranken und Geistesschwachen" in Anstaltspflege wurde jeder Dritte Opfer des „Euthanasieprogramms" (vgl. Kasper/Wollasch, 1981, S. 19).
Die Bezeichnung „Lebensunwertes Leben" oder „Lebensuntüchtiges Leben" ist keine Erfindung der Nationalsozialisten. Charles Darwins Theorie (1858) über die Entwicklung der Arten und den Kampf ums Dasein beschrieb die Aussonderung des Schwachen, der dem Starken zu dienen oder unterzugehen hatte, als allgemeines Gesetz der Natur. Während Darwin noch die Pflanzen- und Tierwelt bemühte, übertrug der deutsche Zoologe Ernst Haeckel in seiner „Natürlichen Schöpfungsgeschichte" (1868) den Kampf des Starken gegen den Schwachen auch auf die Völkergeschichte (vgl. Klee, 1989, S. 16).
Theorien vom Nutzwert des Menschen finden wir schon im 18. Jahrhundert; mit dem Beginn der Industrialisierung in Europa wächst ihr Einfluss ungemein. Die Philosophie des „Utilitarismus" bewertet Sachen, aber auch Menschen nach ihrem wirtschaftlichen Wert, nach ihrer industriell verwertbaren Brauchbarkeit. Die Unterscheidung von

„Untermenschen“ und „Minderwertigen“ war die Folge, der „Vollwertige“, der „Voll-Brauchbare“ wurde zum Ideal.
In Bezug auf Menschen, die als unbrauchbar erschienen, fragte man: Was sollen wir mit den Gruppen in der Bevölkerung machen, die industriell unbrauchbar sind, wofür sind sie überhaupt da und wieviel sollen wir sie uns kosten lassen? (Vgl. Dörner, 1990, S. 52). Die Antwort darauf war die Schaffung von Sondereinrichtungen: Alten- und Pflegeheimen, Waisenhäusern, Obdachlosenasylen, Anstalten, Psychiatrischen Krankenhäusern (vgl. Dörner, 1990, S. 52/53).
Die Frage nach der Brauchbarkeit des Menschen, danach, ob es sich lohnt, solche Menschen zu pflegen und für sie Geld aufzuwenden, wird heute wieder verstärkt laut. Die Bedrohung behinderten Lebens kommt aber auch noch von einer anderen Seite. Klaus Dörner verweist auf die Entstehung der Bewegung „Selbstbestimmungsrecht freier Bürger“:

> „Zu ihr gehörte damals auch die Bewegung für das Recht auf den eigenen Tod, das gewissermaßen der letzte Beweis für die absolute Gültigkeit des Selbstbestimmungsrechtes der freien Bürger sein sollte. Sollten aber die freien Bürger dieses Recht haben, dann sollten auch diejenigen, die wegen psychischer oder geistiger Störungen nicht für sich sprechen können, dasselbe Recht auf den eigenen Tod haben, das Recht, von ihrem doch sicher sinnlosen und qualvollen Leiden erlöst zu werden, wofür der Staat Sorge zu tragen habe. Bis heute scheinen beide Forderungen stets miteinander verknüpft vorgetragen zu werden.“ (Dörner, 1990, S. 53/54)

Parallelen zu den aktuellen Forderungen etwa von Singer sind nicht zu übersehen. Auch die Nationalsozialisten brauchten keine neue Ideologie zu erfinden, sondern nur an in Europa weit verbreitete Anschauungen anzuknüpfen.

2. Gentechnologie

Der Biologie bzw. der Biochemie ist es gelungen, das Erbgut des Menschen zu entschlüsseln und zu erforschen. Vererbungs- und Entwicklungsmechanismen von Lebewesen, einschließlich des Menschen, sind erkannt, und ihre technische Manipulation ist möglich. Der Eingriff in das Erbgut ermöglicht neue Züchtungen im Bereich der Pflanzen und Tiere, neue Arzneimittel zur Behandlung bisher unheilbarer Erkrankungen können entwickelt und schwerste Erbschäden behoben werden. Es wird aber kontrovers diskutiert, ob die Möglichkeiten der Gentechnologie überhaupt realisiert werden dürfen.

Um was geht es in der Gentechnologie?

„In jeder Zelle eines Lebewesens ist das komplette Erbgut vorhanden, wesentlich im Zellkern, und zwar in Form einer äußerst komplexen hochmolekularen Verbindung, der sogenannten Desoxyribonukleinsäure (DNA). Auf dieser DNA ist jeweils ein kleiner Abschnitt, das Gen, verantwortlich für den Aufbau eines bestimmten Eiweißmoleküls (Protein). Es zeigte sich, daß die chemische Feinstruktur der Gene bei allen Lebewesen gleich ist, daß sich also das Erbgut (die DNA) eines Menschen von dem eines Käfers oder eines Bakteriums nicht qualitativ-chemisch unterscheidet, sondern nur durch die Anzahl und Art der Gene, d. h. durch die Länge der DNA und die Reihenfolge der chemischen Einheiten auf ihr. Man spricht deswegen auch von einem ‚universellen genetischen Code'" (Löw, 1986, S. 3).

Es ist heute möglich, mit einer „chemischen Schere" die DNA aufzuschneiden und an diese Schnittstelle ein Gen eines anderen Lebewesens einzufügen. So eröffnen sich Chancen, ein deformiertes Gen gegen ein gesundes bzw. ein fehlendes Gen zu ersetzen. Weiter ist es möglich, durch eine „Klonierung" ein genetisch identisches Wesen zu erzeugen. Auf diesem Wege scheint machbar, Menschen mit erwünschten Eigenschaften „herzustellen". Durch eine *Genanalyse* kann natürlich auch die Schädigung eines Embryos festgestellt werden.

Hier tun sich ethische Fragen auf: Wird dieses geschädigte Embryo abgetrieben? Wird man den Kindern, die geboren wurden, ohne dass man vorher ihre Schädigung festgestellt hat, Vorwürfe machen: „Man hat versäumt euch abzutreiben"? Wird dadurch die Akzeptanz behinderten Lebens weiter gesenkt? Wird eine Gesellschaft sich die ökonomischen Mittel für die Lebensbegleitung von Behinderten leisten wollen, wenn diese vermeidbar gewesen wäre?

Mit dem „Einbecker-Katalog" (1986) haben Mediziner, Juristen und „Ethiker" schon Kriterien aufgestellt, was mit Neugeborenen zu geschehen hat, die „schwerste Schädigungen" aufweisen. Die Vorschläge gehen von einer Verneinung der Behandlungspflicht bis zum „Liegenlassen", was ein Verhungern und Verdursten des Säuglings bedeutet.

In den Niederlanden wird jährlich bei etwa 8 000 Patienten auf eigenen Wunsch das Leben beendet. Das Thema Sterbehilfe wird dort offen diskutiert. 1969 erschien ein Buch des bekannten Nervenarztes van den Berg, der für ein Beenden von „sinnlosem menschlichen Lebens“ auch bei „einwilligungsunfähigen“ Patienten plädiert. Das Buch erreichte innerhalb eines Jahres zehn Auflagen (vgl. Stolk, 1990, S. 386). 1972 und 1975 legte eine Kommission unter Schirmherrschaft des Gesundheitsrates eine erste Empfehlung zur Euthanasie Neugeborener vor:

„In den beiden Empfehlungen wird Euthanasie umschrieben als *vorsätzlich lebensverkürzendes Handeln* (aktiv) oder *vorsätzliches Unterlassen von lebensverlängerndem Handeln* (passiv) im Interesse eines unheilbar kranken Patienten. (...) Passive Euthanasie ist ihrer Meinung nach bei bestimmten Kategorien von *Neugeborenen mit schweren Defekten* zulässig, beispielsweise wenn das gesamte Großhirn nicht funktioniert und aus diesem Grund *zwischenmenschlicher Kontakt und Kommunikation mit der Umwelt von vornherein ausgeschlossen* sind.“ (Kursivsetzungen sind Hervorhebungen des Verfassers) (vgl. dazu Stolk, 1990, S. 386)

Die Diskussion in den Niederlanden verläuft kontrovers, abgelehnt wird von vielen Gruppen (z. B. den Christdemokraten) die *aktive* Euthanasie. 1985 legte eine „Staatskommission Euthanasie“ einen Vorschlag vor, der es einem Arzt in aussichtslosen Notsituationen erlauben soll, bei Patienten aktive Sterbehilfe zu leisten, die dies wünschen. 1988 veröffentlichte die Königlich Niederländische Gesellschaft zur Förderung der Medizin eine Schrift „Lebenbeendendes Handeln bei (...) Neugeborenen mit schweren Defekten“, in der aufgezeigt wurde, dass in der Praxis der Intensivstationen niederländischer Krankenhäuser jährlich das Leben von ca. 300 Kindern beendet wird.

„Die Ärzte nennen zwei Gründe, die den Entschluß dazu bedingen können: objektive Gründe dafür ist die Prognose, daß das Leben keine wirklichen Überlebenschancen hat; subjektiv dagegen, daß das Kind kein lebenswertes Leben führen kann.“ (Stolk, 1990, S. 388)

Die Diskussion in den Niederlanden kann man folgendermaßen zusammenfassen: Sterbehilfe wird als erlaubt angesehen, wenn es der Wunsch des Betroffenen ist. Auch ohne Zustimmung des Betroffenen ist sie möglich, wenn die zu erwartende Lebensqualität als zu gering eingeschätzt wird. Eltern wird die Kompetenz zugesprochen über die Lebensqualität des Kindes zu entscheiden und damit über Leben und Tod zu bestimmen. Das Lebensrecht eines geistig behinderten Menschen ist somit abhängig von der Einschätzung seiner Lebensqualität durch seine Angehörigen.

4. Gesetzesvorlage zur „Verringerung der Zahl behinderter (anormaler) Kinder in Frankreich"

In Frankreich legte 1987 eine „Gesellschaft zur Verhinderung behinderten Lebens" einen Gesetzesentwurf vor, der vorsah, unheilbar kranke oder behinderte Kinder bis zum Alter von drei Tagen bei Zustimmung der Eltern und unter Vorlage zweier qualifizierter medizinischer Gutachten unversorgt sterben zu lassen. Begründet wurde dies mit der hohen Zahl Körperbehinderter und Geisteskranker (ca. 3 Mill.) sowie mit dem Unglück, das diese Menschen für ihre Familien bedeuten. So heißt es in diesem Entwurf u. a.:

> „Wenn es nur um die finanzielle Belastung ginge, könnte man sagen, daß der Geldverlust nicht so schlimm wäre. Aber diese Behinderten, die selbst weit davon entfernt sind, glücklich zu sein, tragen im allgemeinen auch noch das Unglück in ihr Zuhause (. . .) Ein Glück, wenn diese Behinderung nur körperlich ist oder wenn der Behinderte nur zurückgeblieben ist, ohne böse zu sein; denn es gibt auch Unzurechnungsfähige, die gewalttätig sind oder ihre Triebe nicht zügeln können."

Hier wird das Bild eines Menschen mit einer Behinderung gezeichnet, der bösartig, gewalttätig und triebhaft ist und eine Gefahr für die Menschheit darstellt. Die Gesetzesvorlage betont, dass durch die pränatalen Untersuchungsmöglichkeiten und die Legalisierung des Schwangerschaftsabbruchs ein wichtiger Schritt getan sei. Dieser sei aber unzureichend, da schwere Anomalien nicht immer schon vor der Geburt zu erkennen seien und eine geistige Behinderung oftmals erst durch die Sauerstoffarmut während der Geburt entstehe. Aus diesem Grund solle es einem Arzt erlaubt sein, ein Neugeborenes *nicht* wie-

derzubeleben, das offensichtlich kein normales Leben wird führen können. Der Entwurf empfiehlt eine Frist von drei Tagen, da nach dem dritten Tag in Frankreich der Name des Kindes in den Taufschein eingetragen wird und die Geburt offiziell im Geburtsregister vermerkt wird. Während dieses Zeitraumes soll der Arzt den Säugling straffrei „liegen lassen", also unversorgt lassen dürfen, was den Tod durch Austrocknung bedeutet.
Zur Verdeutlichung der Text der Gesetzesvorlage:

„*Artikel 1*
Ein Arzt begeht weder ein Verbrechen noch eine strafbare Handlung, wenn er es unterläßt, einem Kind von unter 3 Tagen die notwendige Hilfe zum Leben zu leisten, wenn dieses Kind ein unheilbares Gebrechen hat und, soweit vorhersehbar, niemals ein lebenswertes Leben wird führen können. Dieser Abbruch der Hilfe soll den unter Art. 2 und 3 angeführten Bedingungen unterliegen.
Artikel 2
Eine ausdrückliche und detaillierte „Invaliditätsbescheinigung" (certificat d'invalidite) muß von zwei Ärzten unterschrieben werden, die jeweils 7 Jahre praktizieren und von denen einer unbedingt Facharzt für Pädiatrie oder für das von dem Kind gezeigte Leiden sein muß. Der die Mutter behandelnde Arzt soll davon nicht ausgenommen sein, sofern er kein erbberechtigter Verwandter ist.
Artikel 3
Der Vater oder die Mutter oder, in ihrer Abwesenheit, alle Personen mit Elterngewalt über das Kind müssen eine Erlaubnis zum Abbruch der lebenserhaltenden Hilfe unterschreiben.
Artikel 4
Das Kind, das so in den ersten drei Tagen (nach) seiner Geburt stirbt, gilt als nicht lebensfähig geboren i. S. d. Art. 725 Code Civil."

Dieser Entwurf löste in Frankreich vehemente öffentliche Proteste aus, vor allem die französische Elternvereinigung behinderter Kinder UNAPEI (Union Nationale des Associations de Parents d'Enfant Inadaptes), aber auch der damalige Premierminister Chirac sowie Präsident Mitterand erteilten solchen Überlegungen eine deutliche Absage (vgl. Lebenshilfezeitung, Nr. 2, April 1988). Auffallend ist auch hier, dass die Befürworter von Behinderten-Tötungen mit den hohen Kosten argumentierten, die behinderte Menschen verursachen und außerdem unterstellen, dass deren Leben grundsätzlich unglücklich verläuft und Unglück in die Familien trägt.

5. Präferenz-Utilitarismus (Singer)

Die Bundesvereinigung Lebenshilfe für geistig Behinderte hatte 1989 den australischen Ethiker Peter Singer als Hauptreferenten eingeladen, um auf dem Symposium „Biotechnik – Ethik – Geistige Behinderung“ zu referieren. Massive Proteste der „Krüppelbewegung“ in Deutschland und mehrere Behindertenverbände verhinderten jedoch den Vortrag in Marburg wie auch einen weiteren in Dortmund, wo Singer ebenfalls zum Thema „Haben schwerstbehinderte neugeborene Kinder ein Recht auf Leben?“ sprechen sollte. Eingeladen hatten dort Professoren des Fachbereiches Sondererziehung und Rehabilitation, die Professoren Christoph Anstöz und Christoph Leyendecker.
Was löste diesen Protest aus?
Peter Singer hatte in seinem Buch „Praktische Ethik“ die These vertreten, dass *nicht alles menschliche Leben in gleichem Maße wertvoll und unverletzlich und das Töten eines behinderten Kindes daher nicht grundsätzlich ein Unrecht sei.*
Behinderte Menschen empfanden dies als Angriff auf ihr Lebensrecht. Sie und viele andere stellten bestürzt fest, dass diese Ideen bereits in die deutschen Hochschulen Eingang gefunden hatten und befürchteten, dass eine Wiederholung der „Euthanasie-Morde“ in den Bereich des Möglichen rückte. Auf welchem Hintergrund gelangt Singer zu seinen Thesen?

(1) Singer argumentiert auf dem Hintergrund des sogenannten *Präferenz-Utilitarismus.*

> *Präferenz:* lat., vorziehen, Vorrang, Vorzug; *Utilitarismus:* lat., Weltanschauung, die nur den Nutzen in Betracht zieht.

Seine Ethik löst er völlig von naturrechtlichen Bestimmungen ab und fordert ein Abwägen von Gütern und damit die Ermittlung des Vorranges eines Gutes vor anderen, also eine Präferenzsetzung. Gut ist, was nützlich ist, könnte man verkürzt sagen. Ein uneingeschränktes Lebensrecht für alle Menschen lehnt er ab.
(2) Singer geht davon aus, dass sich eine Persönlichkeit erst entwickeln muss. Persönlichkeit ist nur, wer *rational denken* kann, sich seiner *selbst bewusst* ist und eine *Zukunft* haben und denken kann.

> „Bei jedem fairen Vergleich moralisch relevanter Eigenschaften wie Rationalität, Selbstbewußtsein, Bewußtsein, Autonomie, Lust- und Schmerzempfinden und so weiter, haben das Kalb, das Schwein und das viel verspottete Huhn einen guten Vorsprung vor dem Fötus in jedem Stadium der Schwangerschaft." (Singer, in: Publik-Forum, Nr. 15, 21. 7. 89)

Eine Persönlichkeit entwickelt sich nach Singer frühestens im ersten Lebensjahr, bei schwer Behinderten überhaupt nicht. Kann ein geistigbehinderter Mensch in diesem Sinne überhaupt „Person" werden? Singer verneint dies:

> „Der Kern der Sache ist freilich klar: die Tötung eines behinderten Säuglings ist nicht moralisch gleichbedeutend mit der Tötung einer Person. Sehr oft ist sie überhaupt kein Unrecht." (Singer, 1984, S. 188)

> „Der Fötus, der stark zurückgebliebene „dahinvegetierende Mensch", selbst das neugeborene Kind – sind alle unbestreitbar Angehörige der Spezies homo sapiens, aber niemand von ihnen besitzt Selbstbewußtsein oder hat einen Sinn für die Zukunft oder die Fähigkeit, mit anderen Beziehungen zu knüpfen." (Singer, 1984, S. 105)

Rationalität, Autonomie und Selbstbewusstsein sind die Eigenschaften, so Singer, die dem Menschen erst ein Lebensrecht geben.

> „Mißgebildete Säuglinge haben diese Eigenschaften nicht. Sie zu töten kann daher nicht gleichgesetzt werden mit dem Töten normaler menschlicher Wesen." (Singer, 1984, S. 179)

Da auch ein nichtbehinderter Säugling noch nicht fähig ist, sich selbst in dieser Welt als existierend zu erkennen, steht auch seiner Tötung nichts im Wege:

> „Wenn ein Wesen unfähig ist, sich selbst als in der Zeit existierend zu begreifen, brauchen wir auch nicht auf die Möglichkeit Rücksicht zu nehmen, daß es wegen der Verkürzung seiner künftigen Existenz beunruhigt sein könnte. Und zwar deshalb nicht, weil es keinen Begriff von der eigenen Zukunft hat." (Singer, 1984, S. 111)

(3) Die Geburt eines missgebildeten Säuglings gefährdet nach Singer das „Glück" der Eltern. Er sieht es als legal an, dieses Kind zu töten, um Platz zu machen für ein neues, gesundes Kind.

> „Sofern der Tod eines geschädigten Säuglings zur Geburt eines anderen Kindes mit besseren Aussichten auf ein glückliches Leben führt, dann ist die *Gesamtsumme des Glücks* größer, wenn der Säugling getötet wird. Der Verlust eines glücklichen Lebens für den ersten Säugling wird durch den

Gewinn eines glücklichen Lebens für den zweiten aufgewogen." (Singer, 1984, S. 183)

„Euthanasie" hält Singer für erlaubt, wenn weder die Eltern wollen, dass das behinderte Kind lebt, noch ein anderes Paar Interesse hat, dieses Kind zu adoptieren. Er spricht den Eltern das Recht zu, für das Kind zu entscheiden, ob dessen Leben lebenswert ist. Singer will die Tötung erlauben, wenn das Leben des Kindes als so misserabel eingeschätzt wird, dass wir selbst dieses Leben unter keinen Umständen würden leben wollen. Singer ignoriert, dass viele Eltern unter seelischem Druck stehen (und durch seine Forderungen weiter unter Druck geraten) und sich für das Leben des Kindes entscheiden würden, wenn das Umfeld helfend, verstehend und stützend einspränge.

(4) Singer beschränkt seine Rechtfertigung zu töten nicht auf Säuglinge, sondern dehnt sie auf erwachsene, alte und kranke Menschen aus.

„Nichtfreiwillige Euthanasie kann auch im Falle derer in Erwägung gezogen werden, die einmal Person und fähig waren, zwischen Leben und Tod zu wählen, aber jetzt durch Unfall oder hohes Alter diese Fähigkeit für immer verloren haben und die vor dem Verlust dieser Fähigkeit keinerlei Ansichten über Euthanasie unter solchen Umständen geäußert haben." (Singer, 1984, S. 189)

Das heißt etwa, dass ein Mensch, der mit zunehmendem Alter geistige Fähigkeiten einbüßt (z. B. Erinnerungsverlust bei der Alzheimer Krankheit), seine Persönlichkeit verliert und daher für die Euthanasie freigegeben wird. Im Sinne der Präferenz dürften junge, produktive Gesellschaftsmitglieder ihr Glück, ihre finanziellen Mittel, als gemindert ansehen und die Tötung dieser, im Sinne Singers „Nicht-mehr-Persönlichkeit", einleiten.

(5) Helga Kuhse, eine enge Mitarbeiterin Singers, trug 1986 auf dem Internationalen Kongress der Humangenetiker in Berlin Thesen zum Umgang mit Keimzellen und Embryonen vor, welche aus ihrer Sicht unbegrenzt verwendet, benutzt oder vernichtet werden dürfen.

„Solange der Embryo keine Nerven und kein Hirn entwickelt hat, also weder Schmerzen noch Angst noch Freude empfinden kann, ist es für medizinische Experimente gegenüber Labor-Tieren das vom moralischen Standpunkt her bessere Objekt. Ältere Embryonen, Föten mit Hirn und Nerven sind biologisch gesehen zwar Mitglieder der Art ‚Homo sapiens', aber keine durch das gesellschaftliche Tötungsverbot geschützte Person. Gegen schmerzlose Experimente und Tötung gibt es keine moralischen Einwände." (Weber, 1989)

Würde sich die „Praktische Ethik" von Singer, Kuhse, Anstöz und anderen durchsetzen, käme es zu einer massiven Lebensbedrohung behinderter Kinder und Erwachsener. Ihre Thesen drücken in wissenschaftlicher Sprache eine Einstellung aus, die auch bei vielen anderen Menschen zu finden ist. HeilerziehungspflegerInnen und HeilerziehungshelferInnen müssen sich heute mit einer neuen Behindertenfeindlichkeit und ihren Hintergründen auseinandersetzen. Neben diesem Wissen ist aber auch ein politisches Engagement für behinderte Menschen notwendig, sollen die Menschen- und Grundrechte für Behinderte nicht nur auf dem Papier stehen, sondern verlässliche Realität sein. Ein bloßes Ablehnen der Thesen Singers reicht dabei nicht aus, wenn erfolgreich Einfluss genommen werden soll, sondern es muss zu einer kritischen, theoretisch fundierten Auseinandersetzung und mit klaren Argumenten belegten Zurückweisung kommen.

6. Pränatale Diagnostik

Die Medizin hat verschiedene Untersuchungsmethoden (Chorionzottenbiopsie, Ultraschall, Fruchtwasseruntersuchung) entwickelt, mit denen bereits vor der Geburt eine mögliche Behinderung festgestellt werden kann. Mit der Methode der „Chorionbiopsie" wird aus dem Chorionzottengewebe, aus dem sich später die Plazenta (Mutterkuchen) entwickelt, eine Gewebeprobe entnommen. Die Untersuchung des Gewebes lässt Schlüsse auf Veränderungen in der Chromosomenzahl zu, so kann z. B. Mongolismus diagnostiziert werden.

> „Zur Zeit werden die meisten Chorionbiopsien durch den Muttermund vorgenommen, indem ein 1,5 mm dünner, weicher Kunststoffkatheder unter Ultraschallsicht vorsichtig vorgeschoben wird. Über diesen Katheder werden dann wenige Milligramm Chorionzottengewebe abgesaugt und zur weiteren Untersuchung verwendet." (Lebenshilfe-Zeitung, Nr. 3, 1989)

Die Gefahr für die Mutter ist bei dieser Untersuchung gering, nur bei ca. 2 % können Komplikationen, wie eine Fehlgeburt, auftreten. Das Risiko für den Fötus ist erheblich größer.

Abb. 21: Chorionbiopsie

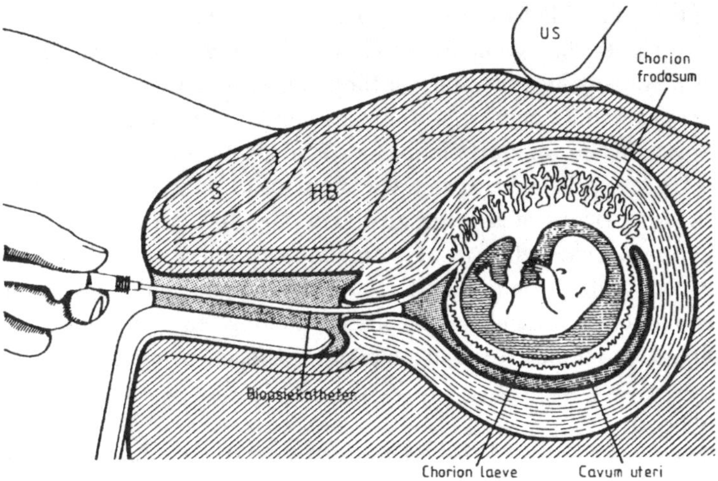

Quelle: Lebenshilfezeitung 3/1989, 10. Jahrg.
Zeichnung Frauenklinik Marburg

> „Nach Angaben der Enquete-Kommission kann bei 97 % aller schwangeren Frauen die befürchtete Anomalie ausgeschlossen werden; in 3 % aller Fälle wird eine genetische Schädigung der Feten festgestellt, die in der überwiegenden Mehrzahl zu einem therapeutischen Abort führt.“ (Thimm, Dürkop, Ruf, 1990, S. 361)

Die Geburtshilfe hat diese Diagnosemethoden entwickelt, um die Chance zu erhöhen, gesunde Kinder zu bekommen. Die Methode wird aber heute fast ausschließlich dazu benutzt, eine „pränatale Selektion“ von Kindern mit einer möglichen Behinderung vorzunehmen, was in den meisten Fällen eine Abtreibung des Fötus bedeutet.
Zwar kann keine Frau zum Ultraschall, zur Fruchtwasseruntersuchung oder zum Triple-Test gezwungen werden, aber der vorgeburtliche Check-up wird immer mehr zur sozialen Verpflichtung, zum gesellschaftlichen Druck. Wenn aber eine Behinderung verhindert werden kann, so wird die Gefahr eines geschädigten Kindes zum persönlichen „Verschulden“ der Eltern. Entsolidarisierung des gesellschaftlichen Umfeldes, offene oder stille Vorwürfe und eine immer geringere Akzeptanz der Behinderung oder des Andersseins können die Folge sein.

7. Tödliches Mitleid

Klaus Dörner, Medizinhistoriker und ärztlicher Direktor der Westfälischen Klinik für Psychiatrie in Gütersloh, hat auf einen psychologischen Vorgang hingewiesen, der für behinderte Menschen eine Bedrohung darstellt. Er nennt ihn „tödliches Mitleid". „Mitleiden" wurde im ursprünglichen Sinn als ein aktives Tun, als ein solidarisches Teilen des Leides verstanden. Später, vor allem im 19. Jahrhundert, wandelte sich dieser Begriff und wurde zu einem „Gefühl", das man empfindet, wenn man Leid sieht. Aus der *Anteilnahme* wurde ein *Selbstmitleid,* das den Anblick von Leid, z. B. schwere Körperbehinderung, geistige Behinderung, Obdachlosigkeit, als „Zumutung" empfindet und diesen Anblick vermeiden, verdrängen oder „wegmachen" will.

Abb. 22

Wahrgenommenes Leid z. B. schwere Behinderung	→	*Selbstmitleid* „Ach diese armen Menschen"	→	*Entsolidarisierung* Abtreibung, Ausgrenzung, Asylierung, „Euthanasie"

Leid und Krankheit sind für den Menschen heute scheinbar immer weniger annehmbar. Die Geburt findet im Krankenhaus statt, gestorben wird im Krankenzimmer, wenn nicht in der Abstellkammer. Behinderung soll vermieden oder aus den Augen verschwinden, damit die Straße frei ist für die jungen, dynamischen Erfolgsmenschen.

Das Mitleid, als Selbstmitleid, sucht die (sich) befreiende Tat, die „Erlösung" des anderen, der mich beunruhigt, stört oder von dem ich mich bedroht fühle. Viele (alte und junge) Menschen wünschen sich, nie pflegebedürftig zu werden, um nicht ihren Kindern oder der Umwelt zur Last zu fallen:

> „Jetzt fühle ich mich gesund, genieße meine Rente und mein Leben. Sollte ich aber pflegebedürftig werden, möchte ich noch am selben Tag tot sein. Ich kann und will mich ihnen nicht zumuten, da ich ihnen sonst den Genuß ihres Lebens beeinträchtigen würde. Das bin ich nicht wert." (Dörner, 1990, S. 52)

8. Der (behinderte) Mensch im christlichen Menschenbild

Betrachtet man die Ethik-Diskussion, so kann man feststellen, dass die scheinbar garantierte „Unantastbarkeit" des menschlichen Lebens

(vgl. Artikel 2 Grundgesetz: „Jeder Mensch hat das Recht auf Leben und körperliche Unversehrtheit“) stark in Bedrängnis geraten ist.
Wir können nicht davon ausgehen, dass in einer mehr und mehr säkularisierten Gesellschaft bei dem überwiegenden Teil der Erzieher, Heilerziehungspfleger, Verantwortlichen und Politikern eine *Rückbindung* an die christliche Überlieferung (Re-ligio = Rückbindung) und an ein christliches Menschenbild, gegeben ist. Man versucht heute vielfach, die Praxis des Umgangs mit behinderten Menschen *autonom* (aus der Wirklichkeit des Lebens abgeleitet) und nicht *theo-nom* (durch den Glauben an die Offenbarung Gottes geprägt) zu begründen (vgl. Pompey, 1990, S. 410). Die Lebenswirklichkeit des Menschen heute ist geprägt von vielfältigen Interessen, Lebensanschauungen und Ethiken.
Was beinhaltet nun ein christliches Menschenbild? Wie wird der Mensch mit einer Behinderung im christlichen Menschenbild gesehen? Schützt die christliche Sichtweise das Leben von Menschen mit Behinderungen?
Im christlichen Menschenbild wird der Mensch als *einmalig* und *von Gott geschaffen* gesehen. Er ist *Geschöpf* Gottes und trägt so sein *Abbild* in sich. Die Bezeichnung *Abbild Gottes* verweist auf das Herausgehobensein des Menschen aus den übrigen Lebewesen, was sich zeigt an seiner Weltoffenheit, an seiner biologischen Instinktentbundenheit, an seiner Fähigkeit zu Sprache, Bewusstsein, Selbstbestimmung und Gewissen (vgl. Gemeinsame Erklärung des Rates der Evangelischen Kirche in Deutschland und der Deutschen Bischofskonferenz, 1989, S. 39).
Diese *Einmaligkeit* bezieht sich nicht nur auf die *Gattung* Mensch, sondern *jeder* einzelne Mensch ist einmalig und damit unersetzbar. Jeder Mensch darf sich in diesem Sinne als von Gott *gewollt, geschaffen* und *angenommen* verstehen. Dieser Schöpfungsakt verleiht dem Menschen seine *Würde,* diese ist unverlierbar, egal auf welcher Entwicklungsstufe (vorgeburtlich oder nach der Geburt) er sich befindet, egal ob er jung oder alt, genial oder schwer geistig behindert, stark oder hilflos, unabhängig oder weitgehend autonom ist (vgl. Eicher, 1985, S. 83–94). Der Mensch ist durch seine Einmaligkeit auch *Person.* Diese persönliche Würde ist *Geschenk,* sie muss nicht durch Leistung, Funktion oder Verdienst erworben und kann auch nicht durch Behinderung verloren werden (vgl. im Gegensatz dazu den Präferenz-Utilitarismus).

In der christlichen Lehre ist Gott der Schöpfer und damit alleiniger Herr über Leben und Tod. Dem Menschen steht es nicht zu, das Lebensrecht einzuschränken oder gar darüber zu verfügen, sondern verpflichtet den Christen zum verantwortlichen Umgang mit jeglicher Schöpfung. Im christlichen Verständnis ist der *andere* Mitmensch ein *Bruder in Christus;* der andere trägt Gottes Abbild in sich, egal wie dieses Gesicht aussieht, schön oder verzerrt, gesund oder krank. Auch der schwerbehinderte Mensch trägt so das Göttliche in sich und hat ein Anrecht auf Solidarität und Hilfe.

Mensch sein bedeutet, unvollkommen sein, beinhaltet Krankheit, Leid. Der Tod ist nicht aus dem Leben zu verbannen. Behinderung gehört so selbstverständlich zum Leben. „Wir Starken sind verpflichtet, die Gebrechen der Schwachen zu tragen und nicht nach unserem Gefallen zu leben" (Paulus im Römerbrief, 15.1). Christen begründen so ihr Engagement in der Sozialarbeit und Behindertenhilfe.

9. Geistige Behinderung und Menschenwürde – Ethische Grundaussagen der Bundesvereinigung Lebenshilfe 1990

> „Die rasche Entwicklung in Medizin und Naturwissenschaften eröffnen immer mehr Erkenntnisse über Ursachen, Diagnose, Entwicklungsverlauf, Therapie und Vorsorge von Krankheiten und Behinderungen. Dadurch vergrößern sich die Erwartungen, Leid, Krankheit und Behinderung zu vermeiden und die eigene Lebens- und Familienplanung bewußt zu gestalten. Zugleich erfordern diese Möglichkeiten ein erhöhtes Maß an Verantwortung, ethischem Bewußtsein und praktizierter Solidarität insbesondere denjenigen gegenüber, die dem gesellschaftlich weitverbreiteten Bild des gesunden, leistungsstarken, perfekten Menschen nicht entsprechen" (Geistige Behinderung, 4/1990, S. 255).

Die Bundesvereinigung Lebenshilfe reagierte mit ihrer Stellungnahme einerseits auf die rasche medizinische Entwicklung (pränatale Diagnostik, Gentechnologie), andererseits auf eine neue Behindertenfeindlichkeit, die durch Kosten-Nutzen-Denken oder Präferenzsetzungen das Leben behinderter Menschen infrage stellt. Mit der Erklärung will die „Lebenshilfe" in die Diskussion eingreifen und sich damit aktiv für die Menschen- und Grundrechte geistig behinderter Menschen einsetzen.

„Grundsätze

1. *Menschenwürde*

1.1 Menschliches Leben entsteht mit der Zeugung.

1.2 Alle Menschen sind gleichwertig.

Für behindertes und nicht behindertes Leben gilt der gleiche Lebensschutz.

1.3 Jeder Mensch ist Person und als solche einzigartig und unverwechselbar. Der Entwicklungsstand einer Persönlichkeit kann nicht als Kriterium für Menschsein herangezogen werden.

1.4 Die Einzigartigkeit menschlichen Lebens verbietet es, Menschsein mit anderen Lebewesen, ihren Lebensformen und -interessen zu vergleichen bzw. gleichzusetzen.

2. *Lebensrecht*

2.1 Das Recht auf Leben ist unantastbar. Das Tötungsverbot darf durch das Selbstbestimmungsrecht des einzelnen nicht aufgehoben werden.

2.2 Die Grundrechte unserer Verfassung gelten uneingeschränkt für alle Menschen. Für Menschen mit einer Behinderung darf es keinerlei diskriminierende Sonderregelungen geben.

2.3 Experimente an menschlichem Leben sind zu verbieten. Menschliches Leben, auch vorgeburtliches Leben, darf nicht geopfert werden. Grundrechte dürfen nicht Forschungsinteressen untergeordnet werden.

2.4 Allen Abgrenzungsversuchen über Lebenswert und Lebensrecht ist eine entschiedene Absage zu erteilen. Zweckmäßigkeitserwägungen müssen ausgeklammert bleiben.

Auch schwerstgeschädigte Neugeborene dürfen nicht getötet oder dem Sterben überlassen werden.

3. *Behinderung*

3.1 Es ist normal, verschieden zu sein.

Behinderung ist nur eine unter vielen möglichen Eigenschaften eines Menschen. Sie allein prägt nicht das Wesen eines Menschen.

Menschen mit einer Behinderung können ebenso sinnerfüllt und glücklich leben wie es nichtbehinderte Menschen können.

3.2 Behinderung ist keine Krankheit, sondern eine besondere Form von Gesundheit.

4. *Gesellschaftliches Handeln*

4.1 Glück- und Leiderfahrungen gehören zum menschlichen Leben. Sie sind individuell und subjektiv.

4.2 Auch extreme Lebenssituationen (eigenes Leiden oder Mit-Leiden) sind keine Legitimation dafür, das Lebensrecht einzuschränken.

4.3 Die Gesellschaft ist unteilbar: Für alle Menschen sind gleichwertige Lebensbedingungen, Unterstützung und Hilfen zu schaffen. Kosten-Nutzen-Kriterien dürfen bei Entscheidungen über behindertes Leben keine Rolle spielen. Angebote im medizinischen, juristischen oder pädagogischen Bereich müssen bedürfnis-adäquat bereitgestellt werden.“

(Geistige Behinderung, 4/1990, S. 256/257).

Ethische Fragen und Probleme der Behindertenhilfe

1. Was ist *„Ethik"?* Definieren Sie den Begriff, und zeigen Sie auf, auf welche Fragen die Ethik Antworten zu geben vermag.
2. Welche *aktuellen Problembereiche* erkennen Sie in der heutigen Behindertenhilfe, die einer *ethischen Klärung* bedürfen?
3. Erläutern Sie die *Hintergründe des Euthanasieprogramms* in der Zeit des Nationalsozialismus:
a) Was bedeutete „Aktion T 4" und welche Folgen hatte sie für behinderte Menschen?
b) Welche Gesetze und Erlasse machten die Massentötung möglich und wieviel behinderte und psychisch kranke Menschen verloren ihr Leben?
4. Nehmen Sie Stellung zu den Bezeichnungen „lebensunwert" und „lebensuntüchtig".
a) Woher stammen die Begriffe?
b) Welches Menschenbild steht hinter diesen Bezeichnungen?
c) Erkennen Sie heute ähnliche Einstellungen?
5. Beschreiben Sie, wie die heutige *Euthanasiediskussion* in den Niederlanden geführt wird und welche konkreten Vorschläge gemacht werden?
6. Was will der „Gesetzesvorschlag zur Verringerung der Zahl behinderter (anormaler) Kinder" in *Frankreich* erreichen?
a) Welche Regelungen werden vorgeschlagen?
b) Welche konkreten Folgen haben diese Vorschläge für ein Kind, das mit einer Missbildung geboren wird?
c) Welches Menschenbild leitet diese Vorschläge?
d) Beurteilen Sie auf diesem Hintergrund das sogenannte „Elternrecht".
7. Was bedeutet *„Präferenz-Utilitarismus"* im Konzept einer „Praktischen Ethik" bei Singer?
8. Welche Thesen formuliert Singer bezüglich des Umgangs mit einem mit Missbildungen geborenen Kind?
9. Welchen *Personenbegriff* gebraucht Singer? Vergleichen Sie diesen Personenbegriff mit dem christlichen Menschenbild.
10. Welche *Folgen* erkennen Sie durch ein vom Präferenz-Utilita-

rismus geprägtes Zusammenleben von Menschen, speziell für kranke und alte Menschen?

11. Welche *Untersuchungsmethoden* im Rahmen einer Pränatalen Diagnostik gibt es?

12. Stellen Sie die Begriffe *„Pränatale Diagnostik"* und *„Pränatale Selektion"* gegenüber und zeigen Sie mögliche Folgen in der Praxis auf.

13. Welche *ethischen Positionen* sind bezüglich einer pränatalen Diagnostik denkbar und wie bewerten Sie diese?

14. Zeigen Sie die Wirkung des sogenannten *„Tödlichen Mitleids"* (Dörner) auf und beschreiben Sie die möglichen Folgen für Akzeptanz und die Sicherheit behinderter Menschen.

15. Wie wird ein Mensch mit Behinderung oder Beeinträchtigung im *christlichen Menschenbild* gesehen? Beschreiben Sie, was in diesem Zusammenhang die Vorstellung vom Menschen als „Geschöpf" und „Abbild" Gottes bedeutet.

16. Beschreiben Sie die Chancen und Gefahren der Gentechnologie. Berücksichtigen Sie dabei besonders die möglichen Folgen für das Leben von Menschen mit Behinderung und die gesellschaftliche Akzeptanz von Behinderung.

11. Weiterführende Literatur

Brüll, M.: Helfen statt töten. Theologische Betrachtungen zum Recht auf Leben, in: Lebenswertes Leben, Hrsg. Stiftung Liebenau, 9/1990

Bundesvereinigung Lebenshilfe (Hrsg.): Thimm, W.: Ethische Aspekte der Hilfen für Behinderte, Marburg 1989

Dies.: Positionspapier zur Frage der Schwangerschaftsverhütung bei Menschen mit geistiger Behinderung, Marburg 1988

Deutsche Gesellschaft für Medizinrecht (Hrsg.): Empfehlungen zur Sterilisation geistig Behinderter. 2. Einbecker Workshop, 19.–21. 6. 1987

Dörner, K.: Geschichte und Kritik des Tötens als „Erlösen", in: Behindertenpädagogik, 1/1990

Eicher, P.: Neues Handbuch theologischer Grundbegriffe, Bd. 3, München, 1985

Geistige Behinderung, 4/1990

Gesellschaft zur Verhinderung behinderten Lebens (A.P.E.H.): Gesetzesvorlage zur Verringerung der Zahl behinderter (anormaler) Kinder, 1987

Jantzen, W.: Sozialisation und Behinderung, Gießen 1974

Kasper, F. / Wollasch, J.: Bilder aus 100 Jahren caritativer Sorge um geistig Behinderte, Freiburg 1981

Kirchenamt der Evangelischen Kirche in Deutschland und Sekretariat der Deutschen Bischofskonferenz: Gott ist ein Freund des Lebens. Herausforderungen und Aufgaben beim Schutz des Lebens, Trier 1989

Lebenshilfezeitung, Nr. 2, 1988

Lebenshilfezeitung, Nr. 3, 1989

Löw, R.: Menschen aus dem Labor, (Hrsg.): Katholische sozialwissenschaftliche Zentralstelle Mönchengladbach/Köln 1986

Pannenberg, W.: Anthropologie in theologischer Perspektive, Göttingen 1983

Publik-Forum, Nr. 15, 21. 7. 1989

Pompey, H.: Eine human-biologische Option für das Lebensrecht behinderter Menschen, in: Caritas, 9, 1990

Schlosser, A.: Geistige Behinderung in Zukunft vermeidbar? Doch um welchen Preis? Anstalt Stetten 1990

Singer, P.: Praktische Ethik, Stuttgart 1984

Stolk, J.: Euthanasie bei geistig Behinderten. Eine Bewertung der aktuellen Euthanasie-Diskussion in den Niederlanden, in: Geistige Behinderung, 4/1990

Thimm, W., Dürkop, P., Ruf, S.: Ethische Überlegungen zur humangenetischen Beratung und pränatale Diagnostik, in: Geistige Behinderung, 4/1990

Weber, D.: Euthanasie für das Jahr 2000. Der Techno-Faschismus marschiert, in: Publik-Forum, 15/21. 7. 89

IX. Psychohygiene: Psychische Belastungen in der Berufsarbeit, Möglichkeiten der Selbstreflexion und Supervision

Lernziele:
Der Studierende soll erkennen, dass seine berufliche Arbeit weitgehend als menschliche Zuwendung und Hinwendung verstanden werden kann und dass diese Beziehungsarbeit durch schwierige Erfahrungen und Erlebnisse zu psychischen Belastungen und psychischen Erschöpfungen führen kann.
Er soll ermutigt werden, eigene Ängste und Befürchtungen wahrzunehmen und anzuerkennen.
Der Wunsch nach Supervision soll als berechtigt erfahren und regelmäßige Beratung als notwendig für die Qualität der Arbeit erkannt werden.
Der Studierende soll erkennen, dass er selbst etwas aktiv für seine Persönlichkeitsbildung und für seine Psychohygiene tun kann und tun muss und einen Einblick in konkrete Möglichkeiten erhalten.
Er soll erkennen, dass regelmäßige Fortbildung unverzichtbar für die Qualität der beruflichen Praxis und damit für ein humanes Leben behinderter Menschen ist.

Wir haben die Aufgaben des Heilerziehungspflegers und Heilerziehungshelfers mit den Schwerpunkten *Erziehen, Pflegen, Fördern, Beraten und Begleiten* beschrieben (vgl. Kapitel III, 4.–4.7). HeilerziehungspflegerInnen und HeilerziehungshelferInnen müssen regelmäßig und wiederkehrende Beziehungen zu Menschen aufbauen, gestalten und wieder lösen, und zwar zu Menschen, die man sich nicht ausgesucht hat. Im Zentrum der Arbeit steht die *menschliche Zuwendung,* die *Hinwendung* zum anderen (behinderten) Menschen, der diese Gefühle vielleicht in dieser Art nicht oder nur sehr schwer erwidern kann. Die Kommunikation mit schwerbehinderten, oft sprachlosen Menschen ist eingeschränkt. Rückmeldungen, ob mein Anliegen, meine Zuwendung auch verstanden wurde, sind oft nur schwer erkennbar.

Häufig müssen basale, nonverbale, körpernahe Formen der Verständigung gesucht und erprobt werden.
Diese Beziehungsarbeit, von vielen ambivalenten Erfahrungen begleitet, führt zu Belastungen, oftmals zur psychischen Erschöpfung. Das Phänomen des „burn out“ (Ausbrennen) ist aus der Arbeit von Therapeuten, Sozialarbeitern, Seelsorgern und auch von Berufserziehern in der Behindertenhilfe bekannt. Die Arbeit verliert ihren Sinn, der Idealismus der Anfangszeit verschwindet, der Wunsch, die Arbeit aufzugeben, wächst. Der Umgang mit verhaltensauffälligen, autoaggressiven Behinderten kann Ängste erzeugen, die verarbeitet werden müssen. Bei manchem Heilerziehungspfleger taucht schon sehr früh die Frage auf: „Wie lange kann ich diese Arbeit machen?“ „Werden meine Kräfte reichen?“ Oft ist nicht genau auszumachen, was diese Gefühle auslöst. Der Kontakt zu dienstälteren Kollegen, die resigniert haben, weil sich z. B. bestimmte institutionelle Bedingungen (Personalmangel) nicht verändern lassen oder die gesellschaftliche Anerkennung in Form von höherer Bezahlung ausbleibt, verstärkt die eigenen Zweifel. Nicht alle Fachkräfte zeigen indes und nicht alle zeigen in gleicher Intensität diese Resignations- und Erschöpfungssymptome. Eine Ausbildungsstätte muss sich fragen, was sie zur Berufszufriedenheit beitragen und wie sie die Studierenden auf den Umgang mit Problemen vorbereiten kann.
HeilerziehungspflegerInnen benötigen neben ihrer Fachkompetenz, ihrem Wissen und Können, auch eine Persönlichkeitskompetenz, d. h. die Fähigkeit mit Menschen, die durch psychische, körperliche oder geistige Einschränkung behindert sind, Beziehungen in hilfreicher Form zu gestalten und schwierige Erlebnisse zu verarbeiten. Ausbildungs- und Praxisstellen müssen sich verstärkt um diese Persönlichkeitskompetenz kümmern und Hilfen zur Selbstreflexion und Supervision anbieten, d. h. Wege aufzeigen, wie HeilerziehungspflegerInnen und HeilerziehungshelferInnen ihre anstrengende Tätigkeit ausüben können, ohne psychisch und physisch auszubrennen.

1. Angst und Hoffnung

Im Rahmen des Faches Berufskunde ist der Verfasser zusammen mit Studierenden verschiedener Jahrgangskurse der Frage nachgegangen:

Welche *Ängste* und *Hoffnungen* begleiten einen Heilerziehungspfleger oder Heilerziehungshelfer während seiner Ausbildung?
Unter *Angst* wurden die Gefühle verstanden, die blockieren und hemmen, Stagnation hervorrufen, das Vertrauen in die Zukunft verlieren und Gedanken der Flucht aus dieser Arbeit aufkommen lassen. Als *Hoffnungen* wurden die Gefühle und Gedanken gekennzeichnet, die vorwärts zeigen, Mut machen und auf die Zukunft vertrauen lassen.
Die Ergebnisse der Gespräche und Diskussionen lassen sich in folgende Thesen fassen:

These 1
Über Angst wird in der Praxis nicht gesprochen, da dies als Zeichen von Schwäche gewertet wird.

Viele Studierende, vor allem in der Teilzeitausbildungsform, fühlen sich ohne genügend Einarbeitung „ins Wasser geworfen“ und versuchen, den Alltag im Umgang mit behinderten Menschen irgendwie durchzustehen. Äußerungen von Unsicherheiten, Befürchtungen und Ängste werden als Schwäche gewertet; Gefühle zeigt man nicht und versucht statt dessen, möglichst bald Sicherheit und Kompetenz zu demonstrieren. Hier scheint sich unsere gesellschaftliche Situation zu spiegeln, in der nur der Tüchtige, der Junge und Dynamische, der Mutige und der Erfolgreiche etwas gilt. Wer Angst hat, ist *schwach* und *Schwach-Sein ist negativ.* Die Angst wird tabuisiert, und der Studierende versucht im Team mit ausgebildeten Kollegen sich nichts anmerken zu lassen, so wie diese es ebenfalls nicht tun.
Beratung und Supervision als Hilfen für Berufe, die mit zum Teil sehr schwierigen Menschen arbeiten, gelten nicht überall als selbstverständlich. Das gängige Vorurteil lautet: „Wer Beratung braucht, der wird's schon nötig haben.“

These 2
HeilerziehungspflegerInnen und HeilerziehungshelferInnen in Ausbildung haben ähnliche Befürchtungen und Ängste, wie andere Menschen in dieser Zeit und in dieser Gesellschaft auch.

Die Studierenden der Heilerziehungspflege beschäftigen sich mit ähnlichen Fragen wie ihre Alterskollegen auch. In unserer Zeit werden Behinderung, Krankheit, Alter und Tod ausgegrenzt und finden im

Heim oder Krankenhaus statt. Junge Menschen, die sich entschlossen haben, HeilerziehungspflegerIn oder HeilerziehungshelferIn zu werden, werden täglich mit Krankheit, Behinderung, Alter und Tod konfrontiert. Sie sind direkt *betroffen* und müssen diese Erlebnisse *aushalten.* Dies löst Unsicherheiten und Befürchtungen aus, die *verarbeitet* werden müssen.

These 3
Sie haben Angst vor schwer erklärbaren Verhaltensweisen behinderter Menschen.

Ein Studierender berichtete aus seiner Praxis von einem autoaggressiven Mann in seiner Gruppe, der sich die Lippe abgebissen hatte und in Erregungszuständen seinen Kopf an der Wand blutig schlug. Der Schüler hatte massive Ängste *allein im Dienst* zu sein, da er befürchtete das Verhalten würde wieder auftreten und er könne nicht richtig reagieren. Er zweifelte an seinen pädagogischen Fähigkeiten und an seiner Eignung für diesen Beruf und überlegte die Ausbildung abzubrechen. Bei den Mitarbeitern im Team fand er kein Verständnis für seine *Ängstlichkeit.* „Da musst du durch“, hieß es kurz und bündig.
Eine andere Studierende berichtete von ihrer Angst vor einem behinderten, aber körperlich sehr starken Mann, der oft in aggressiver Weise über Gruppenmitglieder herfalle, wenn sie im Dienst sei. Er greife auch sie selbst körperlich an und sie habe durch ihren zierlichen Körperbau „keine Chance“ einzugreifen. Auffallend war auch bei ihr, dass die Angst vor einem behinderten Menschen tabuisiert wurde, da sie doch einen Beruf ergriffen hatte, um behinderten Menschen zu *helfen.* Angst erlebte sie als *Versagen.*

These 4
HeilerziehungspflegerInnen und HeilerziehungshelferInnen in der Ausbildung haben Angst vor dem Umgang mit Speichel, Erbrochenem, Blut und Kot.

Der Umgang mit Speichel, Erbrochenem, Blut und Kot kann Angst und Ekel verursachen, gehört aber zur täglichen pflegerischen Praxis. Auch darüber wird in der Praxis *nicht* gesprochen. Es gehört offensichtlich zu den *Fähigkeiten,* die man von einem Betreuer erwartet, dass er seinen Ekel herunterschluckt und wortlos saubermacht. Mitarbeiter der Behindertenhilfe müssen lernen ihre Gefühle als *zulässig* zu akzeptieren und mit Kollegen auszutauschen. Häufig wird die Erfahrung gemacht, dass allein schon das *Darüber-sprechen-können* entlastend wirkt.

These 5
Sie haben Angst, in der beruflichen Arbeit zu versagen.

Bei der Einarbeitung in den Beruf oder nach der Berufswahl können Zweifel entstehen, ob man den richtigen Beruf ergriffen hat. Die heilerzieherische Praxis ist sehr komplex. Sie vollzieht sich nicht nur in geschlossenen Wohnbereichen, sondern umfasst Pflege, Beratung und verlangt auch verwaltungstechnisches Wissen in neuen Arbeitsfeldern, wie betreuten Wohngruppen, Wohngemeinschaften, Einrichtungen für Sinnesbehinderte oder Beratungsstellen.
Der Beruf des Heilerziehungspflegers erfordert heute die Integration von Wissen, Fertigkeiten und Kompetenzen aus anderen Berufsfeldern, u. a. aus Medizin, Theologie, Sozialarbeit, Bewegungserziehung. Dieses Wissen ist verstärkt wissenschaftlich fundiert, aber häufig ist der Betreuer auf sein allgemeines Wissen, seine Intuition und Lebenserfahrung angewiesen, denn er begleitet ja die Lebenspraxis von Menschen und gestaltet ihre Lebenswelt.
So kann das Gefühl entstehen, nicht genügend ausgebildet zu sein, nur im Rahmen einer „Schmalspurausbildung“ von allem etwas und nichts richtig und ausreichend gelernt zu haben.
Es ist wichtig, schon während der Ausbildung die *Spannungen einer multifunktionalen Tätigkeit* aushalten zu lernen, darin sogar eine Chance und Stärke des Berufes, aber auch seine Grenzen zu erkennen. Regelmäßige Fortbildung ist in diesem Zusammenhang unverzichtbar, dies gilt auch für begleitende Supervision.

These 6
Sie haben Angst, übertragene Verantwortung nicht erfüllen zu können.

Belastend und beängstigend wird häufig auch der Verantwortungsdruck erlebt, z. B. bei der Aufsicht über schwerbehinderte Menschen. So musste ein Studierender ein Erlebnis verarbeiten, als in den ersten Wochen seiner Ausbildung in seiner Gruppe ein Bewohner beim Essen erstickte und alle Hilfsmaßnahmen erfolglos blieben.

In einem weiteren Fall war eine behinderte Frau während einer Ferienmaßnahme aus einem Hochbett gestürzt und hatte sich tödlich verletzt. Die Frage nach einer möglichen strafrechtlichen Verantwortung und die daraus entstehenden Folgen für die berufliche und private Zukunft belasteten den Studierenden über Wochen.
Das berufliche Zusammenleben mit sehr alten Menschen bedeutet, sich mit dem Sterben und damit auch mit dem eigenen Tod und dem Sinn des eigenen Lebens auseinandersetzen zu müssen.

These 7
Sie haben Angst, von der Arbeit „aufgefressen" zu werden.

Der freien Zeit wird heute ein sehr hoher Wert zugemessen. Die Studierenden nennen den Schichtdienst und vor allem den Wochenenddienst als Gründe für ihre Unzufriedenheit. HeilerziehungspflegerInnen und HeilerziehungshelferInnen müssen damit rechnen, im Abstand von zwei Wochen am Wochenende arbeiten zu müssen. Krankheiten von Mitarbeitern, Schwangerschaftsvertretungen oder eine Abwesenheit wegen Fortbildung machen oft sogar Überstunden und zusätzliche Wochenenddienste notwendig.
Ihr Beruf entwickelt sich konträr zur Freizeitgesellschaft, und dies beunruhigt verständlicherweise Berufsanfänger. Sie haben Angst, den Freundeskreis, den „Anschluss" zu verlieren und nach einigen Jahren so *festgefahren* zu sein, dass sie sich eine Umstellung oder ein anderes Tätigkeitsfeld nicht mehr zutrauen.
Die für den Beruf des Heilerziehungspflegers bzw. Heilerziehungshelfers typische *Vermischung von Beruf und privatem Bereich* kann auch anfälliger machen für Unsicherheiten und Ängste. So kann das Sterben eines Gruppenbewohners nicht nach Dienstschluss einfach zur Seite gelegt werden, sondern wird den Betreuer auch noch nach Feierabend beschäftigen. Die Auseinandersetzung mit dem *eigenen Sterben* und das Akzeptieren der *eigenen Endlichkeit* ist für einen 20jährigen Studierenden nicht einfach.
Wird die Arbeit zunächst als *neu, spannend* erlebt, wird sie später als *belastend,* manchmal als *bedrohlich* empfunden, weil man nicht mehr abschalten kann und die Angst auftritt, von der Arbeit *aufgefressen* zu werden.

These 8
Sie haben Angst vor dem Sinnverlust der Arbeit.

Während jeder Ausbildung tritt die Frage auf, ist dieser Beruf eigentlich richtig für mich? Bin ich hier am richtigen Platz? In fachlich differenzierten Einrichtungen erlebt ein junger Heilerziehungspfleger oftmals, dass schon alles fest geordnet ist, dass es offensichtlich nichts mehr zu verändern und zu entwickeln gibt. Alles ist schon vorgedacht, Ideen und Posten sind bereits besetzt. „Wenn ich gehe, fällt dies nicht auf, alles geht weiter, ich bin auswechselbar." Wenn dann noch ein Zivildienstleistender den Platz einer Fachkraft ersetzt, führt dies erst recht zu Sinnverlust und Mangel an beruflicher Sicherheit.

These 9
Sie haben Angst vor der Zukunft in der Behindertenhilfe.

Wie wird die Zukunft aussehen? Wie wird sich die Behindertenhilfe entwickeln? Wird es zukünftig nur noch schwer- und mehrfachbehinderte Menschen mit Verhaltensauffälligkeiten in den Heimen geben? Wird es zu einer Massierung von fremd- und autoaggressiven Menschen in Einrichtungen kommen? Werde ich nach 10–20 Jahren, als 50–60-jähriger Heilerziehungspfleger oder Heilerziehungshelfer noch diesen Aufgaben gerecht werden können?

These 10
Sie haben Angst, selbst zu erkranken und sich durch die Arbeit mit Behinderten zu verändern.

Erstaunlich häufig trifft man auf die Befürchtung in der Arbeit mit behinderten Menschen selbst zu erkranken. Die Arbeit mit kranken und behinderten Menschen kann zu Erkrankungen führen, z. B. durch Hygienemittelgebrauch und durch Pflegetätigkeiten können sich Allergien entwickeln. Der Umgang mit an Ruhr- oder Salmonellenerkrankten einer Einrichtung kann auch bei den Mitarbeitern zum Ausbruch dieser Krankheit führen. Trotz medizinischem Wissen und aufgeklärter Lebensweise befürchten einige zukünftige Betreuer durch den langjährigen Umgang mit behinderten oder psychisch kranken Menschen selbst psychisch zu erkranken. Diese Ängste mögen irreal sein, doch sie sind da und sollten ernst genommen werden.

Welche *Hoffnungen* haben angehende HeilerziehungspflegerInnen und HeilerziehungshelferInnen? Welche Perspektiven erkennen sie? Wodurch fühlen sie sich ermutigt?

These 1
Es ist verpönt, über Freude in und an der Arbeit zu sprechen.

Man verstärkt sich häufig beim Klagen über schlimme Situationen. „Wenn einer sagt, ich freue mich am Montag wieder arbeiten zu dürfen und die Arbeit macht mir Spaß, dann hält man mich für verrückt". Diese Haltung muss nachdenklich machen. Warum hat man verlernt, die Freude an der Arbeit auszudrücken, warum wird diese Haltung so abgelehnt? Es ist notwendig, schon während der Ausbildung zu lernen, sein Können, Erfolge in der Arbeit wahrzunehmen, sich darüber zu freuen und nicht nur auf die Probleme zu starren.

These 2
Heilerziehungspfleger und Heilerziehungshelfer erleben Freude und Zufriedenheit durch den Umgang mit (behinderten) Menschen.

Das Zusammensein mit behinderten Menschen, die intensiven Begegnungen und Beziehungen können sehr befriedigend sein. Einige Aussagen von Studierenden:

> „Meine Gruppenbewohner freuen sich, wenn ich in die Gruppe komme, man wartet auf mich. In welchem Beruf gibt es das sonst noch?"
> „Die Freude unserer Behinderten ist ansteckend, dies überträgt sich auf mich."
> „Sie zeigen so spontan und ehrlich ihre Gefühle, ich habe viel von ihnen gelernt."

Solche Erfahrungen stellen die berufliche Zukunft in ein positives Licht, die Arbeit erscheint sinnvoll. Es ist wichtig positive Erfahrungen anzuerkennen und sie nicht sofort als Ausdruck eines *Helfersyndroms* abzuqualifizieren.

These 3
Sie erfahren Selbstständigkeit und Flexibilität in der beruflichen Arbeit.

Die Studierenden betonen die *Freiheit in der Gestaltung* des Alltags. Sie erleben, dass sie weitgehend selbstständig entscheiden können, was sie in und mit ihrer Gruppe unternehmen. Sie fühlen sich in der Tagesgestaltung weitgehend autonom. Selbstständigkeit und Vielfältigkeit der Arbeit (Pflege, Gespräche, Musik, Tanz, Beratung, Therapie, Förderung) werden als befriedigend erlebt.

These 4
Der Wert der eigenen Person wird erlebt.

Der Wert der eigenen Person, der Persönlichkeit wird in der beruflichen Arbeit erlebt, man wird gebraucht als ganz konkrete Person. Dies sind Erfahrungen der *Stimmigkeit,* der *Akzeptanz* und der *Selbstverwirklichung.*

> „Ich kann in die Arbeit meine Persönlichkeit einbringen. Ich kann so leben und mich verhalten, wie ich wirklich bin".
> „Ich muss mich nicht verstellen, muss keine starren Rollen spielen".

These 5
Der Erfolg der beruflichen Arbeit und ihr Sinn werden sichtbar.

Erzieher erleben oft die Früchte ihrer Arbeit nicht, weil sie den Kontakt zu den ehemaligen Edukanden verloren haben. Heilerziehungspfleger betonen dagegen den *sichtbaren Erfolg* ihrer Arbeit. „Der Erfolg meiner Arbeit ist sichtbar, ich weiß, was ich tue und wofür ich mich einsetze. Früher habe ich in einem Industriebetrieb nur Teilstücke gefertigt, heute bin ich für das Ganze meiner Arbeit verantwortlich." Die berufliche Arbeit ist plausibel.

Hoffnungen, Ängste, Perspektiven und Gefühle der Resignation liegen dicht beieinander. Die Spannung wird sich nicht ganz lösen lassen, aber es müssen Wege gefunden werden, damit der Beruf trotz aller Belastungen *lebbar* bleibt.
Was können die Ausbildungsstätten, die Praxisstellen, der Heilerziehungspfleger selbst dazu beitragen, Perspektiven in der Berufsarbeit zu erkennen und nicht *auszubrennen* oder in *Resignation zu versinken?* Welche Hilfen sind erkennbar?

2. Persönlichkeitsbildung und Psychohygiene

Schon während der Ausbildung muss ein zukünftiger Berufserzieher in der Arbeit mit behinderten Menschen einige Grundeinstellungen klären, die in seiner täglichen Arbeit über Jahre hinweg große Bedeutung haben werden. Dieter Fischer hat 1989 in einem Vortrag vor Schulleitern von Schulen für Heilerziehungspflege einige Fragen präzisiert:

> Welche Bedeutung haben für mich *Geld* und *Besitz?* Geldverdienen und Streben nach materieller Sicherheit sind legitime Bedürfnisse. Heilerziehungspfleger und Heilerziehungshelfer sind aber Berufe mit beschränkten finanziellen Aufstiegsmöglichkeiten. Steht das Geldverdienen an oberster Stelle, so ist der Konflikt vorprogrammiert. Dies schließt auf keinen Fall aus, dass Berufserzieher für eine bessere Bezahlung kämpfen, aber auch eine oder zwei Gehaltsgruppen mehr würden an diesem Grundproblem wenig ändern.
> Wieviel *Macht* brauche ich über andere Menschen? Wie weit kann ich mich bemächtigen lassen? Wie weit kann ich ertragen, dass ich Anweisungen ausführen muss, dass jemand über mich bestimmt?
> Wieviel *Zeit* brauche ich? Unsere Lebenszeit ist begrenzt, Zeit ist kostbar. Wieviel von meiner Zeit will ich für die Arbeit abgeben? Wieviel Zeit (Freizeit) brauche ich zur Erholung? Welchen Stellenwert hat für mich das Wochenende und wie weit kann ich meine Freizeitwünsche auf andere Tage übertragen? Viele Menschen sind heute bereit nur noch 50 % der Wochenarbeitszeit zu arbeiten, um mehr Zeit für sich selbst zu haben. Sie schrauben ihre Privatausgaben und ihren Konsum drastisch zurück, um z. B. zu reisen oder anderen Interessen nachzugehen. Das Zusammenleben im Heim kann aber nicht durch die Verdopplung des 50 %-Personals gelöst werden. Will ich eine andere Zeitteilung akzeptieren?
> Wieviel *Verantwortung* will ich übernehmen und tragen? Wir leben in einer Zeit, in der immer mehr Menschen Verantwortung abgeben wollen, z. B. auch durch Teilzeit-Arbeitsverträge.

Ohne Auseinandersetzung mit diesen Fragen sind Unzufriedenheit und Spannungen vorprogrammiert.

Entwicklung der Fähigkeit, Beratung annehmen zu können
HeilerziehungspflegerInnen und HeilerziehungshelferInnen müssen während ihrer Ausbildung ermutigt und befähigt werden, Beratung zu suchen und anzunehmen. Da ihre Arbeit immer mehr Beziehungsarbeit ist, muss Supervision als eine unverzichtbare Form der Fortbildung und der beruflichen Persönlichkeitsentwicklung erkannt werden. Die negative Haltung: „Wer Beratung braucht, der hat's wohl nötig", muss in eine positive Einstellung verwandelt werden: Wer Beratung braucht und fordert, der hat recht und ein Recht darauf.

Gegenseitige Rollenstützung
HeilerziehungspflegerInnen und HeilerziehungshelferInnen zeigen wenig Neigung, sich zu organisieren, nur eine kleine Zahl ist im Berufsverband engagiert. Wenn die Berufsvertreter aber nicht über die Stufe des gemeinsamen Klagens über die aktuelle Situation hinauskommen und nicht lernen, sich gegenseitig in ihren berechtigten Forderungen und Veränderungsvorschlägen zu stützen, wird die Berufsunsicherheit nicht abnehmen. Für gute fachliche Arbeit ist gesellschaftliche Anerkennung und entsprechende Bezahlung zu fordern, Einzelkämpfer haben dabei nur geringe Chancen. Es müssen Wege gesucht und aufgezeigt werden, wie berechtigte Forderungen und Änderungsvorschläge artikuliert und durchgesetzt werden können.
Vom *Gefühl des Ausgeliefertseins* muss ein Weg aufgezeigt werden zur *Gewissheit des Einflussnehmen-Könnens,* und solche Wege gibt es. Die Heilerziehungspflege muss hier etwas von den Methoden der Sozialarbeit lernen und auch die Organisationssoziologie stärker einbeziehen.

Verbesserung der Äußerungsfähigkeit
Heilerziehungspfleger müssen lernen, ihre Arbeit nach außen zu vertreten, sie sind heute noch weitgehend *sprachlos.* Der Einsatz der eigenen Person, die *Beziehungsarbeit* muss als wertvoll auch nach außen dargestellt werden. Heilerziehungspflege ist ein Stück gelebte Humanität und Lebenskultur in unserer Gesellschaft. Wenn es das Engagement dieser Berufsgruppen nicht gäbe, wäre unsere Gesellschaft ärmer.

Sorge für die Qualität der Arbeit / Fortbildung
Die Heilerziehungspflege ist in den vergangenen Jahrzehnten differenzierter geworden, das Wissen hat sprunghaft zugenommen, dies erfordert eine laufende Weiterqualifikation und regelmäßige Fortbildung. Es muss daher Selbstverständlichkeit werden, jedes Jahr eine mehrtägige Fortbildungsveranstaltung zu besuchen und außerhalb der eigenen Einrichtung einen Austausch mit Kollegen zu suchen. Der Verzicht auf Fortbildung ist der Verzicht auf Weiterentwicklung der Fach- und Persönlichkeitskompetenz und zugleich der Anfang beruflicher Resignation.

3. Übungsfragen

Psychohygiene

1. Was bedeutet „Psychohygiene“ und welchen Zusammenhang sehen Sie bezüglich der Berufsausübung von HeilerziehungspflegerInnen und HeilerziehungshelferInnen?
2. Nennen Sie Gründe, wodurch psychische Belastungen bei Berufserziehern auftreten können.
3. Wodurch können Ängste und Unsicherheiten im Berufsalltag von Betreuern entstehen? Beschreiben Sie die Ängste und zeigen Sie auf, inwieweit diese begründet bzw. unbegründet sind.
4. Woraus können Betreuer Freude, Hoffnung und Perspektive für ihre Berufsarbeit schöpfen?
5. Was kann ein Berufserzieher für seine eigene Persönlichkeitsbildung und seine Psychogygiene tun? Nennen Sie konkrete Möglichkeiten, die bereits während der Ausbildung und in der späteren Berufspraxis gegeben sind.

4. Weiterführende Literatur

Adam, H.: Das burn-out-Syndrom, in: Korrespondenzblatt Evang. Schulen und Heime, 1/1981

Fischer, D.: Psychohygiene. Zur Psychohygiene des Erziehers und Lehrers in der sonderpädagogischen Arbeit mit schwerbehinderten Menschen, in: Behinderte, 3/1983

Gamm, H. J.: Umgang mit sich selbst. Grundriss einer Verhaltenslehre, Hamburg 1980

Schmidbauer: Die hilflosen Helfer, Hamburg 1977

Pines, A. M.; Aronson, E.; Kafry, D.: Ausgebrannt. Vom Überdruss zur Selbstentfaltung, Stuttgart 1985[2]

X. Fort- und Weiterbildung

Lernziele:
Der Studierende soll erkennen, dass eine qualifizierte berufliche Arbeit als HeilerziehungspflegerIn oder HeilerziehungshelferIn ständige Fortbildung erfordert.
Der Studierende soll einen Überblick über Fort- und Weiterbildungsmöglichkeiten und Fortbildungsinstitute erhalten, da diese Kenntnis eine wesentliche Voraussetzung für die eigene Fortbildungs- und Berufsplanung ist.
Er soll die verschiedenen Formen der Fort- und Weiterbildung, ihre Voraussetzungen und Abschlüsse bzw. Qualifikationen unterscheiden können.

Es herrscht Konsens darüber, dass berufliche Fortbildung in unserer Gesellschaft für alle Menschen und alle Berufsgruppen notwendig ist. Die Entwicklung des beruflichen Wissens geht rasch voran. Wer sich nicht regelmäßig fort- und weiterbildet, verliert den Anschluss. Berufliches Wissen veraltet und auch Erfahrungen sind nicht unbegrenzt verwendbar.
Berufliche Fortbildung im Bereich der Heilerziehungspflege dient damit auch dem Klienten, dem behinderten Menschen, denn die Weiterqualifizierung des pädagogischen Mitarbeiters hilft die Qualität der Betreuung zu verbessern.
Als Beispiel ist hier die Förderung schwergeistig Behinderter zu nennen, die bis in die 60er Jahre hinein als nicht bildbar, als nicht förderbar galten, da sie kaum zur Kommunikation fähig schienen. Die Entwicklung der Konzepte der basalen Kommunikation und der körpernahen Therapien haben hier einen neuen, erfolgversprechenden Zugang zu diesen Menschen geschaffen und damit neue Wege der Förderung und der Verbesserung der Lebensqualität aufgetan. Diese neuen Konzepte und ihre theoretischen Hintergründe müssen von den Berufserziehern durch Fortbildung aufgenommen werden, sei es durch Literatur, Fachzeitschriften oder Teilnahme an Fachtagungen.
Ein weiterer Grund für die Notwendigkeit von Fortbildung liegt in der Bedeutung der Persönlichkeit des Berufserziehers für die Beziehung

zum behinderten Menschen. Die Fähigkeit zur Beziehungsgestaltung, die Verarbeitung von Enttäuschungen, die Schaffung eines entwicklungsfördernden Milieus verlangen auch eine Pflege und Förderung der Persönlichkeit des Erziehers. Dies setzt Austausch, Offenheit für Veränderungen, das Kennenlernen neuer Methoden und Konzepte, sowie das Verlassen unzureichender alter Verfahrensweisen voraus und muss in gezielter Form durch Fortbildung geschehen.
Regelmäßige Fortbildung bedeutet, aktuelle Informationen zur Verfügung zu haben, Entwicklungen aus erster Hand aufgezeigt zu bekommen. Dies kann dazu helfen, sich weniger abhängig zu fühlen. Ein selbstsicherer und selbstbewusster Berufserzieher ist in der Regel auch ein gut informierter und weitergebildeter Mitarbeiter.

Einige Regeln für eine regelmäßige Fortbildung:

a) regelmäßig mindestens eine Fachzeitschrift lesen,
b) mindestens einmal pro Jahr eine Fachtagung oder Fortbildungsveranstaltung besuchen,
c) Aufbau einer kleinen Hausbibliothek,
d) regelmäßige Supervision.

Als guter Weg hat sich erwiesen, dass jeder Kollege im Team eine andere Fachzeitschrift liest und durcharbeitet und seine Mitarbeiter auf bedeutsame Fachartikel hinweist. Fachzeitschriften zeigen in der Regel rasch neue Entwicklungen auf, während Fachbücher in der Regel ein paar Jahre später erscheinen. Die Teilnahme an einer Fachtagung pro Jahr gehört mit zu den Pflichten eines Arbeitnehmers, es gehört aber auch zu den Fürsorgepflichten eines Arbeitgebers, diese zu ermöglichen, und das auch, wenn gerade wieder einmal Personalknappheit herrscht, denn das dürfte wohl ein Dauerproblem der Heimerziehung sein.
Regelmäßige Supervision ist eine ausgezeichnete Form der Weiterbildung und der Arbeit an der eigenen Person im Sinne beruflicher und persönlicher Reifung. Viele Arbeitgeber übernehmen die Supervisionskosten, wo dies nicht der Fall ist, sollten HeilerziehungspflegerInnen und HeilerziehungshelferInnen darauf drängen.
Um eine Fortbildung richtig planen zu können, ist es wichtig einen Überblick über die vielfältigen Tagungen und Fortbildungsmöglich-

keiten zu bekommen. Sinnvoll ist es, sich in den Verteiler der Fortbildungsinstitute aufnehmen zu lassen, um regelmäßig deren Programme zu erhalten. Die nachfolgende Übersicht soll das Auffinden der gewünschten Fortbildungsmöglichkeiten erleichtern.

1. Fortbildungsinstitutionen

Akademie Schönbrunn, Gut Häusern 1, 85229 Markt-Indersdorf

Akademie Remscheid für musische Bildung und Medienerziehung, Küppelstein 34, 42857 Remscheid

Akademie für Jugendfragen Münster, Goldstr. 30, 48147 Münster

Arbeiterwohlfahrt Bundesverband e. V., Zentrale Fortbildung, Oppelner Str. 130, 53119 Bonn

Burkhardhaus für Jugend- und Sozialarbeit, Herzbachweg 2, 63571 Gelnhausen

Bundesdeutsches Kolleg für Therapeutik des Instituts für Erziehungstherapie, Postfach 100 249, 41751 Viersen

C. G. Jung Institut Stuttgart e. V., Alexanderstr. 92, 70182 Stuttgart

Deutscher Verein für öffentliche und private Fürsorge – Fortbildungswerk, Am Stockborn 1–3, 60439 Frankfurt

Deutsche Akademie für Entwicklung und Rehabilitation e. V. im Kinderzentrum München, z. H. Frau Bolte, Lindwurmstr. 31, 80337 München

Deutsches Rotes Kreuz – Fortbildungsabteilung für Sozialarbeit und Gesundheitsdienst, Friedrich-Ebert-Allee 71, 53113 Bonn

Deutscher Caritasverband, Referat Behindertenhilfe, 79104 Freiburg, Karlstr. 40 (Fortbildung im Bereich Behindertenhilfe/Psychiatrie)

Diakonische Akademie, Zentrale Fortbildungsstätte des Diakonischen Werkes der Ev. Kirche in Deutschland, Stafflenbergstr. 76, Postfach 101 142, 70184 Stuttgart

Dominikus Ringeisenwerk Ursberg, Abteilung Fortbildung, 86513 Ursberg, St.-Josefskongregation (Bereich Diözese Augsburg)

Ev. Zentralinstitut für Familienberatung, Mattenhornstr. 82/84, 14129 Berlin

Frankfurter Tanzkreis, Tanz und Erziehung, Geschäftsstelle Elisabeth Grau, Walter-Rietig-Str. 48, 63225 Langen

Fortbildungsinstitut der Lebenshilfe, Kitzingerstr. 6, 91056 Erlangen

Fortbildungs-Akademie des Deutschen Caritasverbandes, Karlstr. 63, 79104 Freiburg

Institut für Fortbildung von Fachkräften in der sozialen Arbeit (IF) an der Kath. Stiftungsfachhochschule München, Preysingstr. 83, 81667 München

Institut für Sozialarbeit und Sozialpädagogik, Am Stockborn 5–7, 60439 Frankfurt

Institut zur Förderung der sozialen Arbeit, Bildungshaus des Berufsverbandes der Sozialarbeiter, Sozialpädagogen, Heilpädagogen, Oberstüterstr. 10, 45527 Hattingen

Katholische Akademie für Jugendfragen Altenberg, Ludwig-Wolker-Str. 10, 51519 Odenthal-Altenberg

Landesarbeitsgemeinschaft Spiel und Theater Nordrhein-Westfalen e. V., Hermine Bredeck, Klarastr. 9, 45663 Recklinghausen

Wilhelm Polligkeit Institut, Fortbildungswerk des Paritätischen Wohlfahrtsverbandes, Heinrich-Hoffmann-Str. 3, 60528 Frankfurt a. M.

2. Zusatzausbildungen, Aufbauausbildungen, Aufstiegsmöglichkeiten

HeilerziehungspflegerInnen und HeilerziehungshelferInnen sind noch junge Berufe. Der Prozess der Professionalisierung ist noch nicht abgeschlossen, der Berufsstand ringt noch um seinen Platz im System der Ausbildungen, Aufgaben und Positionen im Bereich der Behindertenhilfe. Eine wichtige Frage ist die nach den beruflichen Entwicklungsmöglichkeiten. Gibt es Aufstiegsmöglichkeiten, welche Qualifikationen sind dafür erforderlich und wie sind diese zu erreichen?
Die Bedeutung eines Berufes und die Zufriedenheit der Berufsvertreter sind davon abhängig, wie diese Fragen beantwortet werden können. Fehlen diese Perspektiven, wandern die Fachkräfte in andere Bereiche ab.
Nachfolgende Übersicht zeigt verschiedene Zusatzausbildungen für HeilerziehungspflegerInnen auf, die durch diese Qualifikationen neue Aufgaben (z. B. Wohnheimleiter, Übungsleiter Sport mit geistig Behinderten, Spielpädagoge im Freizeitbereich) wahrnehmen können (vgl. Abb. 23).
Durch sogenannte *Aufbauausbildungen* wird in der Regel eine neue Berufsbezeichnung erworben und der alte Beruf verlassen. Beispielsweise kann nach abgeschlossener Fachschulausbildung als Heilerziehungspfleger eine Ausbildung als Heilpädagoge absolviert werden. Für HeilerziehungshelferInnen ist der Umstieg in das zweite Ausbildungsjahr als HeilerziehungspflegerIn in Teilzeitform möglich und auch ratsam. Bei stärkerem Interesse an einem bestimmten Ausbildungsgang empfiehlt es sich, die differenzierten Kursbeschreibungen des betreffenden Fortbildungsinstituts anzufordern.

Abb. 23: Fort- und Weiterbildung für Heilerziehungspfleger / Heilerziehungshelfer

Fachtagungen / Kongresse	Zusatzausbildungen	Kurse / Seminare	Aufbauausbildungen / Aufbaustudiengänge	Fachhochschule / Universität
– Thematische Einzelveranstaltungen – Kontakt zu aktuellen Entwicklungen der Behindertenhilfe – Dauer ca. 1–2 Tage – regionale und überregionale Veranstaltungen – häufig von Fachverbänden durchgeführt – Beispiele: – Normalisierung und Integration – Wohnen/Wohnformen für Behinderte – Frühförderung/sonderpädagogische Förderung	– Kurse mit mehreren Abschnitten über 1–2 Jahre verteilt – oft in Verbindung mit Supervision – Abschlusszertifikate Beispiele: – Spielpädagoge – Sozialpsychiatrische Zusatzausbildung – Leitung in Einrichtungen der Behindertenhilfe – Übungsleiter für Sport mit geistigbehinderten Menschen – Therapeutisch orientierte Bewegungsverfahren – Rhythmisch musikalische Bewegungserziehung – Gestaltberater – Internationales Diplom in Montessori-Heilpädagogik – Personenzentrierter Berater	– Grund- /Aufbaukurse – Dauer 1–2 Wochen Beispiele: – Integrierte Körpertherapie – Gestalttherapie – Erlebnispädagogik – Sport mit Senioren – Spielseminare (Theater, Puppenspiel) – Rollstuhltraining – Musikalische Erziehung und Therapie – Autogenes Training für Behinderte – Gesprächsführung – Christlicher Glaube und Berufsalltag – Tanz und Bewegung für Behinderte – Werken und Gestalten – Basale Stimulation und sensorische Integration – Theater und Zirkus mit Behinderten – Kulturpädagogische Arbeit mit Behinderten	– abgeschlossene Fachschulausbildung und mehrjährige Berufspraxis als Voraussetzung Beispiele: – Staatlich anerkannter Heilpädagoge (Vollzeitform 18 Monate; Teilzeitform 2–3 Jahre) – Motopäde/ Mototherapeut – Dipl.-Orff-Musiktherapeut	– Fachhochschulreife bzw. Abitur als Voraussetzung Beispiele: Sozialarbeiter (FH) Sozialpädagoge (FH) Heilpädagoge (FH) Dipl.-Pädagoge Dipl.-Psychologe

2.1 (Heim)Leitung in Einrichtungen der Behindertenhilfe

Ziele:
Qualifizierung für die Wahrnehmung von Leitungsaufgaben für Teilnehmer aus unterschiedlichen Einrichtungen und Fachbereichen der Behindertenhilfe; Auseinandersetzung mit dem beruflichen Selbstverständnis und Entwicklung von Leitungskompetenz; Entwicklung von Rollensicherheit; Förderung von persönlicher, sozialer und methodischer Kompetenz in der Mitarbeiterführung; Reflexion von persönlichen, institutionellen und politischen Zielvorstellungen für die Arbeit mit behinderten Menschen.

Abschluss:
Zertifikat

Inhalte:
Tätigkeitsanalyse und Standortbestimmung; Selbst- und Fremdwahrnehmung; Diagnose von Gruppenprozessen; Einübung von Führungsmethoden und Interventionen; Leitung von Gruppen; Konzeptionsentwicklung; Aufgaben der Verantwortung von Leitung gegenüber dem Träger und als Trägervertreter; Umgang mit Organisationsstrukturen u. a.

Organisation/Arbeitsformen:
Ein Kurs gliedert sich in sechs Abschnitte von jeweils einer Woche und zusätzliche regionale Supervisionsgruppen; Plenum, Kleingruppen, Einzelarbeit, Selbsterfahrung zur beruflichen Rolle, Rollenübungen, Kommunikationsübungen, Fallarbeit unter Beratung, Theorievermittlung und strukturierter Erfahrungsaustausch, Literaturstudium, Hausarbeiten.

Personenkreis/Voraussetzungen:
Leitende Mitarbeiter/-innen in Einrichtungen der Behindertenhilfe, bzw. Personen, die sich auf eine solche Aufgabe vorbereiten (z. B. ein Heilerziehungspfleger übernimmt die Leitung eines Wohnheimes oder einer Tagesstätte).

Ort/Veranstalter:
1. Fortbildungsakademie des Deutschen Caritasverbandes, Karlstraße 63, 79104 Freiburg
2. Diakonische Akademie, Stafflenbergstraße 76, 70184 Stuttgart

Quelle:
Die Informationen orientieren sich am Fortbildungsprogramm der Fortbildungsakademie des DCV. Inhalte und Organisation der Ausbildung sind bei der Diakonischen Akademie ähnlich.

2.2 Übungsleiter für den Sport mit geistig behinderten Menschen

Ziele:
Die Teilnehmer sollen Bewegung, Spiel und Sport zielgerichtet bezogen auf die erzieherisch-therapeutischen Wirkungen des Sports sowohl präventiv als

auch rehabilitativ in der Freizeitgestaltung geistigbehinderter Kinder, Jugendlicher und Erwachsener einsetzen können.

Abschluss:
F-Übungsleiterlizenz „G“ für den Sport mit Geistigbehinderten des Deutschen Behinderten Sportverbandes. Die Prüfung umfasst einen schriftlichen, mündlichen und einen praktischen Teil.

Inhalte:
Behinderungen, Ursachen und Erscheinungsformen,
Methodisch didaktische Grundlagen des Sports,
Grundlagen der Sportmedizin und Trainingslehre,
Verfahren der Motodiagnostik,
Psychophysische Regulationstechniken,
Sozialisation durch Sport,
Psychomotorische Übungsbehandlung,
Grundlagen der Körper- und Bewegungsbildung mit rhythmischer Bewegungsbildung,
Kleine Spiele, Freizeitspiele,
Einführung in die Grundtechniken der Sportspiele,
Wassergewöhnung, Wasserbewältigung, Einführung in eine Schwimmtechnik

Organisation/Arbeitsformen:
Das Seminar gliedert sich in insgesamt 4 Abschnitte. Darin enthalten sind zwei jeweils zwölftägige Seminarblöcke (Teil 1: Grundkurs, Teil 2: Aufbaukurs) sowie ein Heimstudienteil und ein Praktikum. Die Ausbildung umfasst ca. 145 Unterrichtsstunden.

Personenkreis/Voraussetzungen:
Mitarbeiter aus Einrichtungen der Behindertenhilfe ohne berufliche sportliche Vorbildung; Fachschulabschluss und eine einjährige Tätigkeit in einer Einrichtung für Behinderte.

Ort/Veranstalter:
1. DJK-Sportschule Münster, Grevenerstr. 125, 48159 Münster in Zusammenarbeit mit dem Deutschen Caritasverband, Referat Behindertenhilfe, 79104 Freiburg, Veranstaltungsort: Münster
2. Fortbildungsinstitut der Lebenshilfe, 91056 Erlangen in Zusammenarbeit mit dem Behinderten- und Versehrten-Sportverband Bayern e. V., Veranstaltungsort: Erlangen und Würzburg

Quelle:
Die Informationen orientieren sich an der Kursausschreibung des Deutschen Caritasverbandes und der Bundesvereinigung Lebenshilfe.

2.3 Motopäde/Mototherapeut

Der Motopäde/Mototherapeut erfüllt Aufgaben in der Prophylaxe und Therapie von Kindern, Jugendlichen und Erwachsenen, die primär in ihren Wahrnehmungs- und Bewegungsfunktionen und -leistungen und als Folge davon in ihrem psychischen Verhalten gestört oder von Störungen bedroht sind. Je nach Art, Schwere und Umfang der Auffälligkeiten führt er sensomotorische (primär ausgerichtet auf die Entfaltung der Sinnesfunktionen) und psychomotorische Förderprogramme und Übungsbehandlungen unter Berücksichtigung neuro-physiologischer Anteile durch.

Ziele:
Befähigung zur mototherapeutischen Behandlung von Menschen durch die Anbahnung von vielfältigen bewegungs- und wahrnehmungsorientierten Lernprozessen. Dabei geht es nicht darum, einzelne physische Schäden bei Personen zu beheben oder eine rein organische Funktionsverbesserung zu erreichen. Das Anliegen einer psychomotorischen Erziehung und Therapie besteht vielmehr darin, den Einzelnen in seinen Handlungen (verstanden als funktionale Einheit von Wahrnehmung, Denken, Orientieren, Sprechen, Bewegen, Erleben) zu begreifen und gegebenenfalls motorische Aktivitäten im Rahmen von Bewegungsangeboten einzuleiten.

Abschluss:
„Staatlich geprüfter Motopäde". Nach Zusatzprüfungen besteht die Möglichkeit zur Aufnahme eines fachgebundenen Studiums an einer Fachhochschule oder Gesamthochschule.

Inhalte:
1. Entwicklungspsychologie, Pädagogische Psychologie, Sonderschulpädagogik, Methodik/Didaktik, Motopathologie
2. Entwicklungsdiagnostik, Bewegungsdiagnostik, motoskopische und motometrische Verfahren
3. Theorie und Praxis der Motopädagogik/Mototherapie; sensomotorische Wahrnehmungsprogramme, neurophysiologische Bewegungsprogramme, psychomotorische Übungsprogramme, Entspannungstechniken, Rhythmik, sportbezogene Förderprogramme

Organisation:
Ein Jahr Vollzeitunterricht

Personenkreis/Voraussetzungen:
Examen als Sport- oder Gymnastiklehrer sowie 1. Staatsprüfung im Rahmen eines Lehramtsstudiums mit dem Fach Sport. Ausnahmen bedürfen der Genehmigung der oberen Schulaufsichtsbehörde. Hier können, je nach Anzahl der freien Ausbildungsplätze, sozial- und heilpädagogische Berufe (z. B. Erzieher / Heilpädagoge / Sozialpädagoge, Heilerziehungspfleger) berücksichtigt werden; diese Bewerber müssen jedoch eine sportpädagogische Zusatzqualifikation besitzen, wie z. B. den Sportübungsleiterschein.

Ort/Veranstalter:
Staatlich anerkannte Fachschule für Bewegungstherapie, Lindemannstr. 8, 44137 Dortmund

Quelle: Blätter zur Berufskunde: Motopäde/Mototherapeut, Bundesanstalt für Arbeit, 1985

2.4 Zusatzausbildung als Spielpädagoge/Spielpädagogin

Diese Ausbildung baut auf dem Kurs „Spielpädagogik in der Jugendarbeit" der Akademie Remscheid auf, seine Absolvierung ist eine unverzichtbare Eingangsvoraussetzung.

Ziele:
Durch die Qualifizierung zum Spielpädagogen sollen die Absolventen der Fortbildung spielpädagogische Tätigkeiten professionell ausüben und die spielpädagogischen Akzente ihrer Arbeit ausweiten können. Im Einzelnen soll ein Spielpädagoge können:
- Institutionen, Mitarbeiter und Öffentlichkeit spielpädagogisch beraten,
- Spielpädagogische Konzepte für Fachschulunterricht und Jugendleiterschulungen erstellen und realisieren,
- Spiele und Spielmaterialien kritisch analysieren,
- Spielprogramme sinnvoll planen und animativ anbieten.

Abschluss:
Zertifikat mit differenzierter Beschreibung der Fortbildungsinhalte.

Inhalte:
- Kennenlern- und Einstiegsspiele; Interaktionsspiele; Planung von Spielketten und Programmen; Einführung in die Spieltheorie; Spielleitertraining: Eingabe von Spielen
- Diskussions- und Selbsterfahrungsspiele; Spiele zum sozialen Lernen (Wahrnehmung, Kreativität, Kooperation); Spielleitertraining: Interventionen beim Spiel
- Rollen- und Entscheidungsspiele; Szenenentwicklung und -improvisation; darstellendes Spiel, Revue; Spielleitertraining: Gestaltungsarbeit in Gruppen
- Spiele verändern und entwickeln; Planung und Durchführung eines Projekts (Spielaktion mit einer Praxisgruppe außerhalb der Akademie); Spielleitertraining: Auswertungsverfahren für Spielprogramme

Organisation/Arbeitsformen:
4 × eine Woche verteilt auf ca. ein Jahr; kollegiale Beratung, Beratung in Regionalgruppen

Personenkreis/Voraussetzungen:
Abgeschlossene pädagogische Ausbildung; zwei Jahre Berufspraxis in einem pädagogischen Arbeitsfeld; erfolgreiche Teilnahme am Kurs: „Spielpädagogik in der Jugendarbeit".

Ort/Veranstalter:
Akademie Remscheid für musische Bildung und Medienerziehung, Küppelstein 34, 42857 Remscheid

Quelle:
Die Informationen orientieren sich an den Kursausschreibungen der Akademie Remscheid.

2.5 Zusatzausbildung in „Rhythmisch-musikalischer Bewegungserziehung"

Die rhythmisch-musikalische Bewegungserziehung ist eine ganzheitlich-therapeutische Arbeitsweise. Der positive Einfluss, den Rhythmen und Klänge auf Menschen ausüben, dürfte jedem Erzieher im Elementarbereich, besonders in der Arbeit mit Behinderten, bekannt sein. Die rhythmisch-musikalische Erziehung wirkt besonders auf Stimmungen, Gefühle, Empfindungen. Musik erleichtert die Kontaktaufnahme zu schwer zugänglichen Menschen. Sie löst Reaktionen auf verschiedenen Ebenen aus. Heilende Kräfte von Rhythmus und Musik zeigen sich bei Bewegungsunruhe, Überaktivität und mangelnder Konzentrationsfähigkeit. Sie fördern den Menschen in seiner gesamten Persönlichkeit: in seiner sensorischen Fähigkeit, seiner Konzentrationsfähigkeit, in seiner Aktivität, Spontaneität, Kreativität und Kontaktfähigkeit.

Ziele:
Die Teilnehmer sollen:
- sich mit elementaren Grundkenntnissen von funktionell-rhythmischen Bewegungen vertraut machen,
- sensomotorische Eigenerfahrungen sammeln,
- Musik und Klang als prae- und nonverbale Kommunikationsmittel erfahren und reflektieren,
- Musiktherapeutische Spiel- und Arbeitsformen kennenlernen,
- mit methodischen Grundsätzen der Planung von Übungseinheiten vertraut machen u. a.

Abschluss:
Prüfung umfasst mehrere Hausarbeiten, Lehrprobe und ein Fachgespräch. Zertifikat: Zusatzqualifikation rhythmisch-musikalische Bewegungserziehung

Inhalte:
- instrumentelles Begleiten von Liedern

- Arbeit mit Orff-Instrumenten
- Wahrnehmungsschulung
- Elementare Grundkenntnisse in funktionellen und rhythmischen Bewegungsformen
- Tänze
- Spiellieder, Geschichten bearbeiten und variieren
- methodisch-didaktische Grundlagen der Rhythmisch-musikalischen Erziehung
- Musiktheorie
- Gestalten mit Handgeräten und Materialien
- Planung von Musikstunden bzw. musikalische Einheiten für die Arbeit mit behinderten Menschen

Organisation/Arbeitsformen:
Die Zusatzausbildung umfasst sechs Lehrgangswochen mit jeweils 34 Unterrichtsstunden.

Personenkreis/Voraussetzungen:
Mitarbeiter/-innen in Einrichtungen für Behinderte, die dort erzieherisch tätig sind.

Ort/Veranstalter:
Fortbildungsinstitut der Lebenshilfe für geistig Behinderte, Kitzingerstr. 6, 91056 Erlangen

Quelle:
Kursbeschreibung des Fortbildungsinstituts der Lebenshilfe

2.6 Spiel und Rhythmik in der Behindertenarbeit

Ziele:
Die Teilnehmer/-innen sollen Methoden aus Rhythmik und Spielpädagogik für ihre Praxis anwenden lernen. Sie können die Fähigkeit erwerben, Übungen zu variieren, um den Gruppenbedingungen in der Behindertenarbeit gerecht zu werden.

Abschluss:
Zertifikat mit differenzierter Beschreibung der Kursinhalte

Inhalte:
- für die Behindertenarbeit relevante Methoden aus Rhythmik und Spiel werden erprobt, entwickelt und reflektiert;
- Kennenlernen der Gruppe; Sensibilisierung der Wahrnehmung; Konzentration/Spannungsbogen; Zusammenarbeit; Entspannung/Rekreation; Körpererfahrung; Selbstvertrauen und -bewusstsein; Ausdruck und Gestaltung; Improvisation/Spontaneität.

Organisation/Arbeitsformen:
Die Fortbildung umfasst fünf einwöchige Akademiekurse, verteilt auf eineinhalb Jahre. Zwischen den Kursen sind Praxisaufgaben zu erfüllen und Berichte zu erstellen. In jeder Kurswoche wird ein Gruppenleitertraining durchgeführt. In Kleingruppen werden Spiel- und Übungsfolgen erarbeitet. Referenten stellen Projekte vor, in denen Spielpädagogik und Rhythmik in der Behindertenarbeit eingesetzt werden.

Personenkreis/Voraussetzungen:
MitarbeiterInnen in Einrichtungen für geistig Behinderte oder Seh- und Hörbehinderte

Ort/Veranstalter:
Akademie Remscheid für musische Bildung und Medienerziehung, Küppelstein 34, 42857 Remscheid

Quelle:
Ausschreibungsunterlagen der Akademie Remscheid.

2.7 Ausbildung in Orff-Musiktherapie

Die Orff-Musiktherapie ist eine kindzentrierte, klinische Therapie zur Förderung der Entwicklung mehrfach und verschiedenartig behinderter Kinder mit dem Ziel der Verbesserung der Motorik, der Sprache und des Sozialverhaltens.

Ziele:
Die TeilnehmerInnen sollen die Orff-Musiktherapie innerhalb der eigenen Berufsfunktion (in einer therapeutischen, heilpädagogischen, psychologischen, ärztlichen) anwenden und als Orff-Musiktherapeuten unter Einbeziehung der jeweiligen eigenen Berufsausbildung tätig werden können.

Abschluss:
Dipl.-Orff-Musiktherapeut (Diplom der Deutschen Akademie für Entwicklungsrehabilitation München)

Inhalte:
1. Orff-Musiktherapie (Wahrnehmung, Emotionen, Kommunikation, Sprache, Gestik, Mimik, Ordnung, Chaos, musikalische Ausdrucksformen des Kindes)
2. Musiktheorie (Gehörbildung, vokale und instrumentale Improvisation, Rhythmus, Melodie, Tonalität, Harmonie)
3. Psychologie (Diagnostik, Psychische Entwicklung, Sprachentwicklung, Sprachstörungen, Neurosen, Psychosomatische Erkrankungen, Psychosen, Psychotherapie u. a.)
4. Medizin (Aufbau des Nervensystems, neurologische und pädiatrische Krankheitsbilder, Anfälle, zerebrale Bewegungs- und Koordinationsstörungen, Hör-, Stimm- und Sprachstörungen)

5. Bewegungslehre (Raum, Zeit, Kraft als Elemente des Bewegungsantriebs, Körpersprache, Tanz, Körperwahrnehmung)

Organisation:
Die Zusatzausbildung zum Orff-Musiktherapeuten erstreckt sich über einen Zeitraum von drei Jahren und untergliedert sich in drei Ausbildungsstufen. Die ersten beiden Ausbildungsstufen (Wochenendkurse) umfassen je zehn Blöcke von jeweils 16 Stunden, in der dritten Stufe ca. 160 Std. In der dritten Stufe führen die Studenten bei Kindern Orff-Musiktherapie unter Supervision (ca. 80 Std.) durch.

Personenkreis/Voraussetzungen:
Die Ausbildung ist als Weiterbildung von Fachkräften der Behindertenhilfe konzipiert. Voraussetzung für die Aufnahme ist der Nachweis über ein abgeschlossenes oder laufendes Studium (bzw.) Ausbildung in den Bereichen Musik, Musikpädagogik, Medizin, Psychologie, Sonderpädagogik u. a. (z. B. HeilerziehungspflegerInnen). Ausnahmen sind möglich.

Ort/Veranstalter:
Deutsche Akademie für Entwicklungs-Rehabilitation e. V., Heiglhofstraße 63, 80334 München

Quelle:
1. Studienordnung für die Musiktherapie-Ausbildung, Stand Mai 1986
2. Gertrud Orff (Hrsg.): Informationen zum Ausbildungskurs „Orff-Musiktherapie“

2.8 Zusatzausbildung für pädagogische Berufe „Therapeutisch-orientierte Bewegungsverfahren“

Der pädagogische Mitarbeiter einer Einrichtung für Menschen mit Behinderungen leistet seine Arbeit im Rahmen eines ganzheitlichen Konzeptes zur Förderung Behinderter. Seine pädagogische Arbeit tangiert andere Fachbereiche (Medizin, Psychologie, Therapie). Die unterschiedlichen Zielsetzungen sollen in ein *ganzheitliches, pädagogisch-medizinisch-therapeutisch orientiertes Bewegungskonzept* integriert werden.

Ziele:
Auffälligkeiten, Störungssymptome bzw. Entwicklungsrückstände beobachten und durch verschiedene diagnostische Verfahren erfassen können, um auf dieser Basis individuelle Fördermöglichkeiten und -konzepte über Bewegung für einzelne Behinderte oder eine Gruppe empfehlen, anleiten oder durchführen zu können.

Abschluss:
Fallstudie, Erstellung eines Gutachtens, Klausur, Prüfungsgespräch,
Zertifikat: Zusatzqualifikation „Therapeutisch-orientierte Bewegungsverfahren“

Inhalte:
- Neurologische und sonderpädagogische Grundlagen
- Diagnostik, Motoskopische Verfahren, Anamnese, Exploration
- Neurophysiologische Grundlagen der Bewegungsentwicklung und des motorischen Verhaltens
- Atemtherapie, Rollstuhlsport, Spiele und Tänze
- Cerebrale Bewegungsstörungen, Ursachen von Hirnfunktionsstörungen
- Wasser in der Therapie, Bewegungsanbahnung im Wasser
- Musiktherapie
- Entspannungstechniken
- Motorik und Sprache
- Durchführung von Fördermaßnahmen u. a.

Organisation/Arbeitsformen:
Die Zusatzausbildung umfasst fünf Lehrgangswochen (ca. 200 Std.) und eine Hausarbeit (ca. 40 Std.). Bewegungsverfahren werden in der Praxis selbst erfahren bzw. durch verschiedene Medien kennengelernt.

Personenkreis/Voraussetzungen:
Mitarbeiter in Einrichtungen für Behinderte, z. B. Erzieher, Heilerziehungspfleger, Heilpädagogen, Dipl.-Pädagogen, Sozialpädagogen, Sozialarbeiter

Ort/Veranstalter:
Fortbildungsinstitut der Lebenshilfe, Kitzingerstr. 6, 91056 Erlangen

Quelle:
Fortbildungsprogramm des Fortbildungsinstituts der Lebenshilfe und Informationen zum Kursprogramm.

2.9 Sozialpsychiatrische Zusatzausbildung für Mitarbeiter in der Psychiatrie/Sozialpsychiatrie

Ziele:
Ziel des Akademiekurses ist die Erarbeitung einer sozialpsychiatrischen Arbeitshaltung und spezifische Vorgehensweisen im Hinblick auf die Erweiterung der Handlungskompetenzen im sozialpsychiatrischen Feld.
Der Kurs umfasst folgende Zielbereiche:
- Erweiterung von Wahrnehmungs- und Handlungskompetenz im Umgang mit sozialpsychiatrischen Patienten und Klienten;
- Erweiterung der Handlungskompetenz zu kontextbezogenem Arbeiten;
- Entwicklung von Kooperationsfähigkeit und Kompetenz im Erkennen und Lösen von Organisationsproblemen;
- Klärung von Selbst- und Fremdwahrnehmungsfähigkeiten – Persönlichkeitsentwicklung.

Organisation/Arbeitsformen:
Der Akademiekreis umfasst 10 Seminarwochen. Hinzu kommen 20 Sitzungen à 3 Std. Gruppensupervision und regionale Studiengruppen. Arbeitsformen: Vermittlung von theoretischem Wissen, berufsspezifische Selbsterfahrung, themenzentrierte Gruppenarbeit, Übungen, Rollenspiele, Fallarbeiten, Arbeitsfeldanalyse, Projektstudien, Exkursionen.

Personenkreis/Voraussetzungen:
Die Zusatzausbildung richtet sich an Mitarbeiter in Übergangseinrichtungen, in stationären Einrichtungen und im offenen Bereich. Sie ist berufsgruppenübergreifend konzipiert für Sozialarbeiter, Sozialpädagogen, Beschäftigungstherapeuten, Pflegekräfte, Heilerziehungspfleger, Heilerziehungshelfer, Psychologen, Ärzte, die über einige Jahre Berufserfahrung verfügen.

Ort/Veranstalter:
Diakonische Akademie, Stafflenbergstr. 76, 70184 Stuttgart

Quelle:
Fortbildungsprogramm der Diakonischen Akademie 1991

2.10 Arbeit mit Angehörigen behinderter Menschen

Ziele:
Der Kurs verfolgt das Ziel, hauptamtliche Mitarbeiter für ihre Arbeit mit Angehörigen sowohl durch Erweiterung der Kenntnisse und Methoden, als auch durch die Fundierung persönlicher Fähigkeiten und Kompetenzen, weiter zu qualifizieren. Die Kursteilnehmer sollen mit didaktisch-methodischen Kenntnissen vertraut gemacht werden, die erforderlich sind, um das Anliegen der Angehörigen-Arbeit anderen Mitarbeitern zu vermitteln, sie zu beraten und in der Alltagspraxis zu begleiten.

Abschluss:
Kolloquium und Zertifikat

Inhalte:
- Standortbestimmung: bisherige Praxis in der Arbeit mit Angehörigen; Möglichkeiten und Grenzen persönlicher, institutioneller und gesellschaftlicher Gegebenheiten;
- Selbsterfahrung im Kontakt und in den Beziehungsmöglichkeiten mit Familien und einzelnen Angehörigen;
- Interventionen im Umgang mit Angehörigen (Motivierung, Beratung, Zusammenarbeit);
- Beratung und Anregung von Mitarbeitern zur Angehörigen-Arbeit.

Organisation/Arbeitsformen:
Der Kurs wird in 6 Abschnitten über ca. 2 Jahre mit regionalen Supervisionsgruppen geführt. Das Lernen im Kurs ist prozesshaft angelegt und bietet Mög-

lichkeiten, praxisbezogen mit anderen Kollegen zu lernen. Arbeitsformen: Plenum, Kleingruppenarbeit, Einzelstudien, Theorie-Impulse, Rollenübungen, Prozessreflektion.

Personenkreis/Voraussetzungen:
Hauptamtliche Mitarbeiter, z. B. Sozialpädagogen, Sozialarbeiter, Psychologen, Heilerziehungspfleger, die in stationären und teilstationären Einrichtungen der Behindertenhilfe mit Angehörigen arbeiten und/oder Mitarbeiter in diesem Zusammenhang anregen, begleiten und beraten.

Ort/Veranstalter:
Fortbildungsakademie des Deutschen Caritasverbandes, Wintererstr. 17 bis 19, 79104 Freiburg, in Zusammenarbeit mit dem Verband Kath. Einrichtungen für Lern- und Geistigbehinderte.

2.11 Internationaler Lehrgang in Montessori-Heilpädagogik

Ziele:
Die Montessori-Erziehung ist eine international anerkannte Pädagogik. Die Internationalen Lehrgänge in Montessori-Heilpädagogik geben eine Grundlage für die Arbeit mit dem gesunden und mit dem mehrfachbehinderten Kind. Das Diplom in Montessori-Heilpädagogik berechtigt den Inhaber, weltweit in Montessori-Einrichtungen zu arbeiten, speziell in Gruppen, in denen behinderte und nicht behinderte Kinder gemeinsam erzogen werden. Für den Kindergartenbereich vermittelt der Kurs die Fähigkeiten, einen Integrationskindergarten einzurichten und zu betreiben. Für die im Sonderschulbereich tätigen Fachkräfte besteht die Möglichkeit, die Montessori-Heilpädagogik in die Arbeit einzubinden.

Abschluss:
Internationales Diplom in Montessori-Heilpädagogik

Inhalte:
- Kinderheilkunde und Kinderpsychologie
- Frühdiagnostik, -therapie, -pädagogik für das mehrfach und verschiedenartig behinderte Kind
- Montessori-Therapie
- Einführung in das Montessori-Material: Übungen des praktischen Lebens
- Sinnesmaterial – Mathematisches Material – Sprachmaterialien – Kosmische Erziehung
- Hospitationen in Kinderkliniken, Kindergärten und Sonderschule

Organisation:
- Die Ausbildung wird in Vollzeitform durchgeführt (Dauer ca. 10 Monate).
- Unterricht, Hospitationen, Literaturarbeit, praktische Arbeit mit Kindern, Fortbildung durch Workshops

Personenkreis/Voraussetzungen:
Abgeschlossene pädagogische, pflegerische oder therapeutische Berufsausbildung (z. B. Beschäftigungstherapeuten, Arbeitstherapeuten, Kinderkrankenschwestern, Krankengymnasten, Sprachtherapeuten, Psychologen, Motopädagogen, Heilerziehungspfleger, Heilpädagogen). Bewerber mit Erfahrungen im Bereich der Behindertenhilfe werden bevorzugt.

Ort/Veranstalter:
- Deutsche Akademie für Entwicklungs-Rehabilitation e. V., Heiglhofstraße 63, 81337 München (Prof. Hellbrügge)
- Ort: Kinderzentrum München

Quelle:
Akademie Programm der Deutschen Akademie für Entwicklungs-Rehabilitation e. V., 81337 München

2.12 Aufbauausbildung zum staatlich anerkannten Heilpädagogen

Ziele:
Ziel der Ausbildung ist die Befähigung zur heilpädagogischen Erziehung und Behandlung von Menschen, die unter erschwerten Bedingungen (mit Beeinträchtigungen) leben, z. B. mit
- Verhaltensauffälligkeiten,
- psychische Erkrankungen,
- geistige Behinderung,
- Körperbehinderungen,
- Sinnesbehinderungen.

Abschluss:
Die Absolventen sind nach bestandener Prüfung berechtigt, die Berufsbezeichnung „Staatlich anerkannter Heilpädagoge" zu führen.

Inhalte:
Grundlagenfächer:
Pädagogik, Heilpädagogik, Psychologie, Klinische Psychologie, Soziologie, Medizinische Lehre der Behinderungen, Psychiatrie, Gesundheitslehre, Rechtskunde, Berufskunde
Methodik der heilpädagogischen Behandlung:
Spiel, Heilpädagogische Spielbehandlung, Spieltherapie, Bewegungserziehung, Rhythmik, Psychomotorische Übungsbehandlung, Kunsterziehung, Künstlerisch-therapeutisches Arbeiten, Werken, Musik, Heilpädagogisches Reiten, Gesprächsführung
Praxis und Praxisausbildung:
Die Ausbildung bietet ein Übungsfeld für heilpädagogisches und berufsspezifisches Handeln. Der Studierende hat während der Ausbildung die Möglichkeit, heilpädagogische Übungs- und Behandlungskonzepte zu erproben, dies

geschieht durch Praxisanleitung und Supervision durch erfahrene heilpädagogische Fachkräfte.

Organisation:

a) Vollzeitausbildung: 1,5–2 Jahre, Seminar für Heilpädagogik
b) Berufsbegleitende Ausbildung: 2–3 Jahre
c) Studium an einer Fachhochschule: 8 Semester mit dem Abschluss als Dipl.-Heilpädagoge

Personenkreis/Voraussetzungen:
Am Seminar für Heilpädagogik ist in der Regel die Mittlere Reife, eine abgeschlossene Ausbildung als Erzieher, Jugend- und Heimerzieher, Heilerziehungspfleger, Sozialpädagoge o. ä. Ausbildungen und eine mindestens einjährige Berufspraxis Voraussetzung. Ein Studium an einer Fachhochschule setzt die Fachhochschulreife voraus.

Ort/Veranstalter:
In der Bundesrepublik existieren z. Zt. ca. 40 Ausbildungsstätten für Heilpädagogik. (Es würde an dieser Stelle zu weit führen, alle Anschriften aufzuführen, es wird auf die Broschüre der Bundesanstalt für Arbeit zum Berufsbild des Heilpädagogen verwiesen, die bei jedem Arbeitsamt zu erhalten ist).

Quelle:
Informationspapier des Instituts für sozialpädagogische Berufe Ravensburg, Seminar für Heilpädagogik; Berufsbild Heilpädagoge der Bundesanstalt für Arbeit.

2.13 Berufsbegleitende Fortbildung „Personenzentrierter Berater"

Die Beratungsaufgaben nehmen in der Behindertenhilfe zu. Heilerziehungspfleger sind in immer höherem Maße in der Arbeit mit psychisch kranken Menschen und in psychosozialen Diensten tätig. Die Fortbildung in „Personenzentrierter Beratung" will helfen, zwischenmenschliche Beziehungen nach dem personenbezogenen Ansatz zu gestalten, damit daraus eine konstruktive Persönlichkeitsentfaltung oder -entwicklung resultiert. Die personenzentrierte Beratung leitet sich von der klientenzentrierten Gesprächstherapie her ab, die Carl R. Rogers entwickelt hat.

Ziele:
Der zukünftige Berater soll befähigt werden, Beratungssuchende bei persönlichen bzw. beruflichen Schwierigkeiten effizient und psychologisch wirksam zu helfen. Er lernt, unter Anleitung eines Lehrtherapeuten, dass Beratung als Rückbesinnung auf innerpsychische Prozesse zu verstehen ist. Er soll eigene Reaktionen erklären und diffuse Probleme lösen lernen.

Abschluss:
Als Qualifikationsnachweis muss der Kursteilnehmer eine Dokumentationsmappe nach Anweisung anlegen. In den Selbstlernphasen bearbeitet er Kolleg-Studienbriefe, erstellt eine Abschlussarbeit und erhält danach ein Zertifikat.

Inhalte:
- das Menschenbild im personenbezogenen Ansatz
- Grundhaltungen wie Echtheit, wertschätzende Teilnahme, einfühlendes Verstehen, Verbalisierung
- der personenzentrierte Beratungsprozess
- die personenzentrierte Gruppe
- Selbstklärung und Kommunikationsklärung

Der Lehrgang ist so angelegt, dass die sogenannte „rollende Prozessplanung“ zum Zuge kommt. Der Lehrtherapeut orientiert sich anhand seiner eigenen Erfahrung in Bezug auf psychologisch wirksame Interventionen bzw. Beziehungen und orientiert sich an den Bedürfnissen und Erwartungen der Arbeitsgruppe (teiloffenes Curriculum).

Organisation:
Fünf Lehrgangswochen à 36 Std. mit ca. 180 Std. Präsenzphasen, hinzu kommen noch 60 Std. Selbstlernphasen.

Personenkreis/Voraussetzungen:
Sozialpädagogen, Heilpädagogen, Erzieher (Heilerziehungspfleger), Lehrer, Dipl.-Pädagogen, Dipl.-Psychologen, Therapeuten. Der Bewerber muss in der Regel zwei Jahre Berufspraxis nachweisen. Die Teilnahme setzt nicht nur die Bereitschaft zu sprachlich kommunikativem Kontakt voraus, sondern auch die Fähigkeit, seelische Vorgänge bei anderen (Empathie) und bei sich selbst (Selbstwahrnehmung) wahrzunehmen.

Ort/Veranstalter:
Fortbildungsinstitut der Lebenshilfe für geistig Behinderte in Zusammenarbeit mit dem 1. Bundesdeutschen Kolleg für Therapeutik, Viersen
Ort: Fortbildungsinstitut der Lebenshilfe, Kitzingerstr. 6, 91056 Erlangen

Quelle:
Programm der Kursausschreibung

2.14 Qualifizierungslehrgänge für Nachwuchs-Führungskräfte in kirchlich-caritativen Diensten und Einrichtungen

Von vielfältigen Institutionen und Einrichtungen werden Qualifikationskurse und Management-Seminare für Führungskräfte im sozialen Bereich angeboten, eine Übersicht ist schwierig. Als Beispiel ist der „Verein zur Förderung kirchlich-caritativ tätiger Mitarbeiter in der Diözese Rottenburg-Stuttgart e. V.“ zu nennen, der 1986 auf Initiative der Diözese Rottenburg-Stuttgart und des Caritasverbandes für Württemberg gegründet wurde.

Ziele:

- Mitarbeiterinnen und Mitarbeiter für Führungsaufgaben in Einrichtungen des kirchlich-caritativen Dienstes gewinnen, heranbilden und fördern
- Leitende Mitarbeiterinnen und Mitarbeiter in diesem Bereich vermitteln und fortbilden
- Mitarbeiter und Berufsanfänger, die für Führungsaufgaben geeignet erscheinen, frühzeitig erfassen, begleiten und fördern
- die individuelle Förderung dieser Mitarbeiter planen und begleiten
- Nachwuchskräfte in Führungspositionen vermitteln
- den Bedarf an Führungskräften ermitteln und Träger bei deren Personalplanung unterstützen (vgl. Merkblatt des Vereins, ohne Jahr)

Inhalte und Themen:

1. Caritas-Theologie:
a) Biblische und systematische Begründung kirchlicher Caritasarbeit
b) Ordnungsvorstellungen der katholischen Soziallehre und ihre Verwirklichung in kirchlichen Einrichtungen
c) Die Vielfalt der Dienste und der eine Heilsauftrag der Kirche (Caritas und Pastoral)
2. Strukturen der Caritasarbeit:
a) Prinzipien der Caritasdienste (Institutionalisierung, Professionalisierung, Organisation)
b) Strukturen und Organisationsformen kirchlicher Caritas (z. B. Verbände, Stiftungen, Orden usw.) in der Diözese Rottenburg-Stuttgart
c) Kirche und freie Wohlfahrtspflege
3. Mitarbeiter-Führung:
a) Christliches Menschenbild und die Konsequenzen für die Mitarbeiter-Führung
b) Voraussetzungen und Formen der Mitarbeiter-Führung (Führungsstil, Motivation, Kommunikation)
c) Gestaltung der Dienstgemeinschaft und Spiritualität
4. Organisation und Management:
a) Zielformulierung, Organisationsentwicklung und Planung
b) Betriebliche Organisation
c) Voraussetzungen für eine effektive Führung (Arbeitsstil, Kommunikationsstrukturen)
5. Ökonomie für Nicht-Ökonomen:
Grundlagen der Betriebswirtschaft in kirchlich-caritativen Einrichtungen
6. Arbeitsvertragsrecht und Zusammenarbeit mit der MAV:
a) Besonderheiten des kirchlichen Dienstes
b) Einführung in das Arbeitsrecht und die MAVO
7. Die politische Dimension:
a) Aktuelle sozialpolitische Tendenzen
b) Das Verhältnis der freien Wohlfahrtspflege zu den staatlichen Kostenträgern

c) Die politische Dimension in der Leitung von sozialen Einrichtungen und Verbänden
8. Als Christ im kirchlichen Dienst:
a) Einführung in Formen des geistlichen Lebens
b) Aktuelle Fragen des kirchlichen Dienstes

Organisation/Arbeitsformen:
Mehrere Kurse werden über das Jahr verteilt angeboten, verbunden mit regionalen Supervisionsgruppen. Manche Themen werden in 1–4-tägigen Seminaren behandelt, andere Inhalte, wie z. B. Mitarbeiterführung, über einen längeren Lern- und Gruppenprozess hin verfolgt. Die Kurskosten werden überwiegend vom Verein getragen, bis auf einen kleinen Anteil des Kursteilnehmers. Die Fortbildungszeit wird zu 50 % vom Arbeitgeber und zu 50 % vom Teilnehmer getragen. Durch sogenannte „Assistentenstellen" können sich bestimmte Teilnehmer auf eine Führungsposition vorbereiten.

Personenkreis/Voraussetzungen:
Die Bewerber werden in der Regel durch ihre Dienststelle vorgeschlagen, bzw. melden sich im Einvernehmen mit ihren Vorgesetzten, die eine differenzierte Stellungnahme abgeben müssen.
Folgende Voraussetzungen sollten gegeben sein:
1. überdurchschnittliche Bewährung in der jetzigen Aufgabe
2. erkennbare Eignung für Führungsaufgaben
3. gute Zeugnisse und Fachkenntnisse

Ort/Veranstalter:
Verein zur beruflichen Förderung kirchlich-caritativ tätiger Mitarbeiter in der Diözese Rottenburg-Stuttgart e. V., Weißenburgstr. 13, 70180 Stuttgart

Quelle:
Die Informationen orientieren sich an den Kurs- und Ausschreibungsunterlagen. Vergleichbare oder ähnliche Kurse für Leitungskräfte bieten die großen Verbände der Freien Wohlfahrtspflege an, es empfiehlt sich die Durchsicht ihrer Fortbildungsprogramme (vgl. Kapitel X. 1, Verzeichnis der Fortbildungsinstitutionen).

2.15 Fachwirt für Organisation und Führung

In Baden-Württemberg wird an staatlichen und Fachschulen in freier Trägerschaft die Ausbildung zum „Staatlich geprüften Fachwirt für Organisation und Führung" – Schwerpunkt Sozialwesen angeboten.

Ziele:
Die Fachschule hat das Ziel, sozialpädagogische Fachkräfte zur Wahrnehmung von Leitungsaufgaben in sozialpädagogischen Einrichtungen zu befähigen. Vermittelt werden insbesondere sozialpädagogische, rechtliche und betriebswirtschaftliche Kompetenzen, die zur fachlichen Leitung von Einrichtungen und zur Führung von MitarbeiterInnen notwendig ist.

Inhalte und Themen:
I. Organisation und Führung
Führungskompetenz, Personalentwicklung, Personalführung, Managementkonzeptionen, Qualitätsentwicklung, Gesprächstechniken, Denk- und Arbeitstechniken, Kooperation, Netzwerke, Gemeinwesenarbeit, Beratung, Coaching, Supervision, Öffentlichkeitsarbeit
II. Wirtschaft und Recht
Unternehmensziele und-pläne, Leitbild, Trägerprofil, Non-Profit-Organisation, Präsentation und Marketing, betriebliches Rechnungswesen, EDV, Organisation und Verwaltung, Recht
III. Sozialpädagogik
Pädagogische Konzeptionen, Didaktische Ansätze, ausgewählte Elemente pädagogischer Arbeit z. B. Qualitätskriterien, Projektarbeit, Raumgestaltung, Pädagogische Dokumentation ...
Auffälliges Verhalten, behinderte Kinder und heilpädagogische Hilfen, Elternberatung ...

Organisation/Arbeitsformen:
Die Ausbildung dauert in Teilzeitform (berufsbegleitend) zwei Jahre und wird überwiegend als Abend- und Wochenendveranstaltung angeboten. Sie umfasst ca 800–900 Stunden endet mit einer schriftlichen und mündlichen Abschlußprüfung und einem Kolloquium. Nach erfolgreicher Ausbildung wird die Berufsbezeichnung „Staatlich geprüfter Fachwirt für Organisation und Führung“ Schwerpunkt Sozialwesen erworben.

Personenkreis/Voraussetzungen:
1. ein einschlägiger Berufsabschluss als sozialpädagogische bzw. sozialpflegerische Fachkraft (z. B. Heilerziehungspfleger) bzw. als weiterqualifizierte hauswirtschaftliche Fachkraft sowie
2. eine mindestens zweijährige einschlägige Berufserfahrung.

Ort/Veranstalter:
Die Ausbildung wird an ca. 20 Standorten angeboten, Auskünfte geben die Oberschulämter. Info auch durch: www.ifsb.rv.schule-bw.de

Quelle:
Schulversuchsbestimmung des KM Baden-Württemberg, Fassung vom 1. 8. 1999

2.16 Berufsbegleitende Fortbildung zum „Gestaltberater“

„Gestaltberatung ist eine anspruchsvolle, anwendungsspezifische Weiterentwicklung der Gestalttherapie (Perls, Polster, Petzold u. a.). Gestaltberatung ist ein ganzheitlich orientiertes, integratives Verfahren für die Arbeit mit Einzelnen und Gruppen in verschiedenen Anwendungs- und Praxisfeldern. Eine Besonderheit dieses Ansatzes besteht in der konsequenten Einbeziehung kreativer und erlebnisaktivierender Medien und ausdrucksfördernder Mittel. Sie bewirken einen leichten und direkten Zugang zu den innerseelischen und zwischenmenschlichen Problembereichen und Konfliktzonen, die durch Sprache nur schwer zu erschließen sind. Diese starke Berücksichtigung der analogen, nonverbalen Anteile in Kommunikations- und Beratungsprozessen führt zu einer erfreulich großen Ausweitung des Anwendungsspektrums dieses Beratungsansatzes.“ (Akademie Remscheid, 1992, S. 66)

Ziele:
Ziel der Fortbildung ist die Befähigung der TeilnehmerInnen zur Planung, Durchführung und Auswertung von Beratungsprozessen mit Einzelnen und Gruppen auf der Grundlage der kreativen Gestaltarbeit sowie dem Erwerb der hierzu notwendigen personalen, methodischen, medialen und theoretischen Kompetenzen.

Abschluss:
Zertifikat mit differenzierter Beschreibung der Fortbildungsinhalte und Qualifizierung zum Gestaltberater/zur Gestaltberaterin

Inhalte:
1. Gestalt-Selbsterfahrung: Beratung und Person
2. Interventionsansätze
3. Körper- und Bewegungserfahrung in der Gestaltberatung
4. Kreative Medien und ausdrucksfördernde Mittel
5. Theorie und Erfahrung
6. Methoden der Gestaltarbeit für verschiedene Beratungsfelder und Klientengruppen
7. Anwendungstraining und Konzeptentwicklung
8. Kolloquium und Auswertung

Organisation:
Die Fortbildung erstreckt sich über drei Kalenderjahre. Sie beinhaltet sieben Kurswochen, das Kolloquium, eine Assistenzwoche, Gestalteinzelanalyse, Supervision, Kollegiale Beratung

Personenkreis:
Mitarbeiterinnen und Mitarbeiter aus verschiedenen Feldern der Sozialarbeit, die bereits über Grundkenntnisse und Grundkompetenzen der Gestaltberatung verfügen (z. B. Kurs Gestaltberatung der Akademie oder vergleichbare Kurse).

Ort/Veranstalter:
Akademie Remscheid, Küppelstein 34, 42857 Remscheid

Quelle:
Fortbildungsprogramm der Akademie Remscheid 1992

2.17 Fortbildungskosten und Förderung

Die entstehenden Kurskosten müssen nicht allein vom Kursteilnehmer getragen werden, sondern es gibt verschiedene Förderungsmöglichkeiten:

1. Bestimmte Fortbildungsveranstaltungen werden ganz oder teilweise aus öffentlichen Mitteln (Bundesjugendplan, Landesversorgungsämter, Landeswohlfahrtsverbände) direkt gefördert und damit die Kurskosten gesenkt.
2. Einige Lehrgänge/Bildungsgänge erfüllen die Voraussetzungen zur Förderung nach dem Arbeitsförderungsgesetz der Bundesanstalt für Arbeit. Der Kursteilnehmer muss sich bei seinem örtlichen Arbeitsamt beraten lassen (siehe Auszug aus dem Arbeitsförderungsgesetz).
3. Der vom Kursteilnehmer zu tragende Eigenbetrag für Kursgebühren, Fahrtkosten, Unterkunft, Verpflegung, Arbeitsmittel kann als Werbungskosten beim Lohnsteuerjahresausgleich dem Finanzamt gegenüber geltend gemacht werden.
4. Der Arbeitgeber übernimmt auf Antrag ganz oder teilweise die Kosten, wenn er ein Interesse an der Fortbildung hat. Der Arbeitnehmer muss die Bedeutung der Fortbildung für die Einrichtung überzeugend begründen.

Auszug aus dem Arbeitsförderungsgesetz (AFG)

Aus § 42 des AFG

(1) Gefördert werden

1. Antragsteller mit einer abgeschlossenen Berufsausbildung, wenn sie danach mindestens drei Jahre beruflich tätig waren und
2. Antragsteller ohne abgeschlossene Berufsausbildung, wenn sie mindestens sechs Jahre beruflich tätig waren.

Die Dauer der beruflichen Tätigkeit verkürzt sich um zwei Jahre, wenn der Antragsteller an einer Maßnahme mit Vollzeitunterricht und einer Dauer bis zu sechs Monaten oder an einer Maßnahme mit Teilzeitunterricht und einer Dauer bis zu vierundzwanzig Monaten teilnimmt.

Eine berufliche Tätigkeit ist nicht erforderlich, wenn die Teilnahme an einer Maßnahme notwendig im Sinne des § 44 Abs. 2 Satz 2 Nr. 1 bis 3 ist, ein Antragsteller ohne abgeschlossene Berufsausbildung wird nur gefördert, wenn er vor Beginn der Maßnahme mindestens drei Jahre beruflich tätig war.

(2) Ist der Antragsteller als Teilnehmer an einer Fortbildungs- oder Umschulungsmaßnahme bereits einmal nach diesem Gesetz gefördert worden, so wird er nur gefördert, wenn er danach mindestens weitere drei Jahre beruflich tätig gewesen ist. Die Dauer der beruflichen Tätigkeit verkürzt sich um ein Jahr, wenn die Voraussetzungen des Absatzes 1 Satz 2 erfüllt sind. Eine berufliche Tätigkeit ist nicht erforderlich,

1. wenn der Antragsteller als Teilnehmer an einer Fortbildungs- oder Umschulungsmaßnahme mit Vollzeitunterricht bis zu drei Monaten gefördert worden ist oder wenn er an einer solchen Maßnahme teilnimmt,
2. wenn die Teilnahme an einer Maßnahme notwendig im Sinne des § 44 Abs. 2 Satz 2 Nr. 1 bis 3 ist.
3. Auf die nach den Absätzen 1 und 2 erforderliche Dauer der beruflichen Tätigkeit werden Zeiten, in denen der Antragsteller beim Arbeitsamt arbeitslos gemeldet oder als Gefangener (§ 168 Abs. 3 a) aus Gründen, die nicht in seiner Person lagen, beschäftigungslos war, angerechnet. Die Dauer der nach Absatz 1 erforderlichen Tätigkeit verkürzt sich jedoch höchstens auf die Hälfte.

Aus § 44 des AFG:

(2) Die Teilnahme an einer Bildungsmaßnahme gilt als notwendig, wenn ein Antragsteller, der

1. arbeitslos ist, beruflich eingegliedert wird,
2. von Arbeitslosigkeit unmittelbar bedroht ist, nicht arbeitslos wird,
3. keinen beruflichen Abschluss hat, eine berufliche Qualifikation erwerben kann,
4. einen Beruf ergreifen will, in dem ein Mangel an Arbeitskräften auf dem für ihn in Betracht kommenden Arbeitsmarkt besteht oder in absehbarer Zeit zu erwarten ist, diesen ausüben kann; dies gilt nicht, wenn der Antragsteller einen Beruf ausübt, in dem ein Mangel an Arbeitskräften auf dem für ihn in Betracht kommenden Arbeitsmarkt besteht.

(2 a) Sind die Voraussetzungen des Absatzes 2 nicht erfüllt und kann von dem Antragsteller die Teilnahme an einer gleichwertigen Bildungsmaßnahme mit berufsbegleitendem Unterricht nicht erwartet werden, wird das Unterhaltsgeld in Höhe von 58 v. H. des um die gesetzlichen Abzüge, die beim Arbeitnehmer gewöhnlich anfallen, verminderten Arbeitsentgeltes im Sinne des § 112 als Darlehen gewährt.

Der Autor

Theodor Thesing ist Direktor des Instituts für soziale Berufe Ravensburg, 88212 Ravensburg, Kapuzinerstraße 2.